HENAN SHENG ZHISHI CHANQUAN FAZHAN BAOGAO

河南省知识产权发展报告

(2018—2019)

王 肃 等 编著

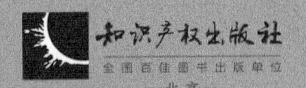

图书在版编目(CIP)数据

河南省知识产权发展报告.2018—2019/王肃等编著.—北京:知识产权出版社,2020.12
ISBN 978-7-5130-7322-6

Ⅰ.①河… Ⅱ.①王… Ⅲ.①知识产权保护-研究报告-河南-2018-2019 Ⅳ.①D927.610.34

中国版本图书馆CIP数据核字(2020)第238251号

内容提要:

本书分析了2018—2019年河南省知识产权发展状况,包括河南省知识产权创造、运用、管理、保护、服务、人才培养、文化宣传和合作交流等八个方面内容,涵盖专利权、商标权、著作权、地理标志及其他知识产权等领域。同时,本书对知识产权治理体系与治理能力、河南省农业知识产权问题、河南省中医药知识产权发展问题、河南省中小学知识产权普及教育问题、河南省地理标志发展问题、河南省企业知识产权涉外保护问题、河南省知识产权文化问题、河南省特色知识产权学院建设路径等进行了专题研究。最后附录展示了河南省知识产权政策法规、大事记、典型诉讼案例,以供读者参阅。

责任编辑:崔 玲 吴 烁　　　　　　　　　　　　责任印制:孙婷婷
封面设计:段维东

河南省知识产权发展报告(2018—2019)
王 肃 等 编著

出版发行:知识产权出版社有限责任公司		网　　址:http://www.ipph.cn	
电　　话:010-82004826		http://www.laichushu.com	
社　　址:北京市海淀区气象路50号院		邮　　编:100081	
责编电话:010-82000860转8768		责编邮箱:laichushu@cnipr.com	
发行电话:010-82000860转8101		发行传真:010-82000893	
印　　刷:北京九州迅驰传媒文化有限公司		经　　销:各大网上书店、新华书店及相关专业书店
开　　本:710mm×1000mm 1/16		印　　张:19	
版　　次:2020年12月第1版		印　　次:2020年12月第1次印刷	
字　　数:306千字		定　　价:88.00元	
ISBN 978-7-5130-7322-6			

出版权专有　侵权必究
如有印装质量问题,本社负责调换。

顾问委员会

主　任　刘怀章　吴汉东
委　员　吴灯展　闻相俊　梁华义　涂先明　杨宝军
　　　　王　锋　姜振颖　尹西明　王鹏祥　崔秀花
　　　　娄丙录　胡　炜

编撰委员会

主　编　王　肃
编　委　查国防　杨树林　高景贺　李尊然　胡　光
　　　　胡翠平　陈　铮　李建伟　高金娣
助　理　韩红磊　范丹丹　陈　鑫　杨　洋

PREFACE 序

　　党中央、国务院高度重视知识产权事业。党的十八大以来，习近平总书记围绕知识产权工作作出一系列重要论述，深刻阐明了新时代做好知识产权工作的重大意义、重要原则、目标任务、思路举措和工作重点，为提高知识产权治理能力和治理水平提供了根本遵循和行动指南。河南省委、省政府高度重视知识产权工作，以习近平新时代中国特色社会主义思想为指导，认真贯彻落实党中央、国务院决策部署，顺利完成了全省知识产权系统机构改革，在推进河南省治理体系和治理能力现代化建设中，河南省委、省政府扮演着更加重要的角色。两年多来，在河南省市场监督管理局党组的正确带领下，全省知识产权系统深入开展"不忘初心、牢记使命"主题教育，增强"四个意识"，坚定"四个自信"，做到"两个维护"，践行新理念，突出高质量，奋进新时代，谱写新篇章，各项工作取得了突出成就。河南省知识产权研究会组织编撰的2018—2019年度《河南省知识产权发展报告》（以下简称《发展报告》），就是以这一时期全省知识产权系统贯彻落实习近平新时代中国特色社会主义思想的生动实践为主题，从知识产权强省建设、加强知识产权领域综合监管和全面加强知识产权保护、大力促进知识产权运用、加快完善知识产权公共服务体系、强化知识产权事业发展基础等方面，客观真实地记录和反映了这一时期全省知识产权工作概况，研究提出了一些独具原创性、时代性的理论和问题，对于推动全省知识产权工作具有十分重要的参考价值。

　　当前，知识产权制度对于坚持和完善中国特色社会主义制度，推进治理体系和治理能力现代化具有十分重要的战略意义。河南省知识产权系统要坚持以习近平新时代中国特色社会主义思想为指导，深入学习、深刻领会习近平总书记视察河南重要讲话和党的十九大、十九届二中、三中、四中全会精神，贯彻落实党中央、国务院建设知识产权强国的战略决策部署，落实河南省委、省政府知识产权工作安排部署，在新的历史起点上，巩固好机构改革成果，把握好知识产权与市场监管的内在联系,推动知识产权工作与市场监管工作有机融合,强化知识产权创造、保护、运用,提升公共服务水平,在黄河流域生态保护和高质量发展、推动中部地区崛起上担当作为,彰显知识产权的创新属性和市场属性,营造更好的创新环境和营商环境。

百舸争流,奋楫者先。让我们更加紧密地团结在以习近平同志为核心的党中央周围,只争朝夕,不负韶华,万众一心加油干,奋力开启新时代知识产权强省建设的新征程!

感谢本书编撰委员会各位成员和撰稿人的辛勤劳动,也期待读者能不吝赐教,给予批评指正,以不断完善以后的《发展报告》。

是为序。

河南省市场监督管理局党组成员
河南省知识产权局局长
刘怀章
2020年7月28日

自　序

2018年以来，河南省知识产权事业发展的环境和发展状况发生了较大的变化。中美围绕"知识产权"的贸易争端日趋激烈，围绕"知识产权"的第一阶段贸易谈判虽取得了积极成果，却因疫情防控而变得复杂。党中央、国务院高度重视知识产权事业，出台了《关于强化知识产权保护的若干意见》《优化营商环境条例》等重要政策文件。《中共中央关于坚持和完善中国特色社会主义制度推进国家治理体系和治理能力现代化若干重大问题的决定》的国策给知识产权事业发展提供了难得的发展机遇。国家知识产权局正在稳步实施"知识产权强国建设计划"，出台了系列政策文件，知识产权保护和运用"十四五"规划、面向2035年知识产权强国战略的制定正在紧锣密鼓进行。与此同时，河南省知识产权管理机构改革逐步推行到位，河南省建设支撑型知识产权强省工作正在向纵深推进。河南省知识产权系统认真贯彻落实国家的系列文件精神和河南省委、省政府决策部署，充分利用黄河流域生态保护和高质量发展、促进中部地区崛起两大国家战略在河南叠加的效应，以推动知识产权强省建设、推动经济高质量发展为目标，不断强化顶层设计，完善政策法规体系，激励高质量知识产权创造，加大知识产权保护力度，强化知识产权运营转化，健全知识产权服务体系，着力构建高素质知识产权人才队伍建设，不断扩大知识产权宣传巡讲、交流与合作的规模和频次，知识产权事业在维权保护、管理服务、运用转化、人才培养等多个方面开创了新局面，实现了新发展。在"十三五"收官、谋划"十四五"之际，为充分反映2018—2019年度河南省知识产权发展的新变化，认真总结河南省知识产权事业发展过程中的问题与成就，探索知识产权发展的方向和新路径，寻找知识产权发展新对策，服务河南省知识产权强省建设，河南省知识产权研究会组织编撰了2018—2019年度《河南省知识产权发展报告》（以下简称《发展报告》）。

在编撰体例上,为保持《发展报告》的稳定性,遵循了2016—2017年度《发展报告》的体例,依然分为三大部分:第一部分是河南省知识产权发展状况。主要对2018—2019年度河南省知识产权创造、知识产权运用、知识产权管理、知识产权保护、知识产权服务、人才培养、文化宣传和合作与交流等八个方面发展总体状况进行总结阐述,基本涵盖专利、商标、著作权、地理标志等知识产权领域。当然,也涉及与"十三五"期间的纵向比较和主要省份的横向比较。毋庸置疑,在知识产权机构改革的实施期和适应期,知识产权某个领域出现的一些震荡也会在这部分反映出来。第二部分是对河南省知识产权进行专题研究。按照国家时政热点、河南省特色产业、重点环节等维度进行研究,包括知识产权治理体系与治理能力研究、河南省农业知识产权问题研究、河南省中医药知识产权发展问题研究、河南省中小学知识产权普及教育问题研究、河南省地理标志发展问题研究、河南省企业知识产权涉外保护问题研究、河南省知识产权文化问题研究、河南省特色知识产权学院建设路径研究等专题。各个专题基本上以"基本理论、发展状况、存在问题、对策建议"的逻辑进行探讨,并突出河南特点,尽力做到基本理论清晰、发展状况用数据说话、存在问题透视准确、政策建议针对有效,尽量做到共性与个性的有机统一。第三部分是附录,主要内容为近两年河南省知识产权政策与法规、河南省知识产权大事记、河南省知识产权十大典型案例等,读者可索引使用、认真品味。

《发展报告》由河南省知识产权研究会会长、中原工学院知识产权学院院长王肃教授主持编撰。第一部分2018—2019年度河南省知识产权发展状况,以及第三部分的附录,由王肃教授带领研究生编撰完成。第二部分的专题研究,通过公开征集选题、确定选题、征集作者、专家评审、编委把关的方式进行。此次遴选的专题研究的作者既有高校学者,也有实务行业精英,专题研究理论与实践兼得,期望能满足读者的不同需求。当然,重要的是,我们期望这本书,犹如2016—2017年度《发展报告》一样,能为河南省委、省政府及各有关部门提供决策参考,给知识产权理论界和实务界以启迪,在知识产权业界、在各产业界引起积极的反响。感谢河南省知识产权局局长刘怀章的鼎力支持,使我们有动力编撰此书。感谢吴汉东教授长期以来对河南省知识产权事业的关心和帮助,百忙

自序

之中，审阅此书，并给予宝贵意见和建议。感谢河南省知识产权局副局长吴灯展、闻相俊，以及各处室的领导们，特别是发展规划处处长杨宝军、副处长张晓燕，也感谢河南省知识产权战略实施工作联席会议的成员单位给予的支持，感谢本书编撰委员会各位成员和撰稿人的智慧付出。如果您读后能给予我们以指教，实在是我们之荣幸，也是河南省知识产权事业发展之幸。

王　肃

2020年7月28日

目 录

第一部分 河南省知识产权发展状况（2018—2019）

第一章　知识产权创造 / 3

第二章　知识产权运用 / 25

第三章　知识产权管理 / 39

第四章　知识产权保护 / 42

第五章　知识产权服务 / 52

第六章　知识产权人才培养 / 58

第七章　知识产权文化宣传 / 65

第八章　知识产权交流与合作 / 71

第二部分 河南省知识产权专题研究（2018—2019）

第一章　知识产权治理体系与治理能力研究 / 77

第二章　河南省农业知识产权问题研究 / 88

第三章　河南省中医药知识产权发展问题研究 / 118

第四章　河南省中小学知识产权普及教育问题研究 / 170

第五章　河南省地理标志发展问题研究 / 186

第六章　河南省企业涉外知识产权保护问题研究 / 209

第七章　河南省知识产权文化问题研究 / 221

第八章　河南省特色知识产权学院建设路径研究 / 245

第三部分　附　录

附录一　2018—2019年河南省知识产权政策与法规 / 259

附录二　2018—2019年河南省知识产权大事记 / 262

附录三　2018—2019年河南省知识产权十大典型案例 / 275

第一部分

河南省知识产权发展状况
（2018—2019）

第一章

知识产权创造

一、专利数量和质量协调发展

(一)专利申请情况

1. 2018年专利申请情况

河南省2018年专利申请总量为154381件,比2017年增长29.47%。其中,发明专利申请量为46868件,比2017年增长31.56%,占全省专利申请总量的30.36%;实用新型专利申请量为89620件,比2017年增长34.15%,占全省专利申请总量的58.05%;外观设计专利申请量为17893件,比2017年增长6.43%,占全省专利申请总量的11.59%。申请总量中职务专利申请量为118036件,比2017年增长37.01%,占全省专利申请总量的76.46%;非职务专利申请量为36345件,比2017年增长9.83%,占全省专利申请总量的23.54%。

按地区分类,2018年,郑州市申请专利70128件,比2017年增长38.75%;洛阳市申请专利13884件,比2017年增长29.47%;新乡市申请专利11524件,比2017年增长28.12%;许昌市申请专利11002件,比2017年下降18.36%;南阳市申请专利7928件,比2017年增长29.35%;焦作市申请专利5812件,比2017年增长26.07%;安阳市申请专利4310件,比2017年增长49.60%;商丘市申请专利4214件,比2017年增长39.44%;平顶山市申请专利4200件,比2017年增长25.37%;驻马店市申请专利3948件,比2017年增长60.95%;信阳市申请专利3347件,比

2017年增长49.35%;开封市申请专利2980件,比2017年增长50.51%;周口市申请专利2951件,比2017年增长34.08%;漯河市申请专利2292件,比2017年增长23.62%;濮阳市申请专利2186件,比2017年增长23.57%;长垣县申请专利2148件,比2017年下降16.00%;济源市申请专利1374件,比2017年增长26.17%;鹤壁市申请专利1181件,比2017年增长14.88%;三门峡市申请专利1120件,比2017年增长25.00%;邓州市申请专利1119件,比2017年增长107.22%;巩义市申请专利1066件,比2017年增长59.34%;滑县申请专利855件,比2017年增长216.67%;永城市申请专利633件,比2017年增长52.90%;固始县申请专利490件,比2017年增长108.51%;汝州市申请专利426件,比2017年下降24.87%;兰考县申请专利423件,比2017年增长133.70%;鹿邑县申请专利249件,比2017年增长26.40%;新蔡县申请专利161件,比2017年增长1.26%(见表1-1)。

表1-1 2018年河南省各地区专利申请情况汇总表

排名	市县	申请总量/件	同比增长/%	发明申请量/件	发明同比增长/%	发明占比/%	实用新型申请量/件	外观设计申请量/件
1	郑州市	70128	38.75	26597	43.43	37.93	37213	6318
2	洛阳市	13884	29.47	4491	24.44	32.35	8531	862
3	新乡市	11524	28.12	2960	23.03	25.69	7431	1133
4	许昌市	11002	-18.36	3291	-21.79	29.91	5764	1947
5	南阳市	7928	29.35	1527	25.99	19.26	5007	1394
6	焦作市	5812	26.07	1394	19.35	23.98	3889	529
7	安阳市	4310	49.60	976	58.18	22.65	2798	536
8	商丘市	4214	39.44	666	68.18	15.80	2705	843
9	平顶山市	4200	25.37	1317	33.30	31.36	2381	502
10	驻马店市	3948	60.95	397	52.69	10.06	2904	647
11	信阳市	3347	49.35	546	57.80	16.31	1949	852
12	开封市	2980	50.51	741	71.53	24.87	1698	541

续表

排名	市县	申请总量/件	同比增长/%	发明申请量/件	发明同比增长/%	发明占比/%	实用新型申请量/件	外观设计申请量/件
13	周口市	2951	34.08	418	39.80	14.16	1803	730
14	漯河市	2292	23.62	287	23.71	12.52	1402	603
15	濮阳市	2186	23.57	549	67.89	25.11	1414	223
16	长垣县	2148	-16.00	331	-12.43	15.41	1569	248
17	济源市	1374	26.17	302	29.06	21.98	967	105
18	鹤壁市	1181	14.88	201	18.24	17.02	943	37
19	三门峡市	1120	25.00	208	16.20	18.57	821	91
20	邓州市	1119	107.22	75	44.23	6.70	815	229
21	巩义市	1066	59.34	225	38.04	21.11	653	188
22	滑县	855	216.67	118	268.75	13.80	613	124
23	永城市	633	52.90	63	75.00	9.95	465	105
24	固始县	490	108.51	21	61.54	4.29	208	261
25	汝州市	426	-24.87	89	-1.11	20.89	264	73
26	兰考县	423	133.70	103	368.18	24.35	238	82
27	鹿邑县	249	26.40	15	15.38	6.02	100	134
28	新蔡县	161	1.26	10	-47.37	6.21	80	71

注：①有效发明数据来源于国家知识产权局公布的数据；

②10个省直管县数据已经计算在其所属省辖市。

按申请人类型分类，2018年，企业申请专利93911件，比2017年增长44.08%，占河南省专利申请总量的60.83%；大专院校申请专利18543件，比2017年增长12.19%，占全省专利申请总量的12.01%；科研单位申请专利2220件，比2017年增长28.25%，占全省专利申请总量的1.44%；机关团体申请专利3362件，比2017年增长24.06%，占全省专利申请总量的2.18%；个人申请专利36345件，比2017年增长9.83%，占全省专利申请总量的23.54%（见图1-1）。

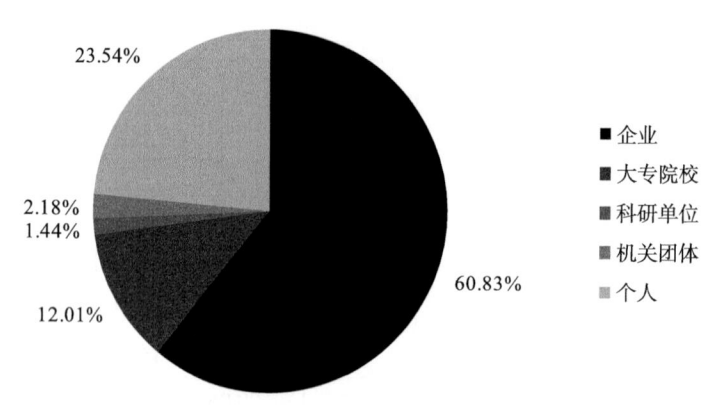

图 1-1　2018 年河南省专利申请人类型情况图

2. 2019 年专利申请情况

河南省 2019 年专利申请总量为 144010 件，比 2018 年下降 6.72%。其中，发明专利申请量为 30260 件，比 2018 年下降 35.44%，占全省专利申请总量的 21.01%；实用新型专利申请量为 96203 件，比 2018 年增长 7.35%，占全省专利申请总量的 66.80%；外观设计专利申请量为 17547 件，比 2018 年下降 1.93%，占全省专利申请总量的 12.18%。申请总量中职务专利申请量为 105511 件，比 2018 年下降 10.61%，占全省专利申请总量的 73.27%；非职务专利申请量为 38499 件，比 2018 年增长 5.93%，占全省专利申请总量的 26.73%。

按地区分类，2019 年，郑州市申请专利 59620 件，比 2018 年下降 14.98%；洛阳市申请专利 13624 件，比 2018 年下降 1.87%；新乡市申请专利 11685 件，比 2018 年增长 1.40%；南阳市申请专利 8484 件，比 2018 年增长 7.01%；许昌市申请专利 6203 件，比 2018 年下降 43.62%；焦作市申请专利 6100 件，比 2018 年增长 4.96%；商丘市申请专利 4960 件，比 2018 年增长 17.70%；周口市申请专利 4170 件，比 2018 年增长 41.31%；安阳市申请专利 4111 件，比 2018 年下降 4.62%；平顶山市申请专利 4098 件，比 2018 年下降 2.43%；信阳市申请专利 4057 件，比 2018 年增长 21.21%；驻马店市申请专利 3556 件，比 2018 年下降 9.93%；开封市申请专利 3532 件，比 2018 年增长 18.52%；漯河市申请专利 3066 件，比 2018 年增长 33.77%；濮阳市申请专利 2477 件，比 2018 年增长 13.31%；长垣县申请专利 1924 件，比 2018 年下降 10.43%；巩义市申请专利 1664 件，比 2018 年增长 56.10%；鹤壁市申请专利 1459 件，比 2018 年增长 23.54%；三门峡市申请专利 1409 件，比 2018 年增长 25.80%；济源市申请专利 1399 件，比 2018 年增长 1.82%；永城市申请专利 771 件，比2018年增长21.80%;滑县申请专利572件,比2018年下降33.10%;固始县申请专利564件,比2018年增长15.10%;邓州市申请专利556件,比2018年下降50.31%;兰考县申请专利447件,比2018年增长5.67%;鹿邑县申请专利384件,比2018年增长54.22%;汝州市申请专利383件,比2018年下降10.09%;新蔡县申请专利239件,比2018年增长48.45%(见表1-2)。

表1-2 2019年河南省各地区专利申请情况汇总表

排名	市县	申请总量/件	同比增长/%	发明申请量/件	发明同比增长/%	发明占比/%	实用新型申请量/件	外观设计申请量/件
1	郑州市	59620	−14.98	14459	−45.64	24.25	40107	5054
2	洛阳市	13624	−1.87	3599	−19.86	26.42	9071	954
3	新乡市	11685	1.40	2309	−21.99	19.76	7963	1413
4	南阳市	8484	7.01	1216	−20.37	14.33	5460	1808
5	许昌市	6203	−43.62	1426	−56.67	22.99	3921	856
6	焦作市	6100	4.96	1362	−2.30	22.33	4188	550
7	商丘市	4960	17.70	605	−9.16	12.20	3140	1215
8	周口市	4170	41.31	388	−7.18	9.30	2666	1116
9	安阳市	4111	−4.62	844	−13.52	20.53	2722	545
10	平顶山市	4098	−2.43	1137	−13.67	27.75	2581	380
11	信阳市	4057	21.21	449	−17.77	11.07	2744	864
12	驻马店市	3556	−9.93	399	0.50	11.22	2377	780
13	开封市	3532	18.52	783	5.67	22.17	2162	587
14	漯河市	3066	33.77	322	12.20	10.50	2032	712
15	濮阳市	2477	13.31	392	−28.60	15.83	1729	356
16	长垣县	1924	−10.43	218	−34.14	11.33	1401	305
17	巩义市	1664	56.10	148	−34.22	8.89	1400	116
18	鹤壁市	1459	23.54	173	−13.93	11.86	1187	99
19	三门峡市	1409	25.80	222	6.73	15.76	1058	129
20	济源市	1399	1.82	175	−42.05	12.51	1095	129
21	永城市	771	21.80	59	−6.35	7.65	567	145

续表

排名	市县	申请总量/件	同比增长/%	发明 申请量/件	发明 同比增长/%	发明 占比/%	实用新型申请量/件	外观设计申请量/件
22	滑县	572	-33.10	43	-63.56	7.52	427	102
23	固始县	564	15.10	36	71.43	6.38	255	273
24	邓州市	556	-50.31	34	-54.67	6.12	261	261
25	兰考县	447	5.67	38	-63.11	8.50	307	102
26	鹿邑县	384	54.22	21	40.00	5.47	207	156
27	汝州市	383	-10.09	57	-35.96	14.88	272	54
28	新蔡县	239	48.45	17	70.00	7.11	135	87

注：①有效发明数据来源于国家知识产权局公布的数据；

②10个省直管县数据已经计算在其所属省辖市。

按申请人类型分类，2019年，河南省企业申请专利77731件，比2018年下降17.23%，占全省专利申请总量的53.98%；大专院校申请专利19397件，比2018年增长4.61%，占全省专利申请总量的13.47%；科研单位申请专利2235件，比2018年增长0.68%，占全省专利申请总量的1.55%；机关团体申请专利6148件，比2018年增长82.87%，占全省专利申请总量的4.27%；个人申请专利38499件，比2018年增长5.93%，占全省专利申请总量的26.73%（见图1-2）。

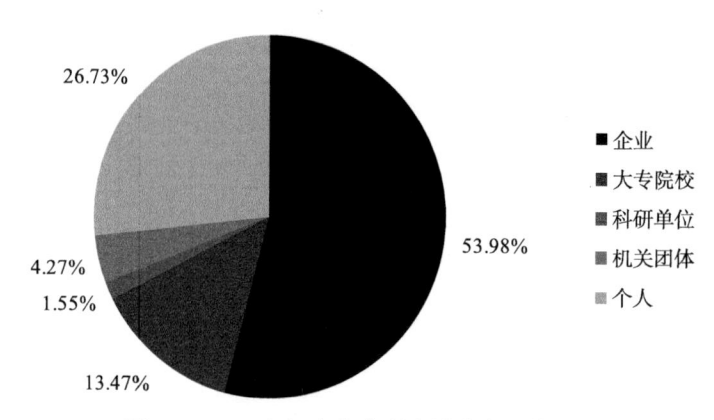

图1-2 2019年河南省专利申请人类型情况图

(二)专利授权情况

1. 2018年专利授权情况

河南省2018年共授权专利82318件,比2017年增长48.57%。其中,发明专利8339件,比2017年增长5.37%,占全省专利授权总量的10.13%;实用新型专利59417件,比2017年增长65.87%,占全省专利授权总量的72.18%;外观设计专利14562件,比2017年增长24.77%,占全省专利授权总量的17.69%。授权总量中职务专利授权量为62651件,比2017年增长57.25%,占全省专利申请总量的76.11%;非职务专利授权量为19667件,比2017年增长26.35%,占全省专利授权总量的23.89%。

按地区分类,2018年,郑州市授权专利31584件,比2017年增长48.64%;洛阳市授权专利8788件,比2017年增长54.39%;新乡市授权专利7183件,比2017年增长68.42%;许昌市授权专利6394件,比2017年增长39.15%;南阳市授权专利4713件,比2017年增长51.49%;焦作市授权专利3552件,比2017年增长34.44%;平顶山市授权专利2580件,比2017年增长50.09%;商丘市授权专利2377件,比2017年增长39.17%;驻马店市授权专利2268件,比2017年增长65.19%;安阳市授权专利2141件,比2017年增长41.23%;开封市授权专利1847件,比2017年增长65.65%;信阳市授权专利1775件,比2017年增长33.96%;长垣县授权专利1728件,比2017年增长43.52%;周口市授权专利1678件,比2017年增长34.89%;漯河市授权专利1507件,比2017年增长18.66%;濮阳市授权专利1394件,比2017年增长24.02%;鹤壁市授权专利928件,比2017年增长76.43%;济源市授权专利869件,比2017年增长92.26%;三门峡市授权专利740件,比2017年增长53.85%;邓州市授权专利676件,比2017年增长151.30%;巩义市授权专利612件,比2017年增长13.33%;汝州市授权专利439件,比2017年增长77.73%;滑县授权专利350件,比2017年增长120.13%;永城市授权专利339件,比2017年增长10.78%;固始县授权专利261件,比2017年增长50.87%;兰考县授权专利189件,比2017年增长81.73%;鹿邑县授权专利176件,比2017年增长114.63%;新蔡县授权专利127件,比2017年增长7.63%(见表1-3)。

表1-3 2018年河南省各地区专利授权情况汇总表

排名	市县	授权总量/件	同比增长/%	发明授权量/件	发明同比增长/%	发明占比/%	实用新型授权量/件	外观设计授权量/件
1	郑州市	31584	48.64	3192	8.06	10.11	22935	5457
2	洛阳市	8788	54.39	1543	-3.44	17.56	6521	724
3	新乡市	7183	68.42	697	8.57	9.70	5728	758
4	许昌市	6394	39.15	546	44.83	8.54	4090	1758
5	南阳市	4713	51.49	397	-4.34	8.42	3218	1098
6	焦作市	3552	34.44	400	-11.31	11.26	2763	389
7	平顶山市	2580	50.09	390	8.64	15.12	1671	519
8	商丘市	2377	39.17	132	65.00	5.55	1649	596
9	驻马店市	2268	65.19	89	17.11	3.92	1697	482
10	安阳市	2141	41.23	199	9.94	9.29	1613	329
11	开封市	1847	65.65	203	24.54	10.99	1225	419
12	信阳市	1775	33.96	122	8.93	6.87	1069	584
13	长垣县	1728	43.52	147	13.95	8.51	1436	145
14	周口市	1678	34.89	80	-3.61	4.77	1078	520
15	漯河市	1507	18.66	75	-17.58	4.98	916	516
16	濮阳市	1394	24.02	94	-31.88	6.74	1117	183
17	鹤壁市	928	76.43	62	-4.62	6.68	835	31
18	济源市	869	92.26	53	-7.02	6.10	688	128
19	三门峡市	740	53.85	65	-9.72	8.78	604	71
20	邓州市	676	151.30	14	7.69	2.07	532	130
21	巩义市	612	13.33	36	-36.84	5.88	455	121
22	汝州市	439	77.73	18	-33.33	4.10	235	186
23	滑县	350	120.13	21	110.00	6.00	252	77
24	永城市	339	10.78	13	-7.14	3.83	229	97
25	固始县	261	50.87	8	300.00	3.07	80	173
26	兰考县	189	81.73	4	-33.33	2.12	125	60
27	鹿邑县	176	114.63	5	不适用	2.84	77	94

续表

排名	市县	授权总量/件	同比增长/%	发明 授权量/件	发明 同比增长/%	发明 占比/%	实用新型授权量/件	外观设计授权量/件
28	新蔡县	127	7.63	1	-66.67	0.79	73	53

注：①有效发明数据来源于国家知识产权局公布的数据；
②10个省直管县数据已经计算在其所属省辖市；
③鹿邑县2017年数据为0，2018年数据为5，无法计算同比增长。

按申请人类型分类，2018年，河南省企业授权专利51314件，比2017年增长73.32%，占全省授权专利总量的62.34%；大专院校授权专利9205件，比2017年增长5.42%，占全省授权专利总量的11.18%；科研单位授权专利864件，比2017年增长35.85%，占全省授权专利总量的1.05%；机关团体授权专利1268件，比2017年增长46.08%，占全省授权专利总量的1.54%；个人授权专利19667件，比2017年增长26.35%，占全省授权专利总量的23.89%（见图1-3）。

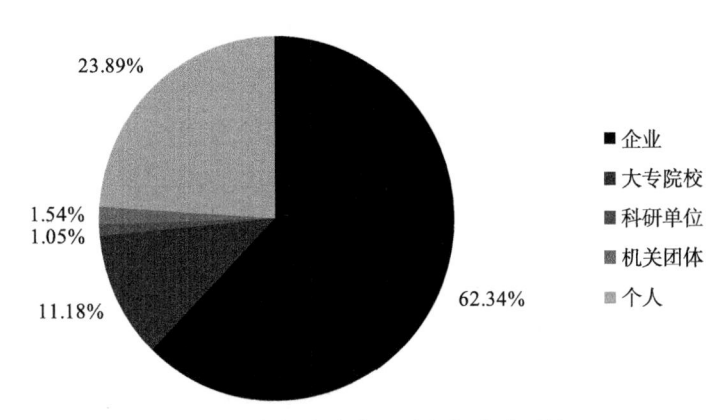

图1-3 2018年河南省专利被授权人类型情况图

2. 2019年专利授权情况

河南省2019年共授权专利86247件，比2018年增长4.77%。其中，发明专利6991件，比2018年下降16.17%，占全省专利授权总量的8.11%；实用新型专利65341件，比2018年增长9.97%，占全省专利授权总量的75.76%；外观设计专利

13915件，比2018年下降4.44%，占全省专利授权总量的16.13%。授权总量中职务专利授权量为68055件，比2018年增长8.63%，占全省专利申请总量的78.91%；非职务专利授权量为18192件，比2018年下降7.50%，占全省专利授权总量的21.09%。

按地区分类，2019年，郑州市授权专利33676件，比2018年增长6.62%；洛阳市授权专利8760件，比2018年下降0.32%；新乡市授权专利7100件，比2018年下降1.16%；南阳市授权专利5249件，比2018年增长11.37%；许昌市授权专利5154件，比2018年下降19.39%；焦作市授权专利3919件，比2018年增长10.33%；安阳市授权专利2735件，比2018年增长27.74%；驻马店市授权专利2583件，比2018年增长13.89%；平顶山市授权专利2532件，比2018年下降1.86%；商丘市授权专利2397件，比2018年增长0.84%；周口市授权专利2172件，比2018年增长29.44%；信阳市授权专利2133件，比2018年增长20.17%；开封市授权专利1952件，比2018年增长5.68%；漯河市授权专利1875件，比2018年增长24.42%；长垣县授权专利1457件，比2018年下降15.68%；濮阳市授权专利1332件，比2018年下降4.45%；鹤壁市授权专利1039件，比2018年增长11.96%；三门峡市授权专利836件，比2018年增长12.97%；济源市授权专利803件，比2018年下降7.59%；巩义市授权专利793件，比2018年增长29.58%；邓州市授权专利599件，比2018年下降11.39%；滑县授权专利372件，比2018年增长6.29%；永城市授权专利370件，比2018年增长9.14%；固始县授权专利358件，比2018年增长37.16%；兰考县授权专利298件，比2018年增长57.67%；鹿邑县授权专利212件，比2018年增长20.45%；汝州市授权专利188件，比2018年下降57.18%；新蔡县授权专利145件，比2018年增长14.17%（见表1-4）。

表1-4　2019年河南省各地区专利授权情况汇总表

排名	市县	授权总量/件	同比增长/%	发明授权量/件	发明同比增长/%	发明占比/%	实用新型授权量/件	外观设计授权量/件
1	郑州市	33676	6.62	2896	-9.27	8.60	26356	4424

续表

排名	市县	授权总量/件	同比增长/%	发明 授权量/件	同比增长/%	占比/%	实用新型授权量/件	外观设计授权量/件
2	洛阳市	8760	-0.32	1096	-28.97	12.51	6993	671
3	新乡市	7100	-1.16	516	-25.97	7.27	5544	1040
4	南阳市	5249	11.37	300	-24.43	5.72	3586	1363
5	许昌市	5154	-19.39	473	-13.37	9.18	3651	1030
6	焦作市	3919	10.33	393	-1.75	10.03	3152	374
7	安阳市	2735	27.74	185	-7.04	6.76	2076	474
8	驻马店市	2583	13.89	60	-32.58	2.32	1983	540
9	平顶山市	2532	-1.86	338	-13.33	13.35	1815	379
10	商丘市	2397	0.84	89	-32.58	3.71	1614	694
11	周口市	2172	29.44	57	-28.75	2.62	1355	760
12	信阳市	2133	20.17	96	-21.31	4.50	1358	679
13	开封市	1952	5.68	186	-8.37	9.53	1327	439
14	漯河市	1875	24.42	74	-1.33	3.95	1225	576
15	长垣县	1457	-15.68	62	-57.82	4.26	1154	241
16	濮阳市	1332	-4.45	89	-5.32	6.68	1026	217
17	鹤壁市	1039	11.96	42	-32.26	4.04	946	51
18	三门峡市	836	12.97	49	-24.62	5.86	679	108
19	济源市	803	-7.59	52	-1.89	6.48	655	96
20	巩义市	793	29.58	19	-47.22	2.40	681	93
21	邓州市	599	-11.39	8	-42.86	1.34	342	249
22	滑县	372	6.29	14	-33.33	3.76	264	94
23	永城市	370	9.14	14	7.69	3.78	274	82
24	固始县	358	37.16	2	-75.00	0.56	111	245
25	兰考县	298	57.67	5	25.00	1.68	227	66
26	鹿邑县	212	20.45	2	-60.00	0.94	91	119

续表

排名	市县	授权总量/件	同比增长/%	发明 授权量/件	发明 同比增长/%	发明 占比/%	实用新型授权量/件	外观设计授权量/件
27	汝州市	188	−57.18	8	−55.56	4.26	121	59
28	新蔡县	145	14.17	1	0.00	0.69	74	70

注：①有效发明数据来源于国家知识产权局公布的数据；

②10个省直管县数据已经计算在其所属省辖市。

按申请人类型分类，2019年，河南省企业授权专利54123件，比2018年增长5.47%，占全省授权专利总量的62.75%；大专院校授权专利10012件，比2018年增长8.77%，占全省授权专利总量的11.61%；科研单位授权专利1159件，比2018年增长34.14%，占全省授权专利总量的1.34%；机关团体授权专利2761件，比2018年增长117.74%，占全省授权专利总量的3.20%；个人授权专利18192件，比2018年下降7.50%，占全省授权专利总量的21.09%（见图1-4）。

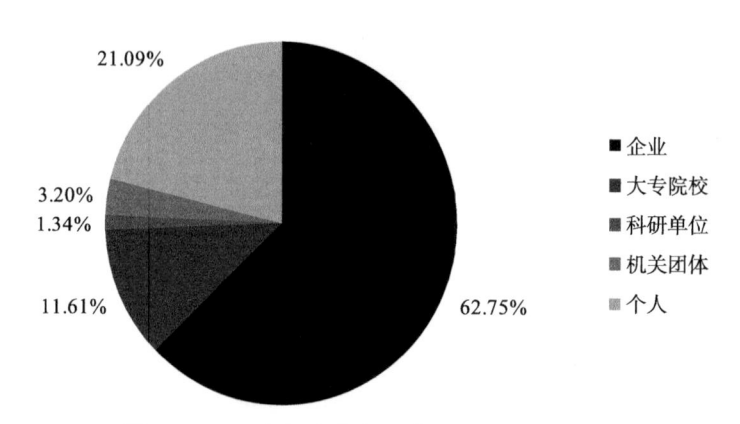

图1-4　2019年河南省专利被授权人类型情况图

（三）专利对比分析

河南作为创新大省，河南省委、省政府历来高度重视知识产权工作，加快建设知识产权强省，推动全省知识产权创造水平不断提高，尤其从"十三五"开局之年始，其创新势头迅猛，创新硕果累累。2018年，河南省专利申请量达154381

件,同比增长29.47%;专利授权量达82318件,同比增长48.57%,分别是"十二五"末的2.1倍、1.7倍。其中发明专利申请量达46868件,同比增长31.56%;发明专利授权量达8339件,同比增长5.37%,分别是"十二五"末的2.2倍、1.5倍,且发明专利申请量及授权量年度增幅均显著高于全国平均水平,发明专利申请量及授权量在中部六省中均居于第三位(见表1-5)。有效专利拥有量达到215598件,其中有效发明专利达到33524件,同比增长17.16%,较"十二五"末增长90.79%,有效发明专利在中部六省排名第四位;每万人发明专利拥有量达到3.49件,同比增长16.33%,较"十二五"末增长86.1%,超额完成《河南省经济社会发展"十三五"规划》目标(见表1-6)。PCT国际专利申请量为206件,较"十二五"末增长154.32%。相关指标数据可以看出河南省围绕助力和支撑全省经济高质量发展的目标,深入实施知识产权战略,在知识产权创造工作专利方面成效显著。

表1-5 2018年中部六省发明专利申请/授权量统计表

年份	排名	地区	申请量/件	授权量/件
2018年	1	安徽省	108782	14846
	2	湖北省	50664	11393
	3	河南省	46868	8339
	4	湖南省	35414	8261
	5	江西省	14519	2524
	6	山西省	9395	2284

表1-6 2018年中部六省有效发明专利统计表

排名	地区	总人数/万人	有效量/件	同比增长/%	专利密度(件/万人)
1	安徽省	6324	61475	28.79	9.72
2	湖北省	5917	48644	20.38	8.22
3	湖南省	6899	40684	17.00	5.90
4	河南省	9605	33524	17.16	3.49
5	山西省	3718	12983	11.20	3.49
6	江西省	4648	11015	23.27	2.37

注:各省人口数据来源于国家统计局《2019中国统计年鉴》

2019年，河南省专利申请量达到144010件，同比下降6.72%；专利授权量达到86247件，同比增长4.77%。专利申请量及专利授权量在中部六省分别居于第二位、第一位，其中发明专利申请量为30260件，发明专利授权量为6991件，发明专利申请量及授权量在中部六省均排名第四位（见表1-7、表1-8）。实用新型申请量持续攀升，外观设计申请量小幅下降（见图1-6）。每万人口发明专利拥有量达到3.88件，同比增长11.17%。PCT国际专利申请量为217件，同比增长5.34%。在河南省大力推进创新从数量增长向质量提升转变、专利数量和质量协调发展的过程中，专利指标基本保持稳定，结构趋于合理。河南省2011—2017年三种专利申请情况如图1-5所示。

表1-7　2019年中部六省专利申请/授权量统计表

地区	专利申请量排名	专利申请量/件	专利授权量排名	专利授权量/件
安徽省	1	167039	2	82524
河南省	2	144010	1	86247
湖北省	3	141411	3	73940
湖南省	4	106306	5	54763
江西省	5	91474	4	59140
山西省	6	31705	6	16598

表1-8　2019年中部六省发明专利申请/授权量统计表

排名	地区	发明专利申请量/件	发明专利授权量/件
1	安徽省	62905	14958
2	湖北省	47517	14178
3	湖南省	39371	8557
4	河南省	30260	6991
5	江西省	14101	2744
6	山西省	8424	2300

图 1-5　河南省 2011—2017 年三种专利申请情况

二、商标申请注册量持续增长

近年来,河南省认真贯彻落实国务院"放管服"改革精神,大力实施商标品牌战略,积极推进商标注册便利化,加快商标品牌培育,加强商标品牌、知识产权服务基础工作建设。2016年以来,全省每年平均新增有效注册商标10万件以上,增速位居中西部省份前列。2018年,河南省商标申请量达283085件,同比增长35.80%;商标注册量达185704件,同比增长90.40%。申请总量及注册总量均居于全国第八位、中部六省第一位。截至2018年年底,河南省有效商标注册量达到623730件,同比增长39.20%,有效商标注册总量居全国第九位、中部六省第一位。其中驰名商标267件,地理标志商标73件,实现2016—2018年三年行动计划圆满收官(见图1-6、图1-7、图1-8、图1-9)。

2019年,河南省商标申请量达353497件,同比增长24.90%;商标注册量达271345件,同比增长46.10%,申请总量及注册总量稳居全国第八位、中部六省第一位。有效商标注册量达到873721件,同比增长40.0%,有效总量居全国第八位、中部六省第一位,在全国排名上升一个位次。2019年共认定驰名商标新增7件,认定驰名商标达274件(见表1-9、图1-8、图1-10、图1-11)。

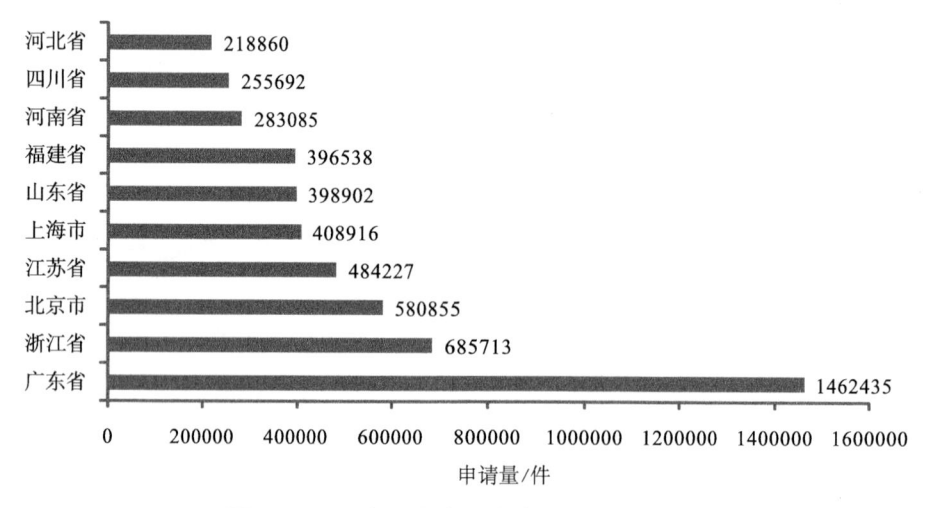

地区	申请量/件
河北省	218860
四川省	255692
河南省	283085
福建省	396538
山东省	398902
上海市	408916
江苏省	484227
北京市	580855
浙江省	685713
广东省	1462435

图 1-6　2018 年国内商标申请量排名前十地区

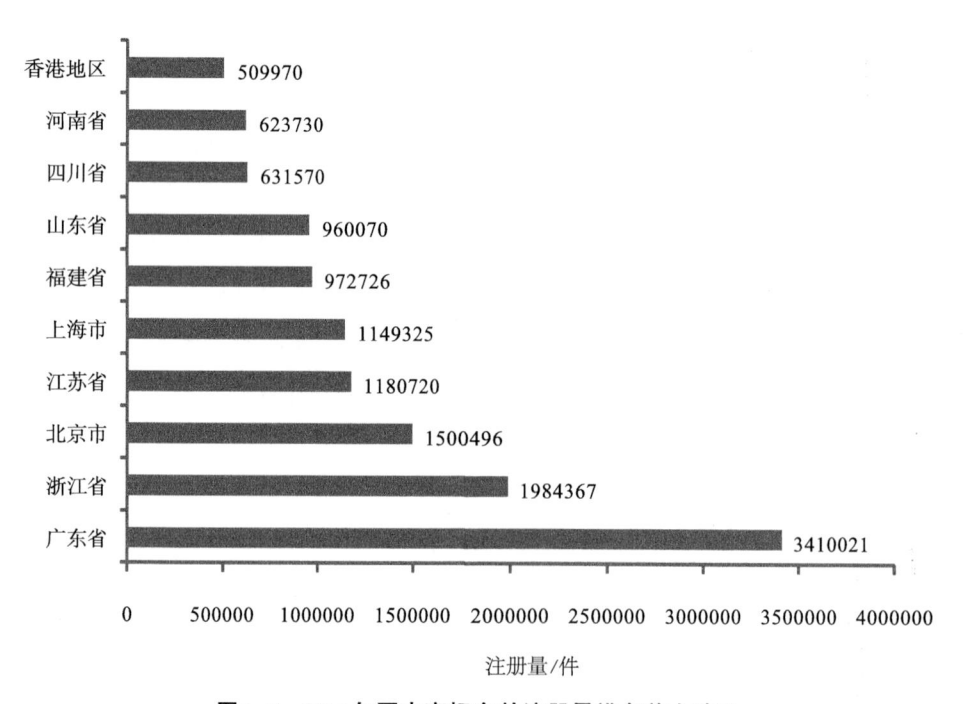

地区	注册量/件
香港地区	509970
河南省	623730
四川省	631570
山东省	960070
福建省	972726
上海市	1149325
江苏省	1180720
北京市	1500496
浙江省	1984367
广东省	3410021

图 1-7　2018 年国内商标有效注册量排名前十地区

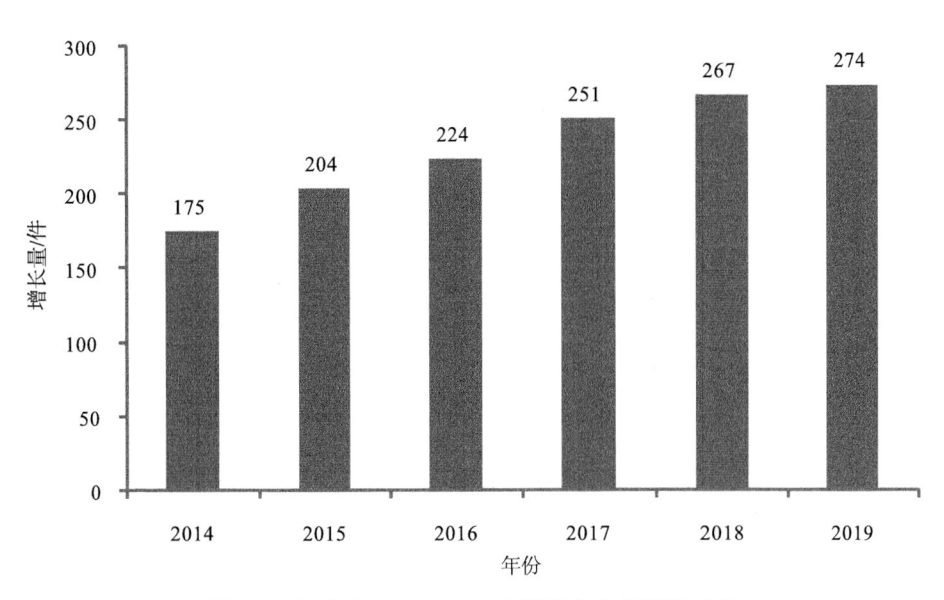

图1-8 河南省2014—2019中国驰名商标增长情况

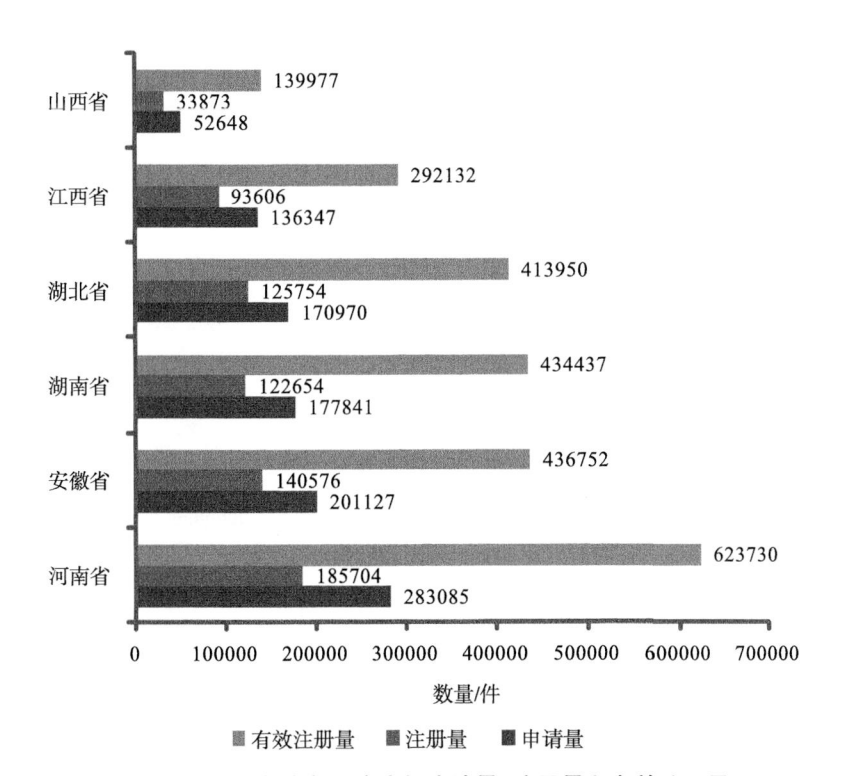

图1-9 2018年中部六省商标申请量、注册量和有效注册量

表1-9 2019年国内商标申请量排名前十地区的相关排名及数据

地区	商标申请量排名	申请量/件	商标注册量排名	商标注册量/件	有效商标注册量排名	有效商标注册量/件
广东省	1	1463989	1	1187686	1	4477109
浙江省	2	733528	2	610478	2	2503624
北京市	3	546590	3	474645	3	1921978
江苏省	4	488511	4	414190	4	1545380
山东省	5	465121	5	372223	6	1297764
上海市	6	438815	6	361036	5	1472627
福建省	7	432736	7	350193	7	1282576
河南省	8	353497	8	271345	8	873721
四川省	9	281564	9	225104	9	833692
河北省	10	234388	10	197054	10	679742

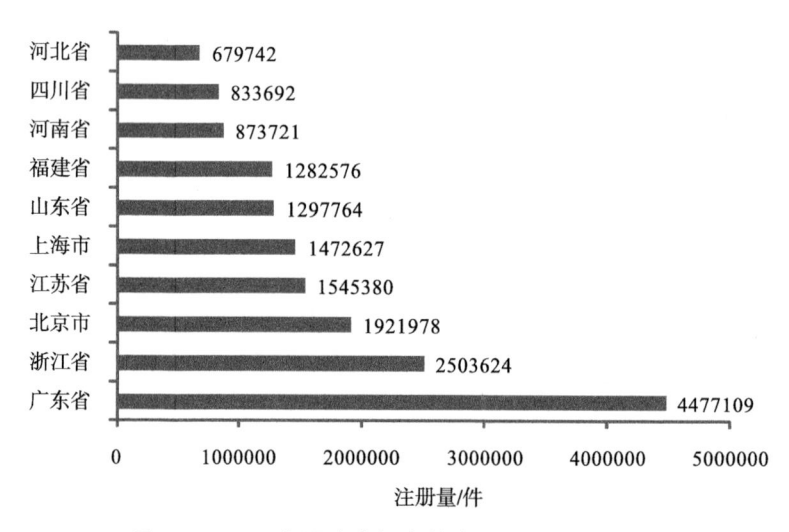

图1-10 2019年国内商标有效注册量排名前十地区

第一章 知识产权创造

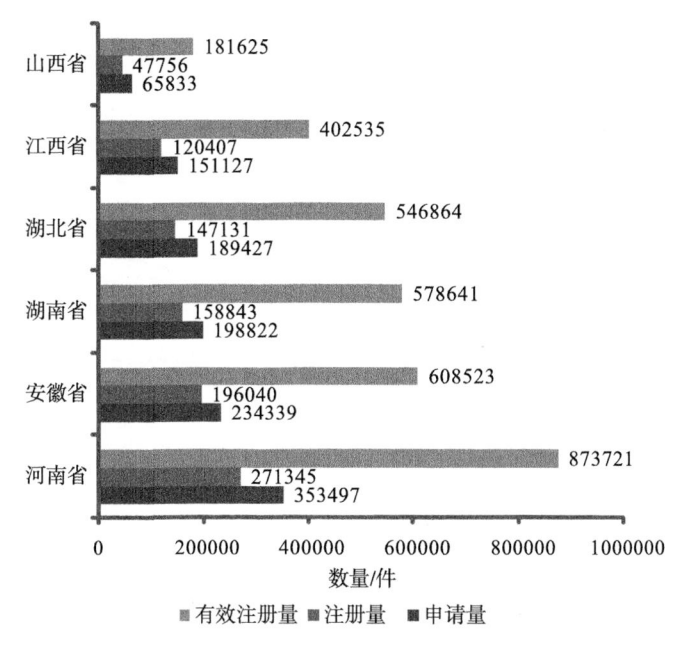

省份	有效注册量	注册量	申请量
山西省	47756	65833	181625
江西省	120407	151127	402535
湖北省	147131	189427	546864
湖南省	158843	198822	578641
安徽省	196040	234339	608523
河南省	271345	353497	873721

图1-11 2019年中部六省商标申请量、注册量和有效注册量

对比"十三五"以来与"十二五"末相关数据可以看出，2018—2019年河南省商标申请量、注册量及有效注册量持续攀升，尤其有效注册量增长迅速，商标工作迎来了快速发展期（见图1-12）。2018年10月，郑州商标审查协作中心正式建成投入使用，这是继广州、上海、重庆之后，京外第四个商标审查协作中心。郑州商标审查协作中心可以办理商标注册申请、变更、续展、转让等23项业务，将方便河南周边及中部六省申请人申请注册商标，大大提高了商标审查效率，缩短了商标审查周期，加快形成服务河南、辐射周边地区的商标注册、保护和运用工作体系，河南省商标品牌发展由此进入了快速上升期并取得了历史性突破。2019年上半年，在中国商标金奖评选中，河南省"好想你"商标被国家知识产权局和世界知识产权组织共同评选为"商标运用金奖"，填补了河南省多年商标金奖空白。

河南省2014—2019商标申请量、注册量和有效注册量数据：

年份	商标申请量	商标注册量	商标有效注册量
2014	73789	40853	218631
2015	80253	70922	285721
2016	129946	74276	356106
2017	208393	97536	448013
2018	283085	185704	623730
2019	353497	271345	873721

图1-12　河南省2014—2019商标申请量、注册量和有效注册量

三、著作权登记量平稳上升

近年来,在河南省委、省政府的正确领导下,河南省著作权保护工作取得了显著成绩。严厉打击侵权盗版行为,查处了一批大案要案,维护了著作权人的合法权益,营造了良好的著作权市场环境;规范了网络著作权秩序,净化了网络空间,网络著作权环境得到明显改善。著作权社会服务明显提升,作品登记量逐年增加。2012—2019年河南省著作权年登记量增长情况如图1-13所示。2018年著作权登记量较2017年有所下降,根据中国版权保护中心发布的《2018年度中国软件著作权登记情况分析报告》中我国各省市软件登记量排名情况来看,2018年全国排名前十位的省市依次为广东省、北京市、上海市、江苏省、浙江省、山东省、四川省、福建省、湖北省、河南省。上述地区软件登记总量超过85万件,约占我国软件登记总量的77%,河南省在全国排名第十。2018年7月19日河南省版权交易中心在郑州正式挂牌运营,新成立的河南省版权交易中心将充分发挥河南省区位优势,以"版权融合资本、交易提升价值"为理念,遵循"公开、公正、公平"的原则,开展著作权保护、著作权宣传、作品登记、著作权法律咨询、著作权创意实物展示等主要服务,合理开发利用著作权资源,确保著作权人的合法权益,为著作权保护工作做出积极贡献,推动著作权产业繁荣发展。2019年,河南省

著作权登记量开始回升,登记量达1381件。据中国版权保护中心发布的《2019年度中国软件著作权登记情况分析报告》显示,相较于2018年,陕西省、河南省、重庆市、河北省等省(市)的作品登记量增长率均达50%以上。从各地区登记数量情况看,软件著作权登记量较多的省(市)依次为广东省、北京市、江苏省、上海市、浙江省、山东省、河南省、四川省、福建省、湖北省,河南省排名第七,较上一年度上升三个位次。

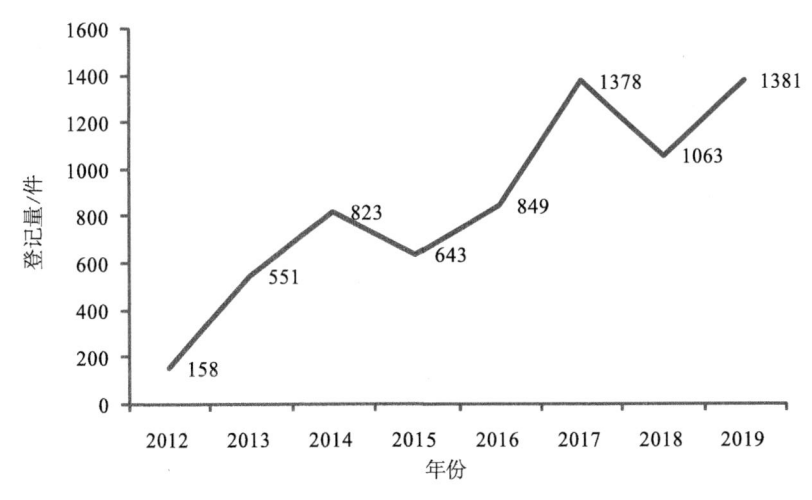

图1-13 2012—2019年河南省著作权年登记量增长情况

四、地理标志数量显著增加

2013年,河南省政府在制定《河南省人民政府关于实施商标战略的意见》第三阶段(2018—2020年)的发展目标中,提出在2018—2020年实现"中国地理标志达到65件"的目标。2018年,河南省新增地理标志商标11件,中国地理标志达74件。2019年,河南省新增地理标志商标16件,中国地理标志达90件,地理标志的数量超额完成目标值,2012—2019年地理标志增长情况详见图1-14。

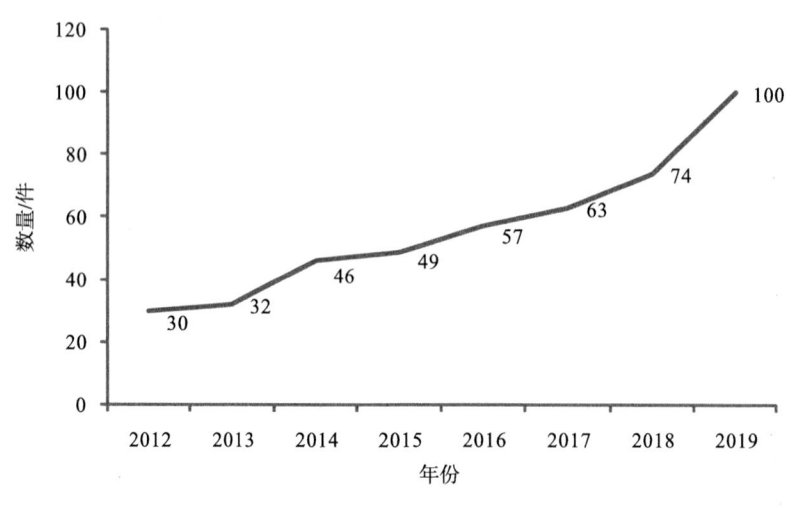

图1-14 2012—2019河南省地理标志增长情况

第二章 知识产权运用

为充分释放知识产权综合运用效应,发挥知识产权价值,2018—2019年,河南省知识产权系统认真贯彻落实河南省委、省政府决策部署,以知识产权强省建设为目标和抓手,不断强化知识产权强省建设顶层设计,强化知识产权运营政策和举措,积极推进完善知识产权运用服务体系,着力强化知识产权转化运用效果,提高创新主体对知识产权的运用能力,知识产权运营工作亮点频出:知识产权质押融资工作持续推进、知识产权优势培育工程呈现新局面、知识产权运营服务体系建设不断完善、专利导航工作取得新进展、知识产权评议工作稳步推进。

一、知识产权质押融资工作持续推进

近年来,按照河南省委、省政府的决策部署,河南省知识产权局积极推进知识产权质押融资工作发展,努力探索知识产权质押融资提升之道。早在2009年,河南省知识产权局就着手起草了《河南省开展中小企业知识产权融资工作的指导意见》,并于2010年年初,由河南省知识产权局、河南省科学技术厅、河南省财政厅等七部门共同出台,标志着河南省多部门共同开展知识产权质押融资工作平台的正式建立。自2010年正式启动知识产权质押融资工作以来,河南省累计有544家企业获得95.5亿元专利权质押贷款,为缓解中小企业融资难、融资贵,激发市场活力,助力创新发展发挥了重要作用。2011年,河南省第一项知识产权质押融资协议正式签订。2015年5月,河南省知识产权局制定出台了《河南省知识产权局进一步推动知识产权质押融资工作的意见》,推进实现全省知识产权质押融资工作的常态化。2016年11月,河南省获批建设支撑型知识产权强省建设试点省,将知识产权金融工作作为建设知识产权强省、支持中小微企业创新发展、促进知识产权运用的重要举措。2016年,《河南省科技金融"科技贷"业务实施方案》印发,建立了质押贷款的政银风险共担模式,企业不必提供全额实物资产抵押,政府对出现的损失给予30%~60%的补偿,有效解决了银行不能贷、不敢贷的问题。同年11月,河南省获批成为全国首批支撑型知识产权强省建设试点省。全省累计完成专利质押30项,涉及399件专利,融资总额为6.74亿元,平均每件专利的质押金额为168.92万元,平均每项专利质押的金额达2246.67万元。2017年,河南省获批国家知识产权质押融资重点推广省,河南省知识产权局联合河南省财政厅出台《河南省专利权质押融资奖补项目管理办法》,对企业专利质押融资涉及的利息、评估费、保险费、担保费等费用分三档给予奖补,推动全省范围内知识产权质押融资工作迅猛开展。河南省设立了规模为3亿元的重点产业知识产权运营基金,郑州市获批国家知识产权运营服务体系建设重点城市,濮阳市、漯河市、新乡市、郑州高新区、国家知识产权创意产业试点园区5家单位获批国家知识产权质押融资试点单位。同年11月,河南省首家专门为知识产权质押融资提供服务的联盟成立,标志着河南省知识产权质押融资服务迈向专业化、系统化的新台阶。2017年度质押融资额额为15.5亿元,涉及专利740件,平均每件专利的质押金额达209.46万元。

  2018—2019年,河南省大力开展全省知识产权质押融资经验交流大会、质押融资巡讲、银企对接等活动,征集专利权质押融资奖补项目,建立专利质押融资数据月报送制度,推动知识产权质押融资工作向更广更深层次发展。2018年4月,在漯河市举行河南省知识产权质押融资经验交流会,总结了全省质押融资工作开展情况,对下一步工作进行了安排部署。2018年河南省知识产权质押融资额达到14.7亿元,涉及专利质押项目120项,惠及企业120家,累计实现知识产权质押融资56.8亿元,缓解了中小企业融资困难,有力助推了贫困县企业创新发展,对实现专利价值服务中小微企业、激发市场活力、助力创新发展发挥了重要作用。特别从2018年起,河南省知识产权质押融资巡讲及银企对接活动从省辖市一级扩展到全省所有贫困县。2019年,河南省在开封市兰考县等21个县区开展知识产权质押融资巡讲及银企对接活动,活动参加人数有2200多人次,指导信阳市、漯河市、南阳市社旗县举办三场专利质押融资巡讲及银企对接活动,截至2019年11月底已实现全省53个贫困县巡讲全覆盖。此外,河南省积极组织开展专利质押融资奖补工作,下发《关于征集2019年专利质押融资奖补项目的通知》,征集质押融资奖补项目82项,完成项目初审,组织业务专家和财务专家进行了评审,67个项目通过了评审,共发放专利质押融资奖补项目资金729万元。据河南省知识产权局发布的《2019年专利质押融资工作情况的通报》显示,河南省2019年专利质押融资金额为38.7亿元,同比增长163.30%,在中部六省处于领先地位,涉及融资项目208项,同比增长73.30%,涉及专利1336件,提前完成《河南省建设支撑型知识产权强省试点省实施方案》规定的"年度知识产权质押融资金额超过25亿元"的目标,专利质押融资工作提前完成强省建设预定目标。河南省2011—2019年专利质押融资总额增长情况见图1-15。

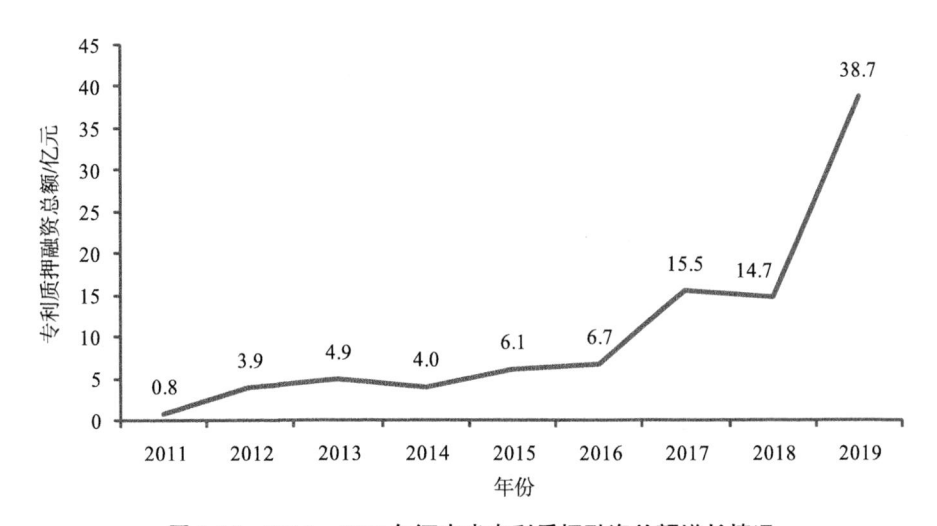

图1-15　2011—2019年河南省专利质押融资总额增长情况

二、知识产权优势培育工程呈现新局面

知识产权优势培育工程是推进知识产权强省建设的重点工作之一。近几年,河南省制定了《河南省国家知识产权优势企业培育工作总体方案》《河南省国

家知识产权示范企业培育工作总体方案》和落实《国家知识产权局关于知识产权支持小微企业发展若干意见的实施方案》等政策文件,扎实推进知识产权优势培育工程。2016年,河南省10家企业获批国家知识产权优势示范企业。河南省共认定71家省级知识产权强企,包括4家强企领军企业、8家强企示范企业、59家强企优势企业;郑州等5个示范城市和许昌等4市积极开展试点示范城市创建工作,巩义市等12个县(市、区)积极开展国家知识产权强县创建工作,试点示范城市群的区域创新格局梯次成形。2017年,河南省9家企业获批国家知识产权优势示范企业,国家知识产权优势示范企业总数达到58家;新增符合省级强企备案企业58家,其中强企领军企业1家,强企示范企业8家,强企优势企业49家,符合省级知识产权强企备案条件企业总数达到129家。

  2018—2019年,河南省持续推进优势示范企业培育工作,在国家知识产权优势示范企业工作基础上,积极与省级强企培育工作对接,上下联动形成工作合力,河南省优势企业培育工程呈现新局面。2018年,河南省优势示范企业培育工作取得了显著成效,一批企业运用知识产权有效提升了市场竞争优势,示范带动作用逐步显现,同时也涌现出一批优秀的企业知识产权管理人员,河南省知识产权局被评为2018年度企业知识产权工作先进集体,9名来自知识产权管理部门和优势示范企业的同志被评为企业知识产权工作先进个人,受到国家知识产权局表彰。河南省19家企业获批国家知识产权优势示范企业,其中国家知识产权示范企业6家,国家知识产权优势企业13家(见表1-10)。2018年度河南省知识产权强企新增99家,其中省知识产权示范企业2家,省知识产权优势企业97家。拥有国家知识产权示范企业15家、国家知识产权优势企业55家。此外,2018年,河南省按照《河南省知识产权强县工程试点、示范县(市、区)管理办法》,开始开展河南省知识产权强县试点、示范县(市、区)申报工作,产生首批省知识产权强县工程示范县(市、区)13个,省知识产权强县工程试点县(市、区)13个。2019年,河南省新增33家国家知识产权优势示范企业(见表1-11)。全省共有国家知识产权优势示范企业达110家,省级知识产权强企226家,国家知识产权强县工程试点示范县13个,专利工作与企业做强做优、区域经济发展的结合越来越紧密,优势示范企业培育工作取得了显著成效。截至2019年年底,河南省拥有国家知识产权试点示范城市5个,试点4个,持续居于中部六省首位(见表1-12)。

表1-10 河南省2018年度国家知识产权优势示范企业

序号	企业	备注
1	郑州宇通客车股份有限公司	国家知识产权优势企业
2	河南森源重工有限公司	
3	郑州日产汽车有限公司	
4	郑州比克电池有限公司	
5	河南省大方重型机器有限公司	
6	河南凯旺电子科技股份有限公司	
7	河南省矿山起重机有限公司	
8	河南超威电源有限公司	
9	新乡市恒星科技有限责任公司	
10	河南驼人医疗器械有限公司	
11	河南天豫薯业股份有限公司	
12	宏业生物科技股份有限公司	
13	蔚林新材料科技股份有限公司	
14	洛阳兰迪玻璃机器股份有限公司	国家知识产权示范企业
15	中铁工程装备集团有限公司	
16	驻马店中集华骏车辆有限公司	
17	河南科隆集团有限公司	
18	郑州春泉节能股份有限公司	
19	安阳市翔宇医疗设备有限责任公司	

表1-11 河南省2019年度国家知识产权优势示范企业

序号	企业	备注
1	富耐克超硬材料股份有限公司	国家知识产权优势企业
2	郑州万达重工股份有限公司	
3	郑州远东耐火材料有限公司	

续表

序号	企业	备注
4	华夏碧水环保科技有限公司	
5	河南天利热工装备股份有限公司	
6	郑州狮虎磨料磨具有限责任公司	
7	新乡市振英机械设备有限公司	
8	海马汽车有限公司	
9	河南金凤牧业设备股份有限公司	
10	河南天祥新材料股份有限公司	
11	河南永威安防股份有限公司	
12	河南蓝信科技有限责任公司	
13	河南鼎力杆塔股份有限公司	
14	上蔡县宏伟种猪有限公司	
15	河南鼎能电子科技有限公司	
16	河南同心传动股份有限公司	
17	河南广安生物科技股份有限公司	国家知识产权优势企业
18	许昌许继配电股份有限公司	
19	濮阳市东宝科技发展有限公司	
20	郑州新世纪数码科技股份有限公司	
21	郑州精益达汽车零部件有限公司	
22	河南灵佑药业股份有限公司	
23	郑州机械研究所有限公司	
24	洛阳德平科技股份有限公司	
25	鹤壁宝发能源科技股份有限公司	
26	郑州科林车用空调有限公司	
27	昊华骏化集团有限公司	
28	登封市启明轩程控设备有限公司	
29	河南中多铝镁新材有限公司	
30	濮阳市盛源能源科技股份有限公司	
31	郑州永丰生物肥业有限公司	国家知识产权示范企业
32	郑州运达造纸设备有限公司	

续表

序号	企业	备注
33	河南卫华重型机械股份有限公司	国家知识产权示范企业

表1-12 中部六省国家知识产权试点示范城市数量对比

地区	国家知识产权试点示范城市数量/个	备注	
河南省	5	郑州	地级
		洛阳	地级
		南阳	地级
		新乡	地级
		安阳	地级
安徽省	4	芜湖	地级
		合肥	地级
		宁国	县级
		马鞍山	地级
湖北省	2	武汉	副省级
		宜昌	副省级
湖南省	3	长沙	地级
		株洲	地级
		湘潭	地级
江西省	1	南昌	地级
山西省	0	—	—

三、知识产权运营服务体系建设不断完善

"十三五"以来,为加快推进知识产权运营服务体系建设,河南省设立首支重点产业知识产权运营基金,初期总规模达3亿元,以直接投资或设立子基金的方式,投资支持河南省境内以超硬材料为主的新材料、电子信息、装备制造等产业领域未上市的知识产权企业和知识产权运营机构,有力提升了河南省重点产业专利转化运用能力。郑州市获批全国知识产权运营服务试点城市(全国仅8个),中央财政将给予2亿元资金支持;依托河南省技术产权交易所,建设国家知

识产权运营公共服务平台金融创新(郑州)试点平台,探索开展知识产权交易市场试点工作;组织推荐141家单位成功入驻国家知识产权运营公共服务平台。2018年,知识产权运营服务体系成功构建,河南省设立的首支规模为3亿元的重点产业知识产权运营基金正式投入运营;推动设立郑州市重点产业知识产权运营基金和郑州高新产业知识产权运营基金,资金规模均达到2亿元。国家知识产权运营公共服务平台交易运营(郑州)试点平台成功获批,该平台的获批对于河南省探索开发知识产权交易运营新模式、新产品,搞活壮大知识产权市场,加速创新资源流转和优化配置,加快河南支撑型知识产权强省建设具有重要意义。郑州市知识产权运营服务体系重点城市建设进展顺利,河南省建成60个产业集聚区商标品牌培育基地、202个商标品牌服务指导站、18个专利导航产业发展实验区和5个专利导航产业发展实验区培育对象,河南省知识产权事务中心获批国际知识产权组织技术创新支持中心(TISC)试点单位。研究出台了《河南省高校知识产权运营管理中心建设试点工作方案》、高校知识产权运营管理中心建设试点工作方案,开展河南省高校知识产权运营管理中心建设试点工作,首批确定河南大学、河南师范大学、中原工学院3所高校为首批河南省高校知识产权运营管理中心建设试点单位,并给予3家高校知识产权运营管理中心每家50万元的建设经费支持,通过收益分配、费用补贴等实质措施,推动高校知识产权转移转化。2019年,河南省继续启动第二批高校知识产权运营管理中心建设试点工作,确定河南科技大学、洛阳理工学院、郑州航空工业管理学院、商丘师范学院、信阳师范学院5所高校为试点单位。

四、专利导航工作取得新进展

专利导航工作是推动河南省知识产权发展的一项重点工作,也是一项创新工作。河南省在全国率先建立省级专利导航工作机制,目前全省建设的18个专利导航实验区和5个专利导航实验区培育对象均实施了产业规划类项目或企业运营类项目,已建设或正在建设专利信息数据库。在专利导航实验区的申报、审核、批复到启动建设再到考核评估过程中,河南省知识产权局多次组织召开专题会讨论专利导航工作,推动实验区之间经验交流与互动。2018—2019年,河南省专利导航实验区工作持续推进,重点开展对专利导航实验区建设情况的督导、考察、评估工作。2018年出台了《河南省专利导航产业发展实验区建设工作指引》,从专利导航工作机制、每万人发明专利拥有量、专利产品销售收入占企业营业收入的占比、企业研发投入占工业总产值的占比4个方面明确制定了专利导航工作实验区的工作目标。为进一步加强河南省专利导航产业发展实验区的分类管理,推动导航实验区工作的规范化和体系化,修改印发了《河南省专利导航产业发展实验区管理办法》。2018年对每个实验区资助100万元,共完成各类专利导航项目31项,导航产业总产值超千亿元,郑州高新区专利导航实验区2018年每万人发明专利拥有量突破100件。同年,在漯河市举办河南省专利导航实验区建设工作推进会,对河南省专利导航发展实验区建设工作进行了通报,就下一步10项主要工作进行了安排部署。郑州市举办了2018年专利导航培训班。洛阳市出台《洛阳市企业专利分析导航项目补助工作指引》,正式启动企业专利分析导航项目补助工作,对开展专利运营类分析导航项目的企业,完成合同约定内容后,按合同实际支出的50%予以补助,最高不超过30万元。此外,河南省知识产权局集中开展专利导航产业发展实验区的督导工作,走进各地专利导航实验区实地考察和了解实验区的工作开展情况。市县之间相互调研考察,借鉴成功经验和做法。2019年,河南省研究修订完成了《河南省专利导航实验区评估考核指标》,并下发《关于做好河南省专利导航实验区评估考核工作的通知》,对建设期满的首批6个专利导航实验区和5个专利导航实验区培育对象开展评估考核。加大产业知识产权联盟建设力度,指导孟州市专利导航实验区成立了汽车及零部件装备制造产业知识产权联盟,对部分导航实验区开展了调研工作。按照《河南省专利导航产业发展实验区管理办法》的规定,河南省知识产权局重点对首批专利导航产业发展实验区和专利导航实验区培育对象进行评估考核,濮阳经济技术开发区以电子化学品新材料产业专利导航为突破口,构建电子化学品产业专利数据库,建成全省首家县区科技创新和知识产权公共服务平台。近年来河南省专利导航建设相关活动开展情况见表1-13。

表1-13　2014—2019年河南省专利导航建设相关活动开展情况

年份	开展情况
2014年	1. 为更好地推进郑州国家专利导航产业发展实验区建设,专利导航郑州超硬材料产业创新发展规划编制团队开展专项调研活动,加快专利导航郑州超硬材料产业创新发展规划的编制工作 2. 建设超硬材料专题专利数据库,指导洛阳等3个示范城市开展专利布局和专利信息分析培训 3. 郑州市知识产权局举行了为期4天的知识产权示范城市专利布局初级实战培训班,共计有来自70多家企、事业单位的近90名学员参加了培训 4. 郑州市知识产权局举行了为期4天的专利分析暨专利导航队伍初级实战培训班。此次培训班组织报名工作得到了郑州各县(市、区)、郑州国家专利导航产业发展实验区以及国家知识产权创意设计园区有关部门的积极配合,相关企业、研究院(所)积极响应,共计有来自40多家企、事业单位的近70名学员参加了培训
2015年	1. 发布了《河南省专利导航产业发展实验区管理办法》 2. 郑州市政府出台了《专利导航郑州超硬材料产业创新发展规划》,对未来4年实验区建设工作进行了专项部署 3. 成立实验区创新创业综合体建设三年工作领导小组,编制《郑州市超硬材料产业专利导航规划项目阶段性成果汇报》 4. 绘制了《专利导航郑州超硬材料产业发展信息图》 5. 组织专家撰写了《专利导航通俗读本》并推广普及
2016年	1. 河南省委政研室调研荥阳市国家专利导航产业发展实验区建设情况,调研组一行先后到专利导航服务中心、郑州华晶金刚石股份有限公司试验室进行实地调研。座谈会上,入驻实验区的郑州四维特种材料有限公司、郑州磨料磨具磨削研究所有限公司、富耐克超硬材料股份有限公司有关负责人,分别就企业运行情况、科研专利、产品创新等情况进行了介绍 2. 印发了《关于开展河南省专利导航产业发展工作的通知》(附《河南省专利导航产业发展工作实施方案》《河南省专利导航产业试验区管理办法》) 3. 洛阳市出台促进机器人及智能装备产业发展实施方案

续表

年份	开展情况
2017年	1. 专利审查协作河南中心赴南阳市开展专利导航园区考察工作 2. 河南省知识产权局下发《河南省知识产权局关于公布河南省专利导航产业发展实验区名单的通知》,公布了首批确定的6家专利导航产业发展实验区和1家专利导航产业发展实验区培育对象 3. 漯河市知识产权局赴沙澧产业集聚区开展工作调研,就该区申报省级专利导航产业发展实验区工作等展开了业务交流 4. 国家知识产权局副局长贺化赴郑州出席郑州市知识产权强市暨专利导航发展实验区建设工作会议,专程实地考察了专利导航产业发展实验区,听取了郑州市有关专利导航产业发展实验区建设情况汇报,充分肯定了郑州专利导航产业发展实验区建设取得的阶段成效 5. "专利导航驱动产业发展"研讨会暨知识产权联络员聘请仪式在郑州召开 6. 郑州市首家知识产权联盟——郑州高新区北斗导航与遥感产业知识产权联盟成立,既是郑州高新区加快建设国家自主创新示范区和国家知识产权示范园区的具体行动,也标志着郑州知识产权运营和创建知识产权强市工作实现新的突破。通过联盟的建立和运营,为郑州市其他产业的知识产权联盟探索经验,发挥示范作用,在全市营造更加浓厚的重视知识产权、依靠知识产权、推进科技创新的氛围 7. 河南省第二批专利导航产业发展实验区拟认定名单公示 8. 国家知识产权运营(专利导航、试点示范园区)培训班在郑州举办,来自全国有关省市知识产权局、国家专利导航产业发展实验区、国家专利协同运用试点单位、国家知识产权试点示范园区的200余人参加培训 9. 河南省首批专利导航产业发展实验区工作座谈会在郑州举行。来自河南省知识产权局协调管理处,郑州市、洛阳市、濮阳市、鹤壁市、许昌市、长垣县知识产权局,国家专利导航实验区,首批省级专利导航实验区的主要负责人和工作人员共30余人参加座谈会
2018年	1. 下发关于做好国家专利导航试点工程考核评估工作的通知,要求各省辖市、直管县(市)知识产权局确定专人对接考核评估工作,并指导辖区内考核对象认真填报数据,撰写提交工作总结

续表

年份	开展情况
2018年	2. 在漯河召开河南省专利导航实验区建设工作推进会。会上,协调处有关人员对河南省专利导航发展实验区建设工作进行了通报,就下一步10项主要工作进行了安排部署 3. 洛阳市出台《洛阳市企业专利分析导航项目补助工作指引》,正式启动企业专利分析导航项目补助工作,对开展专利运营类分析导航项目的企业,完成合同约定内容后,按合同实际支出的50%予以补助,最高不超过30万元 4. 河南省知识产权局于5—6月对首批导航实验区开展督导。通过听取汇报、现场考察等督导方式,对首批导航实验区落实《河南省专利导航产业发展工作实施方案》情况,导航实验区在知识产权创造、运用、保护、管理、服务和宣传培训等方面的工作成效、在导航实验区建设过程中存在的问题和意见建议等内容进行督导 5. 郑州威科姆科技股份有限公司(以下简称"威科姆")与泰国警方达成战略合作,威科姆将承建"基于NB-IOT+北斗定位技术的智慧电动摩托车管理服务系统"项目,为泰国2000万辆摩托车和电动车提供综合智慧管理服务 6. 河南省知识产权局副局长韩平、河南省知识产权局协调管理处工作人员及周口市知识产权局副局长张战祥赴郸城高新区调研专利导航实验区建设情况 7. 国家科技部科技评估中心到郑州市高新区调研知识产权工作。郑州市知识产权局副局长陈俊强、郑州高新区知识产权局局长彭瑞华等陪同调研,就知识产权创造、运营、保护以及评估工作和北斗导航产业专利导航产业发展实验区建设、军民融合中科技成果转化等相关内容进行调研指导 8. 河南省知识产权局转发《国家知识产权局办公室关于开展2018年专利导航项目备案工作的通知》,要求相关单位按照要求组织填报相关数据并进行在线报送 9. 修改印发《河南省专利导航产业发展实验区管理办法》,进一步加强河南省专利导航产业发展实验区的分类管理,推动导航实验区工作的规范化和体系化 10. 河南省知识产权局于8—9月开展河南省专利导航产业发展实验区督导工作,成立专利导航产业发展实验区督导工作组,分别赴南阳市西峡县、安阳市、郑州经济技术开发、濮阳市、长垣市等18个省级专利导航发展实验区对其落实《河南省专利导航产业发展工作实施方案》情况及工作成效、落实新修订印发的《河南省专利导航产业发展实验区管理办法》情况、专利导航实验区建设过程中存在的问题和下一步工作安排等内容开展工作督导

续表

年份	开展情况
2018年	11. 制定《河南省专利导航产业发展实验区建设工作指引》,要求各省辖市、省直管县(市)知识产权局结合实际,做好工作指导;各实验区建设承担单位做好实验区重点工作的落实,确保专利导航产业发展实验区建设工作取得实效 12. 河南省知识产权局局长刘怀章主持召开洛阳省级专利导航实验区工作推进会。会上,听取洛阳涧西区、洛阳西工区、洛阳高新区关于专利导航实验区的专题汇报,对其取得的成绩进行肯定,并针对专利导航实验区建设的下一步工作提出4点要求
2019年	1. 原河南省知识产权局吴灯展副局长到濮阳市开展"不忘初心、牢记使命"主题教育专题调研,调研组一行先后到郑州经济技术开发区濮阳惠成电子材料股份有限公司、迈奇化学股份有限公司、科技创新知识产权公共服务平台进行调研,深入了解企业在生产经营、强企建设、专利权质押融资、专利微导航、知识产权贯标、知识产权分析评议等方面的工作情况 2. 河南省市场监督管理局党组成员刘怀章到洛阳市开展"不忘初心、牢记使命"主题教育调研,重点调研专利导航实验区建设和企业知识产权工作情况,并先后到洛阳轴承研究所有限公司和高新区清华大学天津高端装备制造研究院,详细听取了企业知识产权创造、运用、保护、贯标,国家知识产权运营试点企业相关工作开展和专利导航产业发展实验区项目实施情况汇报 3. 河南省市场监督管理局党组成员刘怀章率领调研组到焦作孟州市开展"不忘初心、牢记使命"主题调研,重点了解专利导航实验区建设和知识产权强企培育情况。并到孟州市汽车及零部件装备制造产业专利导航实验区,听取了专利导航实验区建设情况汇报,深入了解了导航实验区产业专利数据库建设情况、导航项目实施情况以及产业专利联盟建设情况,详细询问了专利导航工作过程中遇到的困难和问题,认真听取了对河南省市场监督管理局工作的建议,并实地察看了导航产业专利数据库平台 4. 河南省知识产权局对首批专利导航产业发展实验区和专利导航实验区培育对象进行评估考核,要求评估考核的单位对照《河南省专利导航产业发展工作实施方案》《河南省专利导航产业发展实验区建设工作指引》,结合各实验区的《建设方案》或《培育方案》,开展工作任务完成情况自查,填写自评表(附件2),撰写建设期或培育期建设情况报告,并提供相关佐证材料

五、知识产权评议工作稳步推进

河南省出台了《关于加强全省重大经济科技活动知识产权评议工作的意见》《重大经济活动知识产权评议办法》，积极引导知识产权分析评议服务科学发展，规范社会知识产权分析评议服务行为，营造良好的知识产权分析评议服务业态。

2018—2019年，河南省推动组建产业知识产权联盟，开展重大经济科技活动知识产权分析评议，推动知识产权评议工作稳步开展。2018年，河南省知识产权局发布《河南省知识产权局关于开展知识产权分析评议试点工作的通知》，在全省组织开展知识产权分析评议试点申报工作，通过布局一批知识产权分析评议试点，健全全省有效的知识产权分析评议机制，为产业经济活动提供分析知识产权问题、化解知识产权风险的手段，加快实现知识产权评议成为技术引进、项目投资、企业并购等经济活动决策过程的必要环节和必然步骤，将知识产权融入全省经济高质量发展、实现高效创新驱动。经自主申报、知识产权管理部门推荐、专家评审、局长办公会议审议、公示等环节，确定"生物基材料发展知识产权评议试点项目"等5个项目为2018年度知识产权分析评议试点项目。同年，在国家知识产权局公布的2018年知识产权分析评议服务示范机构培育名单中，河南省洛阳公信知识产权事务所、河南行知专利服务有限公司分别入选知识产权分析评议服务示范机构和知识产权分析评议服务示范创建机构。2019年，对南乐县生物基材料产业开展了知识产权分析评议工作，生物基材料产业是国家重点扶持的战略性新兴产业，濮阳市南乐县2014年10月被确定为国家级生物基材料产业集群，是全国两家国家级生物基材料产业集群之一，是濮阳市重点发展的石油化工、装备制造、食品加工"三大"主导产业和现代家居、羽绒及制品、生物基材料"三专"特色产业之一。通过分析和评议，对生物基材料产业的专利申请现状以及相关特定领域的专利布局情况进行了全面细致的分析，了解聚乳酸行业的技术动向、核心技术以及专利态势等最新信息，为南乐县生物基产业发展提供化解风险、壮大产业发展路径的方案，对下一步发展提供了技术和政策上的参考意见和建议。

第三章

知识产权管理

2018—2019年,河南省知识产权系统认真贯彻落实河南省委、省政府决策部署,以知识产权强省建设为目标和抓手,做好知识产权相关工作,完善政策法规体系、加大财政投入力度、加强知识产权强企建设、稳步推进知识产权发展,努力提高知识产权管理水平。

一、政策法规体系不断完善

近年来,河南省委、省政府领导高度重视知识产权工作,将知识产权强省建设作为统筹引领河南省知识产权事业全面发展的总抓手,纳入《河南省国民经济和社会发展"十三五"规划》,连续三年写入省政府工作报告。在"一意见一方案一制度"等纲领性政策文件的指导下,每年以河南省知识产权战略实施工作联席会议办公室名义印发《河南省知识产权强省试点省建设推进计划》和《河南省知识产权战略实施年度工作要点》,指导全省知识产权强省建设和战略实施工作。为深入推进商标品牌战略,河南省政府先后出台了《关于实施商标战略的意见》《关于印发河南省实施商标品牌战略2016—2018年行动计划的通知》等文件。2018—2019年,按照国家知识产权局有关文件精神,又出台了《河南省人民政府关于强化实施创新驱动发展战略进一步推进大众创业万众创新深入发展的实施意见》《河南省深化科技奖励制度改革方案》《加快推进知识产权强省建设推动经济高质量发展若干政策》《河南省省级重大科技专项资金绩效管理办法》《关于加强知识产权审判领域改革创新若干问题的实施意见》《知识产权助力精准脱贫攻坚工作方案(2018—2020年)》《河南省知识产权强县工程试点、示范县(市、区)管理办法》等一系列政策法规,政策法规体系不断完善,为着力推动知识产权强省建设提供了制度和政策保障。

二、知识产权财政投入力度不断加大

2018—2019年,河南省知识产权事业发展即将进入"十三五"冲刺阶段,知识产权财政投入力度不断加大,助力经济高质量发展。据河南省市场监督管理局(原河南省知识产权局)数据统计,2016年,河南省知识产权财政投入预算为1251.8万元,决算投入为1863.65万元。2017年,河南省知识产权财政投入预算为1579.2万元,截至2017年年底,河南省本级财政知识产权专项经费总计5068万元。2018年,河南省市场监督管理局挂牌,据河南省市场监督管理局科技与财务处公布的财务信息统计,原河南省知识产权局在知识产权方面的投入预算为1732.8万元。2019年,原河南省知识产权局在知识产权方面的投入预算为1830.5万元,河南省财政投入预算逐年递增,为知识产权工作开展提供了充足的资金支持。2014—2019年河南省知识产权部门财政投入预算情况如图1-16所示。

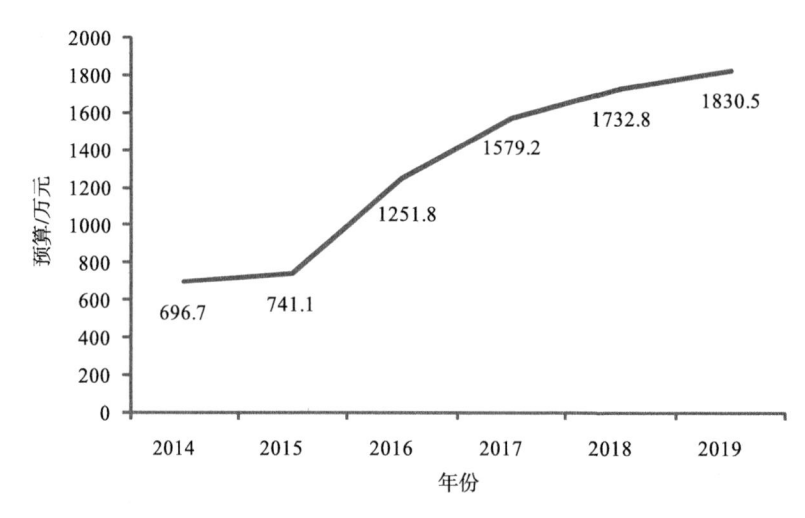

图1-16 河南省2014—2019年知识产权部门财政投入预算

三、知识产权机构设置更加合理

改革市场监管体制,加强市场综合监管,推进市场监管综合执法,是党中央、国务院作出的重大决策,是党和国家机构改革的重要组成部分。2018年,河南省按照中央以及《河南省机构改革实施方案》的要求,推进知识产权管理体制机制改革,在市场监督管理局加挂知识产权局牌子,内设两个知识产权业务处室:知识产权促进处和知识产权保护处,这是机构改革的重大抉择,对知识产权事业必将产生重大而深远的影响。2019年,全省机构改革工作深入推进,知识产权综合改革全面启动,知识产权工作成为市场监管工作的重要组成部分,也成为市场监管事业发展的有力支撑。河南省以市场监督管理局的成立为契机,大胆创新工作思路、工作模式、工作举措,推进"互联网+政务服务",建设"一站式"服务大厅。机构改革期间,河南省知识产权局6项行政权力事项均在河南省政府要求的时限内完成了与河南省市场监督管理局行政服务事项的融合对接。河南政务服务网的全部打通,实现了数据通、业务通,省级审批服务事项网上可办率达到100%,全部"一网通办"行政权力事项均未出现长期不受理、不办理情况。河南省牢牢把握知识产权的创新属性、市场属性和制度属性之间的相互关系,把该管的坚决管好,把该放的坚决放掉,尽快实现部门间良性互动,发挥统一的市场监督作用,以有效的政府管理促进知识产权的有序流动,最大限度增强市场活力,激发内生动力,大力提升知识产权管理服务水平。

第四章

知识产权保护

知识产权保护是知识产权强省建设的基本保障,当前河南省知识产权建设即将进入"十三五"冲刺阶段,在我国高度重视知识产权保护及制度建设的大环境下,2018—2019年,河南省着力开展"严保护、大保护、快保护、同保护"综合发力,持续强化知识产权保护工作,严格司法保护、行政保护,加快形成知识产权保护的强大合力,在知识产权保护方面取得了显著成效,知识产权维权援助工作稳步展开、司法保护水平不断提高、执法能力不断提升,知识产权保护工作成效显著。

一、知识产权维权援助工作稳步展开

近几年,河南省高度重视知识产权保护工作,持续推进知识产权维权援助工作,完善知识产权保护政策法规,制定了《关于严格专利保护行动方案(2017—2019年)》,推动建立强化专利保护大格局。为了保护创造主体的活力,河南省知识产权局开展"严保护、大保护、快保护、同保护"综合发力,连续多年制定《河南省知识产权系统执法维权"护航"专项行动工作方案》《河南省知识产权局系统专利执法维权"雷霆"专项行动工作方案》,持续开展"雷霆""闪电""护航"等知识产权执法专项行动,形成了打击专利侵权假冒的高压态势,有效保护和激发了创新主体的创新创业热情,保持知识产权"严保护"态势。加大知识产权维权援助力度,助推企业"走出去"。建成中国郑州(创意产业)快速维权中心,开通知识产权快速授权、确权、维权绿色通道,进一步提升知识产权保护效能。拥有6家国家级知识产权维权援助中心,建立18个省辖市维权援助分中心和127个产业集聚区知识产权维权援助工作站,开通"12330"公益服务热线。设立全国唯一一家知识产权社会法庭和河南首家知识产权巡回法庭。在国家公布的《2017年知识产权保护社会满意度调查报告》中,河南省得分在中部地区创新高。在创新驱动发展的大背景下,加强知识产权保护是对经济高质量发展的最大激励。

2018—2019年,河南省进一步提高对快速维权工作的重视程度,继续开展知识产权维权援助工作,充分发挥快速维权工作在促进经济社会发展中的重要作用,为知识产权强省建设作出贡献。2018年河南省人民政府印发《关于强化实施创新驱动发展战略进一步推进大众创业万众创新深入发展的实施意见》,提出强化知识产权运用和保护,加强中国郑州知识产权快速维权中心建设,高标准建设中部知识产权运营中心等,培育新型知识产权服务业态,助力"双创"发展。在2018年国家知识产权局办公室发布的《国家知识产权局办公室关于公布2017年度专利行政执法、知识产权维权援助举报投诉和快速维权工作绩效考核结果的通知》中,河南省知识产权局与全国10余家省(市)知识产权局执法考核分数高于90分,新乡市知识产权局与全国20余家市级知识产权局执法考核分数高于90分,中国郑州(创意产业)知识产权快速维权中心的知识产权快速维权工作以98分的成绩,与中国中山(灯饰)知识产权快速维权中心在全国参评的14家快速维权中心中并列排名第一,这充分显现了河南省知识产权执法工作及快速维权工作的全国领先地位。此外,南阳市新野县产业集聚区、南阳市桐柏县产业集聚区、南阳市社旗县产业集聚区、南阳市淅川县产业集聚区、商丘市睢阳产业集聚区、鹤壁市浚县产业集聚区等数十家集聚区挂牌知识产权维权援助工作站,河南省实现产业集聚区知识产权维权援助网点全覆盖。国家知识产权局知识产权出版社郑州原创认证保护中心成立,创客IP上线,打造了河南省第一个"不花钱"的知识产权认证平台。中国(新乡)知识产权保护中心成功获批,成为河南省首家国家级知识产权保护中心。2019年,河南省以新整合组建的河南省市场监督管理局(河南省知识产权局)为契机,充分发挥市场综合监管优势,深入实施知识产权战略,统筹抓好服务监管等工作,加快推动知识产权强省建设。同时,进一步强化知识产权保护体系建设,完善知识产权保护协调和执法协作机制,加大知识产权保护力度,充分释放市场监管叠加效应,着力打造"严保护、大保护、快保护、同保护"的知识产权保护格局,努力为河南省高质量发展提供更加坚强有力的知识产权支撑。2019年知识产权宣传周主题日活动的主题为"严格知识产权保护,营造一流营商环境",并承办2019年知识产权南湖论坛"全球化与知识产权保护"国际研讨会暨第四届知识产权中原论坛,进一步强化河南省知识产权保护意识,推动了知识产权保护工作的开展。根据市场监管总局的要求,2019年6月1日,河南省省率先将原市场监管投诉举报的五条热线(原工商12315、质监12365、食药监12331、价监12358、知识产权12330)进行整合,实现"一号对外",成为全国首批实现"五线合一"的省份。在内部管理上,也实现了统一平台运行、统一机构处理、统一分析研判等,具备了投诉受理、分工办理、应急指挥调度、数据分析、市场动态预警、消费警示六大功能。消费者在发现假冒伪劣商品、产品质量问题、价格欺诈、虚假广告等违法行为,或个人合法消费权益、知识产权需要保护时,均可拨打12315热线进行投诉举报,将统一由12315平台人工座席接听记录,分送转办。此外,消费者在遇到问题时,除了可拨打12315热线进行投诉举报,还可通过网站、微信、支付宝等入口登录全国12315平台,享受全天候24小时受理服务。截至2019年10月底,12315平台共受理维权援助与举报投诉咨询600余件,通过"12330"热线接收举报投诉591件,接待上门咨询15件。其中,涉及专利咨询411件,商标、著作权及农作物新品种保护等咨询电话45件,其他12315咨询电话100余件;转交案件6件,办理维权援助案件2件,办理举报投诉案件1件,专利侵权判定咨询案件2件,出具专利侵权判定咨询意见书2件。

二、知识产权司法保护能力不断提高

"十二五"末,河南省全省法院共受理各类知识产权纠纷案件4250件,审结各类知识产权案件3450件,结案率达81.2%。其中,审结著作权案件1920件、审结商标权案件777件、审结专利权案件332件、审结不正当竞争案件196件。进入"十三五"以来,河南省认真贯彻实施国家知识产权战略,充分发挥知识产权司法保护主导作用,不断加大知识产权司法保护力度,实施严格知识产权保护。2016年,全省法院不断加强知识产权司法保护,新收各类知识产权案件3418件,结案3061件,审结率约为90%。其中,著作权、商标权、专利权纠纷仍是知识产权主要纠纷类型,案件数分别为1140件、1008件、234件,其他类型知识产权纠纷679件。2017年,河南省全省法院新收各类知识产权案件6467件,比2016年增加3049件,结案6398件,结案率达98%。具有典型意义的案件有鹤壁市反光材料商业秘密案,被最高人民法院评价为对类似案件的审理具有较强的规则指引意义,入选"2017年中国法院十大知识产权案件"。河南省知识产权局处理的"一种电机"实用新型专利侵权纠纷案入选"全国2017年度打击专利侵权假冒十大典型案例"。"十二五"以来河南省司法保护案件受理数如图1-17所示。

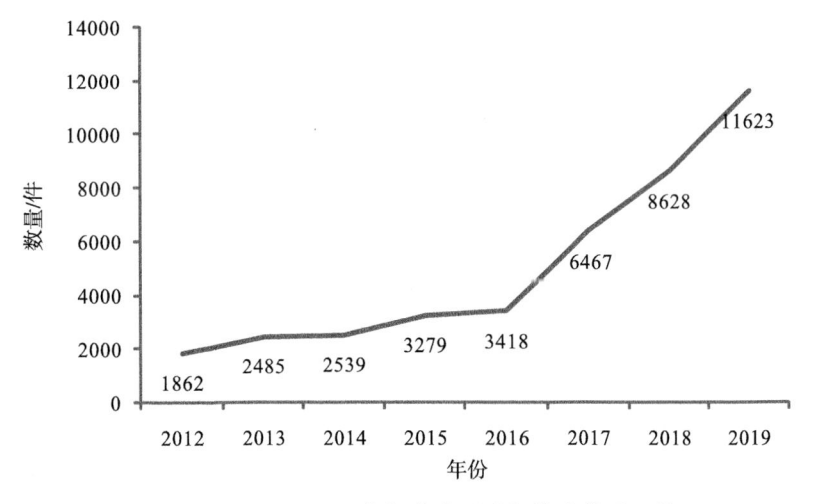

图1-17 2012—2019年河南省司法保护案件受理数

近几年,随着郑州航空港经济综合实验区、郑洛新国家自主创新示范区、河南自贸试验区等国家战略平台落地河南,河南在"一带一路"建设大局中的地位日益提升,河南省由"内陆腹地"站到了"开放前沿",经济社会地位也得到提升,新型产业加速兴起,大批知识产权成果不断涌现,知识产权案件随之大幅增加。2018—2019年,全省法院充分发挥知识产权司法保护主导作用,不断加强知名商标品牌司法保护力度,严惩知识产权刑事犯罪,不断优化尊重知识价值的营商环境,助推河南省知名品牌企业不断提升自主商标品牌的核心竞争力、影响力,促进河南省由产品大省向商标品牌大省、由河南制造向河南创造转变,为河南省经济转型升级和高质量持续发展提供了坚强的司法保障,实现了河南知识产权司法保护事业的新发展。据河南省高级人民法院发布的《知识产权司法保护状况白皮书》(以下简称"白皮书")显示,2018年河南省法院共受理一审知识产权民事、刑事和行政案件8628件,同比增长33.4%,结案7677件,同比增长20%;二审知识产权民事、刑事和行政案件896件,同比增长238%,结案822件,同比增长254%。河南省全省法院充分发挥知识产权司法保护主导作用,积极探索裁判规则,通过对一大批重大、疑难、复杂案件的审理,积极应对新领域、新类型法律问题,强化司法裁判的规则治理与引领作用,同时提高刑事审判威慑作用,严惩侵犯知识产权犯罪,知识产权司法保护的主导作用日益凸显。此外,为进一步加大知识产权司法保护宣传力度,增强社会公众的知识产权保护意识,充分发挥典型案例的示范引导作用,河南省高级人民法院经过网友投票、评审组评审,从全省法院2018年度办结的知识产权刑事、民事和行政案件中评选出"2018年河南法院知识产权司法保护十大典型案例"(见表1-14)。

表1-14　2018年河南法院知识产权司法保护十大典型案例

序号	案件
1	河南金博士种业股份有限公司与北京德农种业有限公司、河南省农业科学院侵害植物新品种权纠纷案
2	洛阳杜康控股有限公司与陕西白水杜康酒业有限责任公司、洛阳市洛龙区国灿百货商行侵害商标权纠纷案
3	朱某民与河南冰熊制冷设备有限公司、浙江华美电器制造有限公司侵犯著作权纠纷案
4	河南鑫苑置业有限公司、鑫苑科技服务股份有限公司与商丘市鑫苑置业有限公司侵害商标权及不正当竞争纠纷案
5	刘某炎、郑州市顺意科技有限公司与郑州格锐特机械有限公司、河南天致药业有限公司侵害实用新型专利权纠纷案
6	西门子股份公司、西门子(中国)有限公司与龚某军侵害商标权与不正当竞争纠纷案

续表

序号	案件
7	商丘市汉唐网络工程有限公司与邓州市范仲淹公学侵害商标权及不正当竞争纠纷案
8	景某某等11人销售假冒注册商标的商品罪案
9	辉县市新兴印刷有限公司、郭某某侵犯著作权罪案
10	郑州和其正生物科技有限公司与孟州市工商行政管理局、农夫山泉股份有限公司工商行政处罚案

2018年3月2日,河南首个知识产权审判专门机构——郑州知识产权法庭正式挂牌成立,这是继天津、长沙、西安、杭州、宁波、济南、青岛、福州、合肥、深圳、南京、苏州、武汉和成都之后,我国成立的第15家知识产权法庭。至此,我国15家知识产权法庭全部挂牌完毕,与之前成立的北京、上海、广州3家知识产权法院共同构成中国知识产权"15+3"的大保护格局。郑州知识产权法庭40人的法庭审判队伍,全部具有本科以上学历。根据最高人民法院批复,郑州知识产权法庭为郑州市中级人民法院内设专门审判机构,跨区域管辖发生在河南省辖区内有关专利、植物新品种、技术秘密、计算机软件、驰名商标认定及垄断纠纷的第一审知识产权民事和行政案件;管辖发生在郑州市辖区内除基层人民法院管辖范围之外的第一审知识产权民事、行政和刑事案件,以及不服郑州市辖区内基层人民法院审理的第一审知识产权民事、行政和刑事案件的上诉案件。成立郑州知识产权法庭,可以有效促进知识产权审判专门化、管辖集中化、人员专业化,是司法服务保障创新驱动发展战略的一项重要举措,为司法服务保障河南创新驱动发展再添"利器",也标志着河南省知识产权审判迈入更加专业化的新阶段。

2019年,为提升河南省知识产权司法保护水平,营造公平透明、激励创新的法治化市场竞争环境,河南省委办公厅、省政府办公厅联合印发《关于加强知识产权审判领域改革创新若干问题的实施意见》(以下简称《实施意见》),通过对中央相关意见的细化和补充,力图破解知识产权审判面临的举证难、赔偿低、周期长等难题。2019年1月2日,河南省高级人民法院召开全省法院加强知名商标品牌司法保护工作新闻发布会,通报有关情况。2019年,全省法院受理各类一审知识产权案件11623件,结案10381件;受理二审知识产权案件1208件,结案1033件。其中,全省法院共受理一审涉商标品牌保护民事、刑事和行政案件5977件,同比增长21.9%,结案4143件;二审涉商标品牌保护民事、刑事和行政案件591件,同比增长31.3%,结案467件。在受理的一审、二审涉商标品牌保护民事、刑事和行政案件中,商标权纠纷5230件,外观设计专利权纠纷544件,发明专利和实用新型专利权纠纷413件,植物新品种权纠纷26件,知名商品特有的名称、包装、装潢纠纷55件,其他不正当竞争纠纷300件,一大批知名商标品牌的合法权益得到保护,办理的案件取得了良好的法律效果与社会效果,为河南省科技创新和经济高质量持续发展提供了坚强的司法保障。另外,河南省高级人民法院从全省法院2019年度审结的知识产权刑事、民事和行政案件中评选出具有代表性的典型案例,发布了2019年河南法院知识产权司法保护十大典型案例(见表1-15)。

表1-15　2019年河南法院知识产权司法保护十大典型案例

序号	案件
1	洛阳中冶建材设备有限公司与福建某复合材料科技股份有限公司、驻马店某公司侵害发明专利权纠纷一案
2	河南四季春园林艺术工程有限公司与河南某园林绿化工程有限公司侵害植物新品种权纠纷案
3	洛阳瑞昌环境工程有限公司与洛阳某石化公司、山东某装备制造公司及第三人程某某等发明专利权权属纠纷案
4	陈某山、山西某出版社与中州某出版社、某地方史志办公室著作权侵权纠纷案
5	广东骆驼服饰有限公司与某户外用品有限公司、泉州某商贸有限公司、中山某科技集团有限公司、郑州某商贸有限公司侵害商标权及不正当竞争纠纷案
6	卢克伊尔石油公开合股公司与厦门某公司、某润滑油公司、郑州某公司不正当竞争纠纷和著作权权属、侵权纠纷案
7	上海境业环保能源科技股份有限公司与河南某化肥有限公司发明专利和技术秘密纠纷案
8	河南嘉德林业园艺规划设计有限公司与林州某公司、江苏某公司技术咨询合同纠纷案

续表

序号	案件
9	李某、朱某华、郑某等犯假冒注册商标罪案和杨某汀等犯销售假冒注册商标的商品罪案
10	偃师市某鞋厂诉偃师市市场监督管理局、洛阳市市场监督管理局工商行政处罚案

三、知识产权执法体系日益完善

2018—2019年,河南省知识产权保护效果更加凸显,陆续两年扎实推进"护航""雷霆"等执法专项行动,开展跨区域协同联动、电商领域的知识产权保护工作,推进知识产权执法体系不断完善。河南省大力加强跨区协作联动,推动执法维权工作联动,先后建立了省内10市执法协作机制、淮海经济区商标保护协作机制和华中地区专利执法协作调度中心,发挥省内城市间、跨省的晋冀鲁豫12市间的协作执法机制作用,着力构建大保护的工作格局,有效提升知识产权保护效率,维护知识产权权利人合法权益。2018年12月,"2018年晋冀鲁豫4省15市知识产权执法协作经验交流会"在河南省焦作市召开,与会代表介绍了各自在专利执法、知识产权维权援助等方面的经验和做法,围绕在专利行政执法过程中遇到的困难和问题进行交流研讨,河南省表示希望继续加强联动、深化合作,推动4省知识产权执法协作工作不断深入。另外,国家高度重视电商领域知识产权保护工作,组建了电子商务领域专利执法维权协作调度(浙江)中心,通过与大型电商淘宝的合作互动,力推电商领域知识产权保护工作。在此大背景下,2018年6月,河南省在南阳举行了河南省电商领域专利执法维权培训班。河南省知识产权局积极参与全国电商领域执法协作调度,积极推进电商领域专利执法维权工作,大力开展电商领域专利执法专项行动,鼓励辖区市县组织专利行政执法人员就电商领域假冒专利问题进行专项执法检查。2019年,河南省切实开展互联网领域侵权假冒行为治理,重点针对跨境电子商务和邮递、快件渠道,加大监管力度,截至12月底在邮递渠道共查获涉嫌假冒侵权运动鞋、衣服、手提包、手表等商品2000余件,涉及路易威登、爱马仕等知名商标品牌50余种。此外,河南省继续发挥好"晋冀鲁豫"等现有跨区域执法协作平台作用,有力推进郑洛新自主创新示范区、郑汴洛河南自由贸易试验区等重点区域执法协作,深化行政执法保护与司法保护的有效衔接,积极开展省市县联合执法活动,构建知识产权保护立体协作网络,形成保护知识产权工作合力,构建知识产权大保护格局。

四、知识产权行政执法能力不断提升

"十三五"以来,河南省知识产权执法体系不断完善,行政执法能力得到显著提升。2017年,河南省共受理专利假冒侵权案件2981件,结案2768件,分别较2016年增长了31.0%、29.0%。行政执法水平较"十二五"期间取得了很大的提升。2018—2019年河南省加大对商标、专利侵权行为的打击力度,组织开展了"雷霆""护航""溯源"等专利、商标执法专项行动,通过培训、合作等途径提高知识产权保护能力。2018年全省共办理专利行政执法案件4488件,其中侵权纠纷案件1781件,案件总数和侵权纠纷案件数量在中部六省分别排名第二和第一。2017—2019年三年全省累计查处商标侵权案件3886件,侵犯知识产权的不正当竞争(如傍名牌)案件2747件。此外,河南省加强执法协作机制建设,推动行政与刑事执法互相配合和衔接,更好地达到知识产权保护效果。2018年4月20日,南阳市知识产权局与南阳市公安局建立行政与刑事执法衔接配合机制。为贯彻落实党的十九大精神,实施知识产权战略,充分发挥知识产权部门和公安机关在知识产权保护方面的职能作用,共同加大知识产权保护力度,南阳市知识产权局和南阳市公安局共同下发通知,决定建立行政与刑事执法衔接配合机制,指出知识产权部门和公安机关要共同开展法制宣传,提高全民维权意识;要建立协同工作机制,实现优势互补;要逐步实现信息共享,形成情报融合大格局;要完善案件移送机制并要主动深入知名企业,指导企业自我保护意识。行政与刑事执法衔接配合机制的建立作为知识产权宣传周的一项重要内容,必将更好地营造南阳保护知识产权的良好氛围,提高消费者的鉴别能力和主动参与的积极性,教育群众,警示社会,提高全社会知识产权保护意识。

2019年,河南省共办理专利行政执法案件1215件,其中侵权纠纷案件868件,案件总数和侵权纠纷案件数量在中部六省分别排名第四和第三。2018—2019年中部六省专利行政执法案件数据情况如表1-16所示。此外,2019年9月,河南省举办了2019年河南省知识产权保护能力提升培训班,培训为期两天,分别邀请来自国家知识产权局、郑州大学、北京三聚阳光知识产权代理有限公司的专家学者讲授了知识产权战略实施、知识产权的侵权认定、严格知识产权保护环境下的企业风险应对等课程,通过培训提升了学员的知识产权素养,从而更好地提升了河南省知识产权能力和水平。

表1-16　2018—2019年中部六省专利行政执法案件数据统计

地区	2018年		2019年	
	案件总量/件	侵权纠纷数量/件	案件总量/件	侵权纠纷数量/件
河南	4488	1781	1215	868
湖北	3408	781	2908	1200
湖南	5898	867	2462	534
山西	242	43	23	4
江西	722	156	355	331
安徽	3352	1110	3334	1224

注:数据来源于国家知识产权局"执法统计与分析"。

第五章 知识产权服务

2018—2019年，河南省各地持续提升知识产权服务水平，加大各类知识产权服务资源的整合利用，探索建立知识产权服务平台，健全知识产权服务体系，构建覆盖省市县(市、区)三级、层次分明、定位准确、特色突出的知识产权服务体系，提高服务能力，推进服务机构品牌建设，拓宽服务领域，推动知识产权工作迅速发展，知识产权服务机构不断健全、知识产权服务平台不断完善，知识产权服务业的快速发展，促进了服务能力不断提升、服务效果持续向好。

一、知识产权服务机构不断健全

"十三五"以来，河南省知识产权局加快发展知识产权服务业，培育知识产权服务机构，积极推进知识产权服务的高质量发展，知识产权服务能力大幅提升。河南省致力于打造知识产权服务品牌。2012年，河南省2家知识产权服务机构被国家知识产权局评为首批"全国知识产权服务品牌机构培育单位"。2014年，批准河南财经政法大学建设河南省知识产权服务业政策研究基地；筹建中国(郑州)知识产权产业研究院。河南省成功获批第二批国家专利代理行业发展试点省，2家知识产权服务机构获批国家第一批知识产权服务品牌机构，3家知识产权服务机构获批第二批国家知识产权服务品牌培育机构。"十二五"末，河南省已有3家知识产权中介服务机构荣获示范创建单位，在中部省份名列前茅。2018年，国家知识产权局公布了第四批全国知识产权服务品牌培育机构名单，全国56家知识产权机构获评，河南省亿通知识产权服务有限公司新增为河南省第6

家全国知识产权服务品牌培育机构。全国知识产权服务品牌培育机构评审工作自2012年开展以来,每两年评审一次,河南省目前共6家,其余5家分别为河南专利孵化转移中心有限公司、郑州睿信知识产权代理有限公司、郑州大通专利商标代理有限公司、郑州联科专利事务所、洛阳公信知识产权代理有限公司,河南省全国知识产权服务品牌培育机构总量在中部六省处于领先地位(见表1-17、表1-18)。2019年,严格按照《郑州国家知识产权服务业集聚发展示范区建设方案》,有序推进郑州国家知识产权服务业集聚发展示范区建设,引进省外知名知识产权服务业机构6家,组织知识产权服务机构与企业供需对接活动10余次,有效引导知识产权服务机构为企业和产业发展提供专业化服务,并积极开展知识产权服务能力提升工作。组织开展各级知识产权服务高端能力提升培训3次,分行业及领域开展各类知识产权服务能力提升培训近10次,累计培训知识产权管理人员、专利代理师及企业、高校等知识产权管理人员1000余人次。

专利代理行业水平直接影响专利质量和后续的专利运营和运用,继而可能影响河南省的科技和经济发展。近年来,河南省大力支持具备资质、符合设立新机构条件的专利代理人,设立新的专利代理机构。2016年,河南省知识产权服务机构拥有执业专利代理人217人,771人具有专利代理资格证。2017年,年度新增专利代理机构15家,新增分支机构9家,执业专利代理人42人,全省累计拥有执业代理人259人,专利代理机构71家。2018年,全省拥有专利代理机构72家,分支机构42家,新增通过专利代理师资格考试193人,全省累计执业专利代理师388人。2019年,拥有专利代理机构82家,分支机构44家,新增通过专利代理师资格考试152人,全省累计执业专利代理师428人。此外,在国家知识产权局办公室发布的首批能力建设知识产权仲裁调解机构名单中,河南省中国(新乡)知识产权维权援助中心、河南省知识产权保护协会、洛阳市知识产权维权援助中心等3家机构获批为首批能力建设知识产权仲裁调解机构。2019年11月2日,首届全国专利代理师资格考试开考,河南有1396名考生参加考试,2019年是河南省第13次被国家局确定为全国专利代理师(人)资格考试考点。据统计,郑州考点共有1540人报名考试,其中有1396人通过报名资格审查并缴费,共报考

3769科次,专利代理师资格考试对选拔和培养河南省专利代理人才队伍、提升河南省专利代理行业整体水平具有重要的意义。

表1-17 河南省全国知识产权服务品牌培育机构

序号	机构名称	备注	获批时间
1	河南专利孵化转移中心有限公司	企业类知识产权服务机构	2012年
2	郑州睿信知识产权代理有限公司	企业类知识产权服务机构	2012年
3	郑州大通专利商标代理有限公司	企业类知识产权服务机构	2014年
4	郑州联科专利事务所	企业类知识产权服务机构	2014年
5	洛阳公信知识产权代理有限公司	企业类知识产权服务机构	2014年
6	河南省亿通知识产权服务有限公司	企业类知识产权服务机构	2018年

表1-18 中部六省全国知识产权服务品牌培育机构数量

	首批	第二批	第三批	第四批	合计
河南	2	3	0	1	6
湖北	1	1	1	1	4
湖南	0	0	1	1	2
山西	0	1	0	1	2
江西	1	1	1	2	5
安徽	1	0	0	1	2

二、知识产权服务平台不断完善

为加强知识产权服务体系建设,促进知识产权经济发展,"十三五"以来,河南省持续推进知识产权服务平台完善工作。2016年,国家知识产权服务业集聚发展试验区顺利通过国家考核验收。2017年,河南省根据国家知识产权局《关于国家知识产权运营公共服务平台遴选入驻单位的通知》,开展了筛选公共服务平台入驻单位工作,一共141家单位符合遴选要求,其中知识产权服务机构24家,高校28家,企业86家,其他机构3家。为进一步推进知识产权服务平台建设,2018年,河南省军民融合科技创新发展大会暨军民融合知识产权交易平台启动,该平台上线后将对军工集团的各类创新主体及其所拥有的资源进行整合,聚集各类创新主体开展科技研发、成果转化与项目产业化孵化,畅通需求与资源对接渠道,服务于各类创新主体的发展,为"军转民""民参军"的技术融合提供支撑体系。此外,国家知识产权局知识产权出版社郑州原创认证保护中心授牌成立,专利审查协作河南中心新密社会服务工作站授牌。郑州原创认证保护中心是国家知识产权创意产业试点园区引进的创客IP项目,该平台在中国郑州(创意产业)知识产权快速维权中心开设服务窗口,企业可将创作过程和结果上传到保护平台,经认证后,可作为司法采信的电子证据,实现知识产权前置保护。该平台的三个核心功能是提供知识产权全领域确权服务、维权法律服务,以及为企业(科研团队)提供知识管理服务。原创认证保护中心的成立,对进一步提高知识产权维权效率、保障维权案件质量及更有效地保护知识产权创新有着重要的促进意义。同年,国家知识产权运营公共服务平台交易运营(郑州)试点平台获批,河南省知识产权高端服务能力提升培训班在郑州举行,郑州获批建设国家知识产权服务业集聚发展示范区,是继北京、上海、苏州、深圳之后第5个国家知识产权服务业集聚发展试验区。截至2018年4月,郑州已形成从专利创造、分析预警、贯标、保护到服务的知识产权整链条业务,知识产权外向引力及集聚辐射功能日渐凸显。焦作市政府与专利审查协作河南中心签署知识产权战略合作协议,希望专利审查协作河南中心充分发挥自身科技、人才、资源等优势,加大工作投入,深化双方在专利导航、专利分析、专利运营、平台构建等方面的务实合作,加快实现互利共赢、携手发展。这都标志着河南省知识产权服务业发展迈向更高层级。2019年,河南省商标行业联盟成立,将加强各个企业之间沟通和联系,实现企业间优势互补,资源共享。河南省知识产权服务业高端能力提升培训班在郑州举办。此外,2019年,国家知识产权局办公室、教育部办公厅联合发布《关于公布首批高校国家知识产权信息服务中心名单的通知》,确定了首批23家高校国家知识产权信息服务中心,郑州大学成为河南省唯一入选的高校。高校国家知识产权信息服务中心可以发挥高校的信息资源和人才资源优势,为知识产权的创造、运用、保护、管理提供全流程服务,不断完善知识产权信息公共服务体系,丰富知识产权信息服务内容,完善知识产权信息公共服务网络,进一步提升高校知识产权信息服务能力和水平,促进高校协同创新和科技成果转移转化,支撑国家创新驱动发展战略和知识产权强国建设。2018—2019年,河南省以专利审查协作河南中心、国家知识产权服务业集聚发展示范区、国家知识产权创意产业园及国家专利导航产业发展试验区建设、河南省军民融合科技创新发展大会暨军民融合知识产权交易平台、郑州原创认证保护中心为抓手,不断完善全省知识产权服务平台。自"十二五"至今,河南省已获批全国专利代理行业改革试点省、国家知识产权运营公共服务平台交易运营(郑州)试点平台,选择了5个产业集聚区搭建具有区域产业特色的专利信息服务平台,启动了军民融合科技创新发展大会暨军民融合知识产权交易平台,并开展洛阳高新区专利信息服务先期试点,为5个省辖市安装了专利专题数据库,构建完善专利导航综合服务平台。知识产权运营服务体系建设不断完善。

三、知识产权服务能力不断提升

2016年,河南省出台了《河南省知识产权服务品牌机构管理办法》,更好地开展品牌培育工作。2017年,专利审查协作河南中心全面建成入驻,年审发明专利8.4万件,实用新型专利9.7万件,服务能力逐渐彰显。国家知识产权创意产业园建设成效显著,为省内产业集聚区1000余家制造企业提供服务。郑州国家知识产权服务业集聚发展示范区建设全面启动,集聚发展区固定资产总投资达200亿元,集聚知识产权服务机构400余家,涵盖知识产权代理、法律、信息等各种服务类型,有力带动了知识产权服务业快速发展。2017年,新乡市知识产权局批准新乡市首家从事知识产权运营管理工作的专业化服务机构——河南平原众创知识产权运营管理有限公司设立"新乡市知识产权运营中心",该中心成立后重点围绕企业、高校、科研院所等创新主体,广泛开展与知识产权相关的工作,致力打造一个立足新乡、服务河南、辐射全国、国内一流的知识产权与技术成果的集聚中心、交易中心和运营服务中心。2018年,新乡市知识产权运营中心设立一年转化发明专利上百件,与新乡7所高校及科研院所签订知识产权运营战略合作协议,重点促进大专院校与科研院所的科技成果转化;建立了线上的新乡市知识产权运营平台,进行专利技术的展示交易,同时自主开发了在线的专利评估系统；推出了面向科技型中小企业的"托管宝"服务。前期在新乡市高新区进行推广，逐步取得了企业的认可；长期面向企业开展知识产权培训活动以及知识产权贯标咨询服务，截至2018年帮助六家企业通过了知识产权管理体系的认证。2018年，河南省市场监督管理局（原河南省知识局）与专利审查协作河南中心不断加强合作交流，共同促进河南省知识产权事业发展。国家知识产权创意产业试点园区、国家知识产权服务业集聚发展示范区、国家专利导航（超硬材料）产业发展实验区等项目顺利推进，有效引领了相关产业快速发展。还组织开展了国家知识产权试点城市、试点示范县区、示范园区的考核工作，开展省级知识产权强县工作，确定首批省知识产权强县工程示范县（市区）13家、试点县（市区）13家。全省国家知识产权优势示范企业总数达70家；新认定省级知识产权强企99家，全省知识产权强企累计达到224家。同年，河南省积极组织各省辖市、河南省直管县知识产权主管部门推荐申报知识产权服务品牌培育机构、知识产权分析评议服务示范机构，河南省亿通知识产权服务有限公司新增为河南省第六家全国知识产权服务品牌培育机构，洛阳公信知识产权事务所、河南行知专利服务有限公司2家代理机构分别入选知识产权分析评议服务示范机构和知识产权分析评议服务示范创建机构。此外，2018年和2019年两次举办河南省知识产权高端服务能力提升培训班，通过不断的培训进一步促进知识产权管理服务能力不断提升。此外，2018年和2019年河南省还成功举办第十二届、第十三届中国专利周河南地区活动。专利周期间，举办了一系列各具特色、形式多样的活动，通过这些活动集聚整合全省知识产权服务资源，提升专利服务能力和水平，搭建对接平台，解决企业关注的知识产权热点问题，提高企业知识产权运用能力，促进高价值专利的产出，促进河南省知识产权事业发展。

第六章 知识产权人才培养

知识产权事业发展的基础离不开人才发展,随着知识产权强国战略和创新驱动发展战略的实施,知识产权高层次人才的市场需求激增,知识产权人才培养的重要性上升到历史新高度。河南省作为知识产权大省,历来重视知识产权人才的培养。2018—2019年,在国家知识产权局和河南省委、省政府的大力支持下,河南省知识产权局坚持以习近平新时代中国特色社会主义思想为指导,着力构建高素质知识产权人才队伍建设,以知识产权高端人才培养为重点,积极搭建高层次人才培养平台,不断提高知识产权人才工作水平,出色完成各项人才工作任务,为实施知识产权强省建设提供坚实的人才保证。

一、知识产权人才培养量质并进

近年来,在国家知识产权局和河南省委、省政府的支持下,河南省知识产权人才培养工作不断得到加强,实施"百千万知识产权人才工程"并将其作为重点工程纳入了《河南省科技人才发展中长期规划(2011—2020年)》,实施"知识产权培训基地建设工程""知识产权人才信息化工程"等措施,积极通过支持建设知识产权培训基地和知识产权学院建设,强化知识产权人才引进、优化知识产权人才评价和成长环境等举措来提高河南省知识产权人才队伍素质,为河南省经济社会健康可持续发展提供人力支持和智力支撑。截至2019年上半年,河南省共有国家级知识产权领军人才2人,进入国家级知识产权专家库8人,国家级知识产权高层次人才17人,国家知识产权专利信息师资人才10人、全国专利信息实务人才25人,省级知识产权高层次人才77人,相比"十二五"期间知识产权高层次人数总量增长了30.90%,知识产权行政管理人员和企业管理人员近2000人,具有专利代理资格和执业专利代理师分别达到1197人和326人。2019年3月,国家知识产权局下发文件对全国知识产权人才工作先进集体和先进个人进行表彰。河南省知识产权局、河南师范大学知识产权学院、河南省知识产权培训基地——河南大学三家单位荣获"全国知识产权人才工作先进集体"称号,河南省知识产权局刘蕾、国家知识产权创意产业试点园区王爱辉、漯河市知识产权局刘保才荣获"全国知识产权人才工作先进个人"称号。知识产权人才数量和质量的上升为全面推进知识产权驱动型创新生态的建设和发展提供了智力支撑。

二、高校知识产权人才培养工作继续推进

河南省知识产权人才匮乏的问题日益显现,对多渠道培养知识产权人才提出了迫切需求。为解决人才瓶颈问题,满足经济和社会发展对知识产权专业人才的需求,河南省近年来积极鼓励和引导高校设置知识产权相关专业或知识产权学院,并高度重视知识产权学院建设工作。对于本科学历层次来说,河南省现有河南财经政法大学、河南师范大学、安阳工学院、中原工学院、河南科技大学、郑州成功财经学院、河南师范大学新联学院、许昌学院、河南牧业经济学院共计9所高校开设知识产权(法)本科专业,河南省开设知识产权专业的高校数量在中部六省乃至全国都处于领先地位。对于研究生学历层次来说,郑州大学设有民法方向、商法方向和竞争法方向的法学博士;2018年,河南省知识产权局与河南大学签约共建河南省第五所知识产权学院;2019年又与河南科技大学共建知识产权学院。共建知识产权学院是学校积极响应知识产权强省战略的具体举措,高校与河南省知识产权局就知识产权人才培养保持密切合作,旨在培养知识产权高层次人才、加强知识产权学科建设、促进知识产权理论研究、提高知识产权社会服务水平、传承和培育知识产权文化,为河南省知识产权事业发展提供智力支撑。至此,河南省已有中原工学院知识产权学院、郑州大学知识产权学院、

河南师范大学知识产权学院、河南财经政法大学知识产权学院、河南大学知识产权学院、河南科技大学知识产权学院6所知识产权学院设立了知识产权硕士点。2018年5月10日至11日,河南省知识产权局特邀国家知识产权局、中国科学院、清华大学等单位专家组成评估组,对郑州大学、河南师范大学、中原工学院等高校共建知识产权学院开展评估。通过组织专家对各知识产权学院建设情况进行评估,及时掌握学院建设情况,了解学院建设的困难与需求,及时调整政策扶持的力度和方向,确保学院建设健康有序推进,为推进知识产权人才培养改革,提高人才培养质量与数量保驾护航。

三、知识产权远程教育参与度不断提高

自2007年河南省知识产权远程教育工作开展以来,截至2018年年底,河南省共建立班级663个,注册学员41430人,选课累积突破12万人次,完成课程学习并参加考试51328人次,培养了大批知识产权实用人才。2015年,河南省远程教育平台新建中原工学院、河南科技大学、安阳师范学院共3个知识产权远程教育分站,组建班级92个,新增学员注册4627人,参与学员23268人。2016年远程教育河南平台下设8个子站,共建立班级115个,新增学员3212人,参与学员26480人,在线学习共5808人。2017年,远程教育河南平台下设8个子站,共建立班级135个,参与学员达到34046人,较2016年增长了22.2%,选课44398人次。2018年,河南省远程教育平台下设8个子站,共建立班级129个,新增学员5725人,参与学员达39771人,选课21944人次,参与人数由"十二五"末的23268人上升到2018年的39771人,增长率达71.0%。2018年12月20日,河南省知识产权远程教育现场会在鹤壁市召开。有关省辖市局、分站和企业代表先后发言,交流了工作经验,研讨知识产权远程教育相关问题,并就下一步工作开展提出建议。河南省知识产权远程教育主管人员提出要求:一是要提高认识,加强对知识产权远程教育工作的重视程度;二是立足高校,扩大分站的社会辐射面和影响力;三是学以致用,充分运用知识产权解决实际问题。同年,河南省知识产权远程教育平台在全国综合考评中再获佳绩,在国家知识产权局中国知识产权培训中心公布全国知识产权远程教育平台综合考评情况中,河南省知识产权远程教育平台

在全国22个平台综合考评中,名列第6位,连续12年受到中国知识产权培训中心表彰(表彰全国前8名),在中部六省排名第二,仅次于湖北省,参与人数趋势具体如图1-18所示。截至2019年12月,远程教育河南平台下设8个子站,共建立班级84个,完成目标任务105.0%,新增学员4544人次,参与学员达44315人,完成目标任务90.9%,选课36101人次,完成目标任务361.0%。

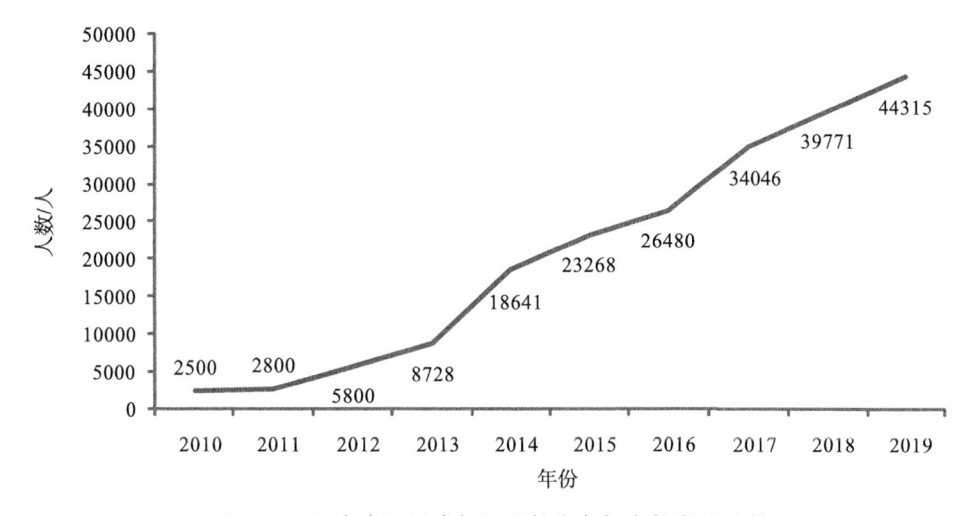

图1-18 河南省知识产权远程教育参与人数发展趋势

四、知识产权人才交流与培训持续扩大

知识产权人才培养工作的有效开展为知识产权强省建设提供了有力支撑,开展知识产权人才培训和交流活动对于人才的培养至关重要。2018—2019年,针对高校知识产权相关专业学生、重点培养高端知识产权人才、政府管理人员等,河南省组织开展辩论赛、培训班等活动,促进知识产权人才交流,推动知识产权高端人才培养工作全面创新。2018年,河南省加强知识产权人才队伍建设,河南省市场监督管理局(原河南省知识产权局)联合省委组织部、中国知识产权培训中心连续第11年举办县处级领导干部知识产权战略研究班。召开创新发展与知识产权人才培养研讨会。举办首届"中原崛起杯"大学生知识产权辩论赛,为河南省大学生提供了一个知识产权文化交流和思想碰撞的竞技平台,为各

高校之间开展知识产权学术研讨提供了良好的平台,并希望以此为开端,将其打造成河南省知识产权工作中的一个品牌,进一步推动河南省知识产权专业队伍建设、营造良好的知识产权学习研究氛围,推动知识产权人才培养工作取得新进展,实现新突破。河南省还举办了河南省高校知识产权综合能力提升培训班,针对高校知识产权管理和运营的新模式、高校师生协同创新与高校科技成果转化、高校专利创造与运用基础知识进行讲解,来自各省辖市知识产权局负责高校知识产权管理的工作人员及省内134所高校科研处负责知识产权管理和转移转化的负责人约180人参加了培训。此外,2018年河南省知识产权高端服务能力提升培训班在郑州举行,专家围绕"专利信息检索与利用""知识产权运营""高价值专利挖掘及培育""PCT专利申请及涉外事务"等内容进行授课,来自各省辖市、省直管县知识产权局工作人员,省内各代理机构管理人员和专利代理师,以及省内部分高校和企业负责知识产权工作的管理人员共150人参加培训。2019年,河南省举办的具有代表性的培训班4场。自2018年12月开班,培训总课时20天,共160个课时的"河南知识产权人才培养模式创新研讨会暨第二届知识产权实务就业培训班"。2019年7月,由国家知识产权局专利文献部主办、原河南知识产权局协办的2019年专利文献服务网点业务培训班,来自全国各个专利文献服务网点的工作人员50余人参加培训。截至2019年7月,河南省专利信息人才建设成绩显著,拥有全国专利信息领军人才2人、专利信息师资人才9人、专利信息实务人才27人。2019年7月的培训为期两天,邀请该领域知名专家讲授了"专利文献利用最新进展""TISC内容介绍""专利查新检索""专利申请前的新颖性和创造性预判""高价值专利挖掘和布局"等一系列课程,旨在提高网点服务能力,提升专利申请质量。2019年9月,每年一度的河南省知识产权服务业高端能力提升培训班在郑州举办,专家分别围绕"当前国际贸易背景下知识产权服务业发展形势""专利商业化过程中的保险政策""高价值专利挖掘及培育""专利代理相关政策及专利代理监管工作解读"等进行了培训。来自各省辖市、省直管县(市)知识产权局管理人员,省内各专利代理机构管理人员或专利代理人,部分高校及企业知识产权工作管理人员200余人参加培训。2019年11月举办的河南省高校知识产权综合能力提升培训班,来自河南省各省辖市知识产权管理部门负责高校知识产权管理人员和部分高校科研处知识产权负责人共160余人参加了培训。此外,2018—2019年,还开展专家座谈会、研讨会,针对领导干部、管理人员的知识产权战略实施工作培训班、研究会,以及挂职和实践锻炼管理能力培训班等,两年开展省级以上培训班10余场。

五、知识产权培训基地布局更加完善

知识产权培训基地在加强知识产权人才队伍建设方面发挥着重要作用,每年就知识产权人才队伍建设和知识产权知识的传播做了大量卓有成效的工作。2018—2019年,河南省充分利用和发挥知识产权培训基地作用,积极开展知识产权培训基地考核评审工作。截至2019年年底,河南省拥有国家级知识产权培训基地1个、省级知识产权培训基地10个(见表1-19)。2018年,为了进一步加强对知识产权培训基地的管理和引导,依据《河南省知识产权培训基地管理办法》(豫知〔2013〕103号),河南省知识产权局成立培训基地考核工作组对河南省设立3年以上的知识产权培训基地进行全面考核。经考核评审,确定郑州大学、河南财经政法大学、中原工学院、河南科技大学、河南大学、国家知识产权创意产业试点园区6家培训基地为考核优秀单位,漯河食品职业学院、平顶山教育学院、新乡职业技术学院3家培训基地为考核合格单位,通过考核评审督促培训基地加强自身建设,提高工作水平。

表1-19 河南省知识产权培训基地

序号	培训基地名称	备注
1	国家知识产权创意产业试点园区	国家级
2	郑州大学	省级
3	河南大学	省级
4	中原工学院	省级
5	河南科技大学	省级
6	河南财经政法大学	省级
7	平顶山教育学院	省级

续表

序号	培训基地名称	备注
8	新乡职业技术学院	省级
9	漯河食品职业学院	省级
10	河南师范大学	省级
11	安阳师范学院	省级

第七章 知识产权文化宣传

为加强知识产权宣传普及,提升全社会知识产权意识,2018—2019年,河南省积极在全省组织开展"知识产权宣传周"活动,多途径、多渠道、多平台进行知识产权宣传,全方位、多角度展示河南省知识产权事业发展的成就,扩大社会影响,大力促进知识产权宣讲进校园、进企业、进社区,不断扩大知识产权宣传巡讲规模和频次,持续推进中小学知识产权教育试点示范工作,努力在全省营造良好的知识产权强省建设文化氛围。

一、知识产权宣传规模和频次不断加大

2018年3月,河南省知识产权局举办2018年宣传工作碰头会,指出2018年河南省知识产权宣传工作应做好的三件大事和三个要求,这为河南省接下来的宣传工作提供了明确方向。河南省连续4年开展知识产权巡讲,受训规模累计达到1万余人次。2018—2019年,河南省积极响应国家知识产权局关于知识产权宣传的工作要点,拓展宣传手段,扩大宣传范围,提升宣传层次,开通河南省知识产权局微信公众号,借助线上线下平台推进知识产权宣传工作,利用报纸、电视台、网站、微信等传统媒体和新媒体进行信息多渠道发布,开展知识产权进企业、进校园、进社区系列宣讲活动,号召辖区内知识产权部门加大知识产权宣传力度,抓住知识产权创造、保护、运用三个关键点,着力做好宣传。按照"大事不漏报、小事不断线"的原则,为河南省知识产权强省建设营造了良好的舆论氛围。

2018年，河南省开办有关专利执法、维权工作、质押融资等各类省级座谈会、培训班20余个，尤其承办了华中地区专利执法维权业务能力提升培训班，湖北、湖南、河南三省近百名专利执法人员共同交流。2018年4月20日至26日，河南省开展每年一度的全省知识产权宣传周活动，2018年宣传周主题为"倡导创新文化，尊重知识产权"。宣传周期间，河南省举办了全省专利质押融资经验交流会、专利导航实验区建设工作座谈会暨系列导航试验区启动仪式、河南财经政法大学知识产权学院共建协议签订仪式及研讨会、国家知识产权局"一带一路"沿线国家培训班、审协河南中心知识产权联络员座谈会、知识产权维权援助宣传活动、首届"中原崛起杯"大学生知识产权辩论赛、安阳市陶瓷产业知识产权联盟揭牌仪式等十余项活动。河南省兰考县、商丘市、周口市、滑县、南阳市、漯河市、长垣县、邓州市8个市县组织开展"三下乡"活动，利用横幅、宣传展板、发放宣传册等方式广泛宣传知识产权，把知识产权普及宣传送进乡村，提升群众知识产权保护意识。较为新颖的宣传活动当属2018年5月26日三门峡举办的"第七届万人帐篷节"，现场发放了专利法宣传册2000余份，帐篷节自举办以来得到广大户外运动爱好者的热情参与和大力支持，规模空前，宣传效果极佳。而且原河南省知识产权局自2018年开始以"知识产权助力精准扶贫"为主题，面向全省53个贫困县开展知识产权巡讲活动，每地活动时间为1天，2018年面向全省27个贫困县开展巡讲活动，收到良好效果。2019年，河南省组织开展全省大规模知识产权巡讲活动，宣传知识产权保护知识，将在线创意、研发成果的知识产权保护内容纳入巡讲课程体系。全年巡讲场次为26场，受训规模达3000余人次，发放培训教材、宣传资料和调查问卷2000余份，并继续针对24个拟脱贫县和2个已脱贫县开展知识产权巡讲活动。截至2019年11月底，全省53个贫困县的巡讲活动已全部完成，受训规模达6000余人次，发放培训教材、宣传资料和调查问卷5000余份。巡讲同时，授课专家还与当地企事业单位进行了互动交流和对接活动，每场巡讲活动受众满意度均达100%。通过在贫困县开展巡讲活动，将知识产权工作与扶贫工作和新农村建设紧密结合，进一步增强县域知识产权意识，提升知识产权创造、运用、保护、管理和服务能力，营造贫困县创新创业创富良好环境，推动大众创业、万众创新蓬勃发展,夯实知识产权扶贫工作基础,助力打赢扶贫攻坚战。此外,河南省市场监督管理局(省知识产权局)于4月20日至4月26日组织部署在全省范围内开展以"严格知识产权保护,营造一流营商环境"为主题的"2019知识产权宣传周"活动。宣传周期间,还开展了河南省人民检察院知识产权犯罪十大典型案例宣传展示、2019年河南省知识产权司法保护新闻发布会、全省法院系统知识产权纠纷案件巡回审判、郑州市中级人民法院庭审进校园、专利审查协作河南中心开放日活动、河南省第二届"中原崛起杯"大学生知识产权辩论赛等十余项活动,并通过设立宣传展板、咨询台、成果展等方式加强宣传,形成全省集中开展宣传周活动的态势,全面展示河南省知识产权事业发展进程,营造有利于知识产权强省建设的良好氛围。河南省各市县还开展"知识产权进社区、进企业、进校园"宣传活动、"打击侵犯知识产权行为"系列宣传执法活动、联合普法宣传活动、政策宣讲会等各种类型的宣传活动,并以"3·15""4·26"以及"12·4"为契机,开展执法检查、宣传活动。2018—2019年两年全省各种类型宣传宣讲活动达400余次,通过各种宣传活动,加强了知识产权宣传教育,提升了全省的知识产权意识。

二、知识产权宣传"互联网+"程度逐渐提升

近几年来,随着互联网和新媒体的迅速发展和普及,河南省在知识产权宣传工作上也不断提高"互联网+"程度,加大与媒体之间的合作宣传,重视多平台多渠道进行知识产权文化宣传,充分发挥网络的优势功能,扩大宣传的社会影响力。2018—2019年,河南省加强宣传平台建设,河南省知识产权局门户网站宣传取得良好效果;开设河南省知识产权局微信公众号,该公众号关注人群覆盖机关、高校、科研院所、服务机构、企业等,发挥了新媒体及时准确的优势,覆盖面和影响力不断提升。除此之外,积极运用《河南日报》《大河报》《河南科技·知识产权》《河南科技报》等省内主流媒体,搭建权威高效的知识产权传播平台。2018年1月至11月,河南省各省辖市、省直管县(市)共在省级以上媒体发稿789篇,其中在国家级媒体发稿109篇,省级媒体680篇。其中,濮阳市、漯河市、郑州市

综合发稿量分别为168篇、135篇、55篇,位列省辖市发稿前三名;滑县、长垣市、汝州市、巩义市综合发稿量分别为13篇、10篇、7篇、7篇,位列省直管县(市)发稿前三名。据国家知识产权局发稿统计,2018年,河南省信息采集数量为93篇,位居全国第三名、中部六省之首(见表1-20)。2018年河南省知识产权局网站总访问量达213万人次,其中独立用户访问总量达50万个,共发布信息5567条,其中政府动态信息更新量占多数,专题专栏总计16个,其中维护13个,新开设3个,分别为2018年河南省知识产权局局长会议、2018年河南省知识产权宣传周、第十二届中国专利周河南地区活动,以专题形式集中发布重要信息,提高信息的易获得性。此外,发挥网站平台的交流互动功能,对收到留言及时进行答复办理,共办结留言数量280条,并充分利用河南省知识产权局微信公众号,及时更新省局动态,加大重点信息公开,年度信息发布量为211条,订阅数为1279条。2019年,河南省知识产权局网站总访问量达134万人次,其中独立用户访问总量达431万个,发布信息共3952条,专题专栏总计21个,其中维护17个,新开设4个,发布解读信息共191条,回应公众关注热点和重大舆情4次,收到并办结留言216条,利用微信公众号平台发布信息101条,订阅数达2371条。2019年前三个季度河南省在国家级媒体共发稿107篇,据国家知识产权局发稿统计,河南省2019年在国家知识产权局官方网站发稿共计37篇,与湖北省并列全国第三、并列中部六省第一,发稿数量在各地区均有所下降的情况下继续保持领先位置。2019年,河南省知识产权局门户网站及刊物发布稿件939篇,全省共在中国知识产权报刊登通讯、消息、图片83篇,全省在国家知识产权局网站发布稿件39篇,位居全国前3名(见表1-20)。

表1-20 2018—2019年国家知识产权局网站采集中部六省信息数量

地区	发稿量/篇	
	2018年	2019年
河南省	93	37
湖南省	61	23

续表

地区	发稿量/篇	
	2018年	2019年
湖北省	23	37
安徽省	13	24
江西省	10	2
山西省	0	1

注：数据来源于国家知识产权局"信息量统计"。

三、中小学知识产权教育试点示范工作持续推进

为进一步培养河南省中小学生创新精神和知识产权意识，为创新型人才培养提供基础性支撑，按照《国务院关于新形势下加快知识产权强国建设的若干意见》《"十三五"国家知识产权保护和运用规划》要求，河南省持续推进中小学知识产权教育试点示范工作。2018年，新确定河南省第五批中小学知识产权普及教育实验基地104所，新确定河南省第一批中小学知识产权普及教育示范基地8所。河南省各市县积极响应中小学知识产权教育试点示范工作号召，2018年洛阳市知识产权局联合洛阳市教育局共同出台《洛阳市中小学知识产权普及教育实验基地建设暂行办法》，决定在全市开展中小学知识产权普及教育实验基地（以下简称"实验基地"）建设工作，并为被认定为实验基地的学校设定了奖励措施。洛阳市知识产权局对市级实验基地给予3万元奖励，对省级实验基地给予5万元奖励，省级示范基地给予10万元奖励。2019年经河南省知识产权局组织专家评审、现场考察，确定郑州龙门实验学校等9所中小学校为河南省第二批中小学知识产权普及教育示范基地，确定郑州市第七十六中学等49所中小学为河南省第六批中小学知识产权普及教育实验基地。此外，郑州市高新区外国语小学和南阳市第一中学被列入第四批全国中小学知识产权教育试点学校，河南省第二实验中学入选首批全国中小学知识产权教育示范学校。至此，河南省具有全国中小学知识产权教育示范学校1所、全国中小学知识产权教育试点学校5所，在中部六省与安徽省排名并列第三（见表1-21）。

表1-21 中部六省全国中小学知识产权教育试点学校获批情况

单位:所

地区	首批	第二批	第三批	第四批	合计
河南省	1	1	1	2	5
湖南省	1	2	1	2	6
湖北省	0	1	3	3	7
安徽省	0	1	2	2	5
江西省	0	1	1	2	4
山西省	0	1	1	1	3

第八章

知识产权交流与合作

随着科学技术的发展和社会知识产权意识的提高,不同地区、不同领域之间开展知识产权交流与合作已成为促进知识产权发展的有效手段。2018—2019年,河南省高度重视知识产权交流工作,以开放姿态努力寻求与各地区、各部门、各领域的协同合作,知识产权交流与合作的频次持续增加,质量不断提升。

一、知识产权学术交流活动更加频繁

目前河南省正处在知识产权强省建设的关键时期,面临着一系列重大理论和实践问题,学术上的交流与探讨可以丰富知识产权强省建设的理论基础。2018—2019年,河南省鼓励更多的专家积极承担河南省知识产权研究课题和有关项目,聚焦知识产权领域的重大理论和实践问题、热点难点及知识产权领域的国际前沿问题,深入开展学术研究,提出有思想、有深度、有价值的研究成果,更好地服务河南省知识产权强省建设。河南省积极开展学术交流活动,针对知识产权宣传、质押融资、专利执法、维权工作、政策研讨等相关主题开展一系列学术交流会、座谈会和研讨会。其中,有代表性的包括2018年河南省首届"中原崛起杯"大学生知识产权辩论赛,不仅为河南省大学生提供了一个知识产权文化交流和思想碰撞的竞技舞台,也为各高校间开展知识产权学术研讨提供了一个良好的平台。另外,河南省举办了第三届知识产权"中岳论坛"暨第一届"知豫论坛",会议召开分论坛交流会,与会的20余名专家分三组进行分类主题学术研讨,分别围绕"专利导航与经济发展""强化知识产权保护""新的国际贸易背景下创新主体的创新与变革""新形势下我国知识产权代理机构的机遇与挑战"四个议题进行了发言与探讨。此外,2018年,"河南省知识产权研究会2018年年会暨第三届知识产权中原论坛"在郑州召开,研讨会上,百余名专家纵论"知识产权如何助力经济高质量发展",围绕"经济高质量发展与知识产权"主题建言献策。2019年4月13日至14日,由中南财经政法大学、中原工学院、郑州市人民政府、中国政法大学主办的"2019年知识产权南湖论坛'全球化与知识产权保护'国际研讨会暨第四届知识产权中原论坛"在郑州举行。来自中国、美国、德国、日本、韩国、澳大利亚、英国等国家的知识产权官员、专家学者、法官,企业界、律师界、出版界的知识产权实务工作者1200余人莅临大会,会议设置了7个分论坛,与会专家学者分别围绕"新时代版权制度的国际化""商业标识保护与制度创新""创新发展与专利保护""全球化与知识产权司法"以及"首届中国(河南)工艺美术与知识产权保护""知识产权与竞争政策热点""广播影视行业版权与法律前沿问题"展开专题讨论,为应对新时代知识产权保护挑战献策,为构建全球知识产权保护体系谋划。两年来,高层次的学术交流活动为河南省知识产权的发展提供了一定的智力动力。

二、省内外交流合作不断加强

虽然不同区域间存在竞争关系,但是加强地区间合作,促进相互学习、相互借鉴,实现资源共享对知识产权的发展也至关重要。2018—2019年,河南省努力促进与外省的互动和交流,坚持借鉴和输出相结合积极参与地区间的交流活动。2018年1月重庆市知识产权局来到河南省知识产权局就知识产权工作开展座谈交流。3月,郑州市知识产权局书记石允昂一行到青岛市知识产权局调研。4月,济源市知识产权局赴河北省军民融合知识产权交易中心考察,学习河北中心在军民融合知识产权工作中的优秀经验。7月,濮阳市知识产权局赴江苏、浙江考察专利导航工作。9月,广东省知识产权局来河南调研知识产权工作,双方围绕专利执法维权、保护中心建设、专利运营、质押融资、专利奖等工作进行了深入的交流,就两省知识产权局进一步深化交流合作达成了共识。此外,2018年11月,河南省承办了旨在深化华中地区专利执法协作、提升华中地区专利执法维权业务能力的华中地区专利执法维权业务能力提升培训班,湖北、湖南、河南3省近百名专利执法人员齐聚一堂,共同学习交流提高,深化了华中三省专利执法协作,倡议3省知识产权系统开展深层次执法互动、加强案件信息共享、推进协作的广度和深度。11月,济源市赴苏州考察交流专利导航工作。12月,2018年晋冀鲁豫4省15市知识产权执法协作经验交流会在河南省焦作市召开,与会代表介绍了各自在专利执法、知识产权维权援助等方面的经验和做法,围绕在专利行政执法过程中遇到的困难和问题进行交流研讨。另外,国家知识产权局知识产权保护司司长张志成希望晋冀鲁豫4省15市知识产权执法协作成员单位加强交流与合作,不断提高专利执法和协作办案能力,努力打造知识产权执法协作工作典范,推动跨区域执法协作向更深层次、更宽领域拓展。2019年11月,商丘市知识产权局积极组织本市多家地理标志保护产品企业参加在长沙举办的第二届地理标志产品国家博览会,通过参展,进一步提升了商丘市地理标志产品知名度,促进了地理标志产品品牌运营和产品交易,更好地带动了区域特色经济发展。

三、省内层面交流活动持续开展

2018—2019年,河南省知识产权局多次通过自我开展、联合相关部门开展座谈会、交流会、培训会等形式来促进省内各市县、各部门、各行业之间的交流与互动,并鼓励各市县赴外市、外县考察学习,借鉴其成功经验,更好地开展本地区知识产权相关工作,并组织和号召不同部门、行业联合开展活动,不断深化交流和合作。为提高知识产权运营效益,不同市县之间就知识产权质押融资工作交流经验和开展合作。为进一步推进专利导航实验区工作,省内各地区陆续开展赴外市、外县调研、考察学习,焦作市知识产权局赴郑州市调研专利导航实验区建设工作、鹤壁市赴濮阳市考察专利导航实验区建设工作、郑州经济技术开发区赴高新区学习专利导航实验区建设经验、安阳市赴郑州市和洛阳市调研专利导航实验区建设工作,等等,市县之间调研、考察交流活动频繁。另外,市县知识产权局多次联合市县科技局开展宣传、执法活动,法院深入企业调研,知识产权相关部门和机构深入法院调研,河南省知识产权事务中心到高校、中学调研,不同部门、不同行业之间互动协作持续开展。

四、知识产权国际合作交流日益深化

推动知识产权国际化是当今知识产权发展的方向之一,借力"一带一路"建设,河南对外开放进入历史最好时期。2018—2019年,河南省充分发挥"一带一路"沿线城市优势地位,开展知识产权国际交流,参与国家"一带一路"知识产权合作。2018年2月,阿根廷工业产权局一行到洛阳调研,先后到龙门石窟和中国一拖集团有限公司等地进行考察,了解中国传统文化与民间艺术保护以及知识产权制度与政策发展等情况,同洛阳市科技部门和企业就知识产权创造、运用和保护等问题进行了密切交谈,并希望阿根廷工业产权局同中国地方知识产权部门及企业能够增进交流与合作,建立长期联系。2018年4月20日,国家知识产权局国际合作司组织的"一带一路"沿线12个国家40余人,赴中铁工程装备集团有限公司考察。此外,在10月份,世界知识产权组织(WIPO)获取知识和信息司高级司长罗卡·坎帕纳、处长安德鲁·柴可夫斯基、世界知识产权组织驻中国办事处主任陈宏兵以及国家知识产权合作司孙宏霞处长等,赴河南省调研技术支持与创新中心项目(TICS),双方围绕专利信息利用支撑区域技术创新和经济发展进行了深入的交流和研讨,世界知识产权组织专家提出希望与河南在知识产权产业化人才培训、国际技术转移、知识产权商品化等方面进一步交流合作,推动技术支持与创新中心项目在中国落地发展。2019年,河南省组织推荐国家知识产权创意产业试点园区入选第三批世界知识产权组织技术与创新支持中心候选机构,指导河南省知识产权事务中心开展第二批技术与创新支持中心建设工作。此外,河南省农业农村厅加强国内外知名地理标志产品的保护合作,促进地理标志产品国家化发展,进一步宣传中欧地理标志互认产品的重要性,进一步了解双边法规制度,加快地标产品互认进程,加强地标产品的宣传和管理。在2019年中国绿色食品发展中心开展的第二批中欧农产品地理标志互认产品推荐工作中,河南省推荐的"内黄花生""杞县大蒜"两个产品入选中欧互认产品。

第二部分

河南省知识产权专题研究
（2018—2019）

第一章
知识产权治理体系与治理能力研究

查国防[*]

党的十八大以来,特别是党的十九大以来,在习近平新时代中国特色社会主义思想的指引下,在坚持和完善中国特色社会主义制度、推进国家治理体系和治理能力现代化战略进程中,我国社会治理领域发生了深刻变革,展现出一系列理论、制度和实践创新。明确"社会治理是国家治理的重要方面",树立"以人民为中心"的社会治理理念,将新时代社会治理的最核心目标设定为构建和谐社会、建设平安中国,打造共建共治共享的社会治理共同体,夯实以民生保障制度和社会治理制度为主线的社会建设制度,完善社会治理体系,推进社会治理现代化。社会治理是一核多元,党委领导、政府负责、社会协同、公众参与、法治保障的社会治理体制。行政部门、企事业单位、社会组织及权利主体,通过合作协商依法对社会事务、社会组织和社会生活进行规范和管理,实现公共利益最大化。新时代的社会治理创新,要求全面系统把握社会治理内涵,及时更新治理理念,坚持治理基本遵循,深入改革治理体制,丰富完善体系,努力实现社会治理体系和治理能力现代化。

知识产权是创新驱动发展的制度载体。知识产权治理是知识产权法制体系和组织管理体制的统一,是中国国家治理体系和治理能力现代化的重要组成部分,应当从国家治理的全局来理解和实施中国知识产权治理。知识产权治理体系现代化是知识产权体制机制改革创新的重要体现,是深化知识产权领域改革

---

[*] 查国防,中原工学院法学院、知识产权学院副教授,法学博士。

的基本原则,是释放创新主体科技创新能力的主要手段。在促进创新驱动发展战略的过程中,现行知识产权管理体系的先进性接受着时间的考验。通过优化知识产权制度体系、协调多元化治理主体、调整各治理主体之间关系、完善权力运行路径,以期实现知识产权治理体系的现代化。

一、知识产权治理体系及治理能力概述

知识产权治理体系及治理能力是国家治理体系的有机组成部分,国家治理体系是一个国家制度的集中体现。国家治理体系是在党领导下管理国家的制度体系,包括经济、政治、文化、社会、生态文明和党的建设等各领域体制机制、法律法规的安排,也就是一整套紧密相连、相互协调的国家制度。国家治理体系现代化是党对国家职能转变认识的重大变化,标志着党治理国家理念的丰富和发展,为未来中国发展指明了方向,也为知识产权发展指明了新方向。

(一)关于知识产权治理体系

知识产权治理体系是在党领导下的国家知识产权行政部门治理知识产权的制度体系,包括在专利、商标、著作权、集成电路布图设计、植物新品种、地理标志等领域的体制机制、法律法规的安排,是一套紧密相连、相互协调的知识产权制度体系,是我国知识产权制度的集中体现。❶

知识产权治理体系包含的主体、要素及它们之间的关系,在治理体系中,行政部门、行业协会、企事业单位、科研院所、高等院校为主体,发明人和专利权人为要素。知识产权管理体系包含的主体、要素及它们之间的关系,行政部门作为主体,其与行业协会、企事业单位、科研院所、高等院校、发明人和专利权人等要素之间存在着自上而下的管理关系。上述各主体之间、主体与要素之间不仅存在着直接或者间接的垂直管理关系,更存在扁平化且平行的治理关系与相互促进的反馈机制。同时,行业协会呈现出桥梁与纽带作用。

治理体系有别于管理体系,对知识产权的管理不同于对知识产权的治理。从管理到治理,虽只有一字之差,却是知识产权领域权力配置和行政行为方式的

---

❶ 国务院.国务院关于新形势下加快知识产权强国建设若干意见(国发〔2015〕71号)[Z].2015-12-18.

深刻变革。"管理"和"治理"二者之间的差异,主要表现在主体、权力路径和维度三个方面:一是主体差异。管理主体是一元的,就是行政部门的公共权力,强调和突出主体的权力;治理主体是多元的,除行政部门还包括行业协会、企事业单位、科研院所、高等院校等,更加突出非政府机关的主体地位和权利。二是权力路径上的差异。管理是纵向的、垂直的,从上而下的;而治理可以是从上而下的,但更多是平行的、扁平化的。三是维度上的差异。管理是单向的,突出行政部门的权威;而治理则是系统的、体系化的,具有反馈回路,主张更多发挥非政府机关的调节作用。因此,所谓治理,是指多元的、扁平化的、系统的机制,是传统管理机制的一种提升。❶

知识产权治理体系是在明确行政部门权责利和及时宏观调控的前提下还权于社会,更加有效地鼓励行业协会的发展,充分发挥多元化治理体系的作用,形成有效的反馈机制,提高行政效率,降低行政成本。形成良好的知识产权创造、运用和保护环境,促进知识产权在提升整个国家竞争力、推进创新体系发展中的战略地位的不断加强。❷

(二)关于知识产权治理能力

知识产权治理能力,是实现社会治理现代化的重要保证,按照习近平总书记增强"八个本领"、做到"五个过硬"的要求,善于以联动融合、开放共治等理念协调社会关系,善于以法治思维、法治方式调处社会矛盾,善于以经济、行政、道德、教育等多种手段规范社会行为,善于以大数据、云计算、物联网、人工智能等新技术防控社会风险,不断提高市域社会治理能力水平。

一是提高统筹谋划能力。习近平总书记多次引用"不谋全局者,不足谋一域",强调从全局和战略层面谋划党和国家工作的重要性。知识产权治理是一项系统工程,事关全局和长远,以高站位、广视野、大格局科学谋划、精心统筹,不断开创知识产权治理新局面。科学把握知识产权治理规律特点,吃透中央和省级决策、政策,摸清区域知识产权发展实际情况,统筹经济发展与社会进步,统筹当

---

❶ 唐任伍.强调国家治理,体现了"五个统一"[J].国家治理,2014(10):22-25.

❷ 申长雨.迈向知识产权强国之路——知识产权强国建设基本问题研究:第1辑[M].北京:知识产权出版社,2016.

前工作与长远布局,研究确定区域知识产权治理的总体思路、政策导向、目标任务和方法路径。

二是提高创新驱动能力。习近平总书记指出,创新是引领发展的第一动力。抓创新就是抓发展,谋创新就是谋未来。当前,互联网、大数据等现代信息技术快速发展,为区域知识产权治理现代化提供了新的契机。结合"智慧城市"建设,运用现代科技手段推动知识产权治理体系架构、运行机制和工作流程创新。提高运用大数据辅助决策能力,建立人工智能决策辅助平台,推动从依靠直觉与经验决策向依靠大数据决策转变。提高运用现代科技强化治安防控能力,探索智慧防控,建立以专利、商标、著作权为基础的知识产权数据信息系统,构建全流程一体化服务平台,提升知识产权治理能力。

三是提高执行能力。知识产权工作的政治性、政策性强,任务繁重。如何把中央顶层设计与地方实际紧密结合起来,认真研究、准确把握中央关于知识产权工作的目标任务,结合区域知识产权发展实际,综合考虑、提前谋划,用改革的思路和办法闯新路、谋新篇。把解决思想问题和解决实际问题紧密结合起来,把做好当下工作与谋划长远发展紧密结合起来,积极探索新形势下区域知识产权工作形式,提升知识产权工作的科学化、规范化水平。

二、知识产权治理体系及治理能力现代化现实必要性

十八届三中全会提出,"深化科技体制改革""加强知识产权运用和保护,健全技术创新激励机制"。十八届五中全会要求"深化知识产权领域改革"。《中共中央国务院关于深化体制机制改革加快实施创新驱动发展战略的若干意见》(以下简称《创新驱动发展战略》)提出,将知识产权制度作为激励创新的基本保障,开展知识产权等改革试验,努力在重要领域和关键环节取得新突破。党的十九届四中全会对坚持和完善中国特色社会主义制度,推进国家治理体系和治理能力现代化作出重大决定,对全面建成小康社会,巩固党的执政地位,确保国家长治久安具有重大而深远的意义。

（一）有利于克服原有知识产权体系的局限性

科学技术的进步成就了信息网络化的互联网新环境,形成了利用互联网解决并思考问题的互联网思维,在当前大数据、云计算和"互联网+"不断发展的前提下,互联网环境下知识产权事务和侵权假冒现象激增,"互联网+知识产权"的创新充斥着生活的每一个角落。伴随着技术转移的便捷化和缓解互联网竞争需求的多样化,越来越多的单位加大在各类展会上知识产权产品的投入力度,使得展会上跨地域知识产权纠纷情况凸显。随着互联网和各类展会规模不断扩大,发生侵犯知识产权行为及相应纠纷的情况也越来越多,对权利人合法权利、公众正当利益以及市场正常运营秩序造成了极大冲击。

（二）有利于创新驱动发展战略实施

当前,我国经济正面临双重压力,从国际形势看,新一轮的科技革命和产业变革正在孕育,美国、欧洲等国家和地区在金融危机后提出工业4.0,倡导制造业回归,以智能、绿色和可持续为核心的技术创新竞争日益激烈,造成中国制造业的竞争压力加剧。从国内形势看,我国人口红利窗口即将关闭,员工工资指数不断提高,原材料等资源使用成本逐年增加,环境污染压力倍增,社会对制造业的投资比例不断下降,造成了中国制造业竞争优势逐步丧失。在经济发展新常态期,需要寻求中国经济增长的新支点,要将"中国制造"转变为"中国创造",就需要让"创新能力"成为带动制造业发展、驱动经济增长的新的动力。新业态下原有的知识产权管理体系的先进性已经不能满足快速增长的社会需要,进行知识产权体系的改革创新,成为保持知识产权制度先进性,提升科技创新能力,破除制约知识产权事业发展障碍,适应经济发展新常态、支撑创新驱动发展、促进经济提质增效升级的迫切需要。

（三）有利于优化知识产权顶层设计

治理的实质是协调兼顾,既要依法依规,更要合情合理。习近平总书记提出大安全观,从维稳转向维护公共安全,形成源头治理、动态管理、应急处置相结合的社会治理机制。传统维稳重在社会控制,工作出发点在于防乱,容易造成消极思维。而维护公共安全,工作出发点在于保境安民,是积极思维。要加强法律、体制机制、能力、人才队伍和信息化建设,把社会治理的底板加固、短板补齐,提高社会治理智能化、科学化、精准化水平,推动形成共建、共治、共享的社会治理格局。全面提高知识产权治理能力和治理水平,更好地服务党和国家事业发展。知识产权制度体系本身蕴含着新型的产权安排机制、创新激励机制和有效的市场机制,其与中央提出的改革要求高度契合,而知识产权制度体系的创新与知识产权治理体系现代化是相互促进的。因此,加快制定知识产权强国战略纲要,完成纲要文本编制工作,完善知识产权强国建设协调机制和支撑体系,制定实施年度知识产权战略推进计划和高质量发展工作指引,推进知识产权治理体系及治理能力现代化,有助于深化知识产权强省、强市、强企建设,更好地支撑国家区域经济社会创新发展。

三、知识产权治理体系及治理能力现代化的基本方向

知识产权制度是中国特色社会主义制度的有机组成部分,是推进国家治理体系和治理能力现代化的重要内容。伴随着改革开放的伟大进程,我国建立起了门类较为齐全、符合国际通行规则的知识产权法律制度,加入了主要的知识产权国际公约,成为一个知识产权大国。特别是党的十八大以来,党中央、国务院围绕知识产权工作作出一系列重大部署,有力地指导和推动了知识产权事业发展,为新时代提高知识产权治理能力和治理水平奠定了坚实基础,确立了知识产权治理体系及治理能力的基本方向。

(一)明确知识产权治理体系和治理能力现代化的指导思想

党的十八大以来,习近平总书记围绕知识产权工作作出一系列重要论述,深刻阐明了新时代做好知识产权工作的重大意义、重要原则、目标任务、思路举措和工作重点,为提高知识产权治理能力和治理水平提供了根本遵循和行动指南。围绕重大意义,习近平总书记强调,加强知识产权保护,是完善产权保护制度最重要的内容,也是提高中国经济竞争力最大的激励。围绕重要原则,强调要实行严格的知识产权保护制度,对在中国境内注册的各类企业一视同仁、平等对待。围绕目标任务,强调要建立高效的知识产权综合管理体制,打通知识产权创造、

运用、保护、管理、服务全链条,推动形成权界清晰、分工合理、责权一致、运转高效的体制机制。围绕思路举措,强调要从审查授权、行政执法、司法保护、仲裁调解、行业自律等环节,综合运用法律、行政、经济、技术、社会治理手段强化知识产权保护,改革完善保护工作体系,促进保护能力和水平整体提升。围绕工作重点,强调要全面完善知识产权法律制度体系,引入惩罚性赔偿制度,提高知识产权审查质量和审查效率,更大力度加强知识产权保护国际合作等。这些重要论述,高屋建瓴、思想深邃、内涵丰富,是习近平新时代中国特色社会主义思想在知识产权领域的具体要求,是知识产权发展一般规律与我国实践探索的科学概括,是新时代提高知识产权治理能力和治理水平的"根"与"魂",必须学深悟透,始终遵循。

(二)夯实知识产权治理体系和治理能力现代化的制度基础

面对新形势、新任务,亟须摒弃制约知识产权治理能力和治理水平提升的体制性障碍。要以更大的力度推进体制创新、制度创新,完善和发展中国特色知识产权制度,加快形成更加符合国情、适应时代需要的知识产权制度体系,实现知识产权领域的良法善治。要根据经济社会发展需要,及时制定知识产权相关政策措施,实现法律法规、战略规划、具体政策的有机衔接、协调联动。

(三)完善知识产权治理体系和治理能力现代化的体制机制

体制顺则运行畅,机制活则效率高。新时代提高知识产权治理能力和治理水平,要继续完善知识产权体制机制。站在新的历史起点上,巩固机构改革成果,深化业务和人员融合,打通全链条,贯通各类别,形成新优势,形成高效的知识产权综合管理体制,便民利民的知识产权公共服务体系,支撑创新发展的知识产权运行机制。要准确把握知识产权与市场监管的内在联系,推动知识产权工作与市场监管工作有机融合,彰显知识产权的创新属性和市场属性,更好地优化创新环境和营商环境。要认真落实十九届四中全会部署,健全充分发挥中央和地方两个积极性的体制机制。一方面,适当加强中央在知识产权保护方面的事权,加大宏观管理、区域协调和涉外事宜的统筹,维护国家法制统一、政令统一、市场统一。另一方面,尊重地方首创精神,支持地方创造性地开展工作,构建从中央到地方权责清晰、运行顺畅、充满活力的知识产权保护体系,实现上下联动。要处理好政府和市场的关系,明确政府部门在知识产权方面的权力边界和职责重点,深化"放管服"改革,做好政府的事情,激发市场的活力,努力实现政府引导规范和市场内生发展的"双轮"驱动。

(四)打造适应知识产权治理体系和治理能力现代化的干部队伍

党的十九届四中全会强调,要把提高治理能力作为新时代干部队伍建设的重大任务,通过加强思想淬炼、政治历练、实践锻炼、专业训练,推动广大干部严格按照制度履行职责、行使权力、开展工作。提高知识产权治理能力和治理水平,迫切需要建设高素质专业化的干部队伍。要强化政治引领,持续深入学习习近平新时代中国特色社会主义思想,特别是习近平总书记关于知识产权工作的重要论述,切实用党的最新理论成果武装头脑、指导实践、推动工作。要主动适应机构改革以后知识产权部门职责定位、运行机制、业务内涵和工作重点的新变化,积极学习新理论,熟悉新业务,掌握新技能,满足新需要。要强化法治思维,严格依法行政,着力提升知识产权行政效能和保护水平,为社会公众提供更好的知识产权公共服务和便捷、高效、低成本的维权渠道。要进一步强化抓落实的能力,提升政策执行力,注重工作实际效果,突出重点,解决难点,疏通堵点,打造亮点。要推进全面从严治党向纵深发展,持之以恒纠治"四风",坚决反对形式主义和官僚主义,以务实作风推动务实发展。

四、知识产权治理体系及治理能力现代化的实现路径

(一)明确知识产权治理体系及治理能力的主体

行政部门需要与熟悉本领域情况的各个治理主体平等合作、共同开展知识产权治理行动,才能更有效地解决各类知识产权问题。意味着行政部门不应直接运用垂直的单向行政手段去解决诸多知识产权问题,而是应当在扁平化治理体系权力路径的基础上赋予其他各治理主体更平等的地位,促使各个治理主体之间、治理主体与治理要素之间形成有效反馈机制,以便整个治理体系中更多的治理手段能够具有反馈回路。行政部门应充分引导和利用行业协会对市场的调

第一章 知识产权治理体系与治理能力研究

节作用,解决知识产权各方面的利益矛盾,防止行政部门因解决某一问题而引发其他问题的情况发生。同时,行政部门可以在对直接解决某种知识产权问题的行业组织的关注中发现需要加以制止和纠正的行为,从而使解决问题的行动路线总能保持在正确的目标方向上。[1]

行业协会是行政部门连接企事业单位、科研院所、高等院校、发明人和权利人的桥梁和纽带,能够承担行政部门不好管但社会有需要,或行政部门需要管但单靠行政部门的力量很难管理的事务。将行业协会打造成推动国家知识产权建设和发展的重要力量。一方面,行业协会通过统筹和利用知识产权行政部门、企事业单位、科研院所和高等院校的信息与资源,以提供各类知识产权培训、咨询、布局等服务为工作抓手,促进各成员之间协调发展与密切联系。另一方面,行业协会通过向行政部门反映各成员的共同利益与根本需求,形成本行业对行政部门的有效反馈机制,维护良好的知识产权创造、运用、保护环境,凸显其促进治理体系现代化的重要推动作用。伴随我国改革开放的深入,行业协会大量涌现,随着知识产权的发展、市场的需要以及其自治水平的不断提高,行业协会逐步具备制定行业标准、具有根据市场实际情况进行行业调节的能力。同时,行业协会连接行政部门与企事业单位、科研院所、高等院校、发明人和专利权人的桥梁和纽带作用也在不断加强。为了对复杂性程度较高且变动速度较快的知识产权事宜进行有效治理,科研院所、高等院校,伴随知识产权战略实施的继续深入,现代化的知识产权治理体系将不断激励国内科研院所或高等院校加大知识产权创造和保护的力度,进一步增加其对知识产权方面的科研投入比例,科研院所和高等院校将进一步体现其作为知识产权研究与创新主体的地位,有力支撑知识产权制度和促进创新体制机制的健康发展。企事业单位作为知识产权治理体系的治理主体之一,其自身的知识产权保护和运用水平对国家科技、经济和贸易的影响越来越显著,对建设知识产权强国的作用也越发重要。目前仍存在少数企事业单位对知识产权自身价值认知程度不足的情况,甚至在一些企事业单位的眼中知识产权还是企业的"成本",而不是能够带来收益的"资产";在发展层面上,部分国内企事业单位在知识产权布局方面简单粗放,没有利用知识产权为企事业单

---

[1] 朱丹. 浅谈知识产权治理体系现代化[J]. 中国发明与专利,2017(11):12-17.

位的未来发展铺设道路。国内企事业单位知识产权的运用、保护和管理水平还有提升的空间。

(二)建立统一高效的知识产权治理体制机制

立足于知识产权治理现代化,建立多元主体参与的知识产权事务行政化运行机制,是知识产权治理体系及治理能力的应有之义。作为公共事务,政府应该发挥主导作用;但更为重要的是,政府应该搭建起多元主体参与的有效机制和平台。在政府、大学或者科研机构、社会组织、企业和个人等多元化主体中,政府主导的是平台的搭建,但做出实质性的决策应该遵循技术与市场的规律,由市场主体(特别是企业)透过民主参与的方式形成。健全区域知识产权行政管理工作运行机制。无论何种程度的机构整合,也难以事无巨细地覆盖所有知识产权行政管理事务。知识产权行政管理工作事务具有多样性和复杂性,要将所有涉及知识产权的职能归入一个部门或机构存在现实困难。就知识产权行政决策而言,应当着力完善知识产权联席会议及会商机制,制定统揽全局的区域知识产权工作的系列纲领性文件,确保各行政部门之间的知识产权行政管理工作运行顺畅。完善区域知识产权政策体系,优化资源、合理配置和集中利用,构建集中统一、协调高效、监管有力的区域知识产权工作管理、服务和保护体系。从这个角度看,知识社会中对资讯和知识的控制,能够分散到有能力的主体身上。大学或者科研机构在这方面具有得天独厚的优势,应该从一个被动的接受者转变为一个积极的参与者。社会组织的角色也变得更加重要,能够成为政府与企业之间的桥梁。

(三)建立科技、产业、商业和贸易一体化的知识产权事务协调机制

从知识产权价值链角度,遵循"科技推动、产业支撑、商业融合、贸易促进"的基本方针,以此建立起科技、产业、商业和贸易一体化的协调机制。

(1)科技推动机制。这是知识产权的产出机制,做好科技规划,重视基础科学研究,促进"知识产权公共池"的形成。促进多元化主体参与投入,建立产学研合作机制。处理好所有与利用的关系,细化科技成果处置与收益规则,建立知识产权利益分享机制。

(2)产业支撑机制。这是知识产权支持产业经济发展的支撑机制。一方面配合中国产业结构,透过产业技术政策、技术标准等支撑产业经济的发展;另一方面配合正在实施的《中国制造2025》计划,聚焦相关产业技术,如3D打印、移动互联网、云计算、大数据、生物工程、新能源、新材料等技术的发展。与此相适应,建立三个相应的运行机制:一是透过专利技术分析,建立技术引导机制;二是针对影响国计民生的重大技术或关键技术,建立起知识产权攻关机制;三是建立知识产权预警机制。

(3)商业融合机制。知识产权与商业活动的融合分为两类:第一类是技术性融合,如技术标准中的专利、商业方法专利、融合知识产权的商业模式等;第二类是市场性融合,如通过知识产权的市场控制、知识产权运营、知识产权金融(包括但不限于知识产权投融资)等。诚然,无论是哪一种融合,都应该符合自由竞争的市场秩序,接受相关的市场规则。例如,类似"专利蟑螂"的专利运营公司滥用诉权的现象,应予以有效疏导与规制。❶

(4)贸易促进机制。知识产权事务是国际贸易秩序中的重要组成部分,也是各国配合本国贸易发展的重要手段。知识产权与贸易之间是相互促进的关系,应该在对外贸易活动中尽快建立二者相互促进的机制:一是制定世界贸易组织框架下中国知识产权政策指南;二是在国际贸易谈判中确立知识产权评价机制;三是在区域性贸易伙伴或贸易联盟中进行知识产权政策分析;四是在国内自由贸易试验区中拟定相应的知识产权政策;五是建立起知识产权海关审查和贸易禁令制度。❷

知识产权治理的现代化,既为时代需要又为理性抉择。知识产权治理不是一个孤立的环节,它既是整个治理体系中的一个成员,又必然对其他各领域治理产生直接或间接的影响,其基础性、复杂性、可持续性决定了其在整个治理体系中的地位,知识产权治理体系和治理能力现代化,是国家治理体系现代化的内在成分,也是全面深化改革所指向的目标所在。

---

❶ 易继明.国家治理现代化进程中的知识产权体制改革[J].法商研究,2017(1):183-192.

❷ 同❶.

第二章

河南省农业知识产权问题研究

杨树林[*]

农业知识产权是一个集合概念,而非法律概念,是指农业领域的知识产权。根据《农业知识产权战略纲要(2010—2020年)》的界定,农业知识产权包括植物新品种权,农产品地理标志,涉农专利、商标、著作权等的农业知识产权。在这些涉农的知识产权类型中,植物新品种权居于核心地位,是农业增产增收的关键。

一、基本理论

本部分主要介绍植物新品种、农产品地理标志、畜禽遗传资源等农业知识产权的概念、客体范围、授予(登记)条件、认定、权利内容、保护范围、审查程序等。涉农专利、商标、著作权、商业秘密是指涉及农业机械、关键设备等农业关键核心技术的专利,农业初级产品和加工产品商标,民间文学艺术作品以及涉农商业秘密等,其概念和特征同其他行业知识产权类型概念、特征并无二致,在此不再赘述。

(一)农业知识产权的概念界定

植物新品种,是指经过人工培育的或者对发现的野生植物加以开发,具备新颖性、特异性、一致性和稳定性并有适当命名的植物品种。植物新品种权简称"品种权",同专利、商标、著作权一样,是知识产权的一种类型。完成育种的单位

---

[*] 杨树林,中原工学院法学院、知识产权学院副教授,法学博士。

或者个人对其授权品种享有排他的独占权,任何单位或者个人未经品种权所有人许可,不得为商业目的生产或者销售该授权品种的繁殖材料,不得为商业目的将该授权品种的繁殖材料重复使用于生产另一品种的繁殖材料上。林业植物与农业植物在生长周期、特性、株高、容重、叶宽、籽粒类型、用途等方面有很大不同,植物新品种包括农业植物新品种和林业植物新品种。我国于1997年颁布实施《植物新品种保护条例》,该条例于2013年、2014年先后进行两次修订。1999年我国加入《国际植物新品种保护公约》(UPOV)。2016年1月1日起实施的《种子法》,新增了"新品种保护"一章。最高人民法院也先后颁布《关于开展植物新品种纠纷案件审判工作的通知》《关于审理植物新品种纠纷案件若干问题的解释》《关于审理侵犯植物新品种权纠纷案件具体应用法律问题的若干规定》等司法解释,规范植物新品种纠纷案件的审判。植物新品种保护的法律法规不断完善。

农产品地理标志,是指标示农产品来源于特定地域,产品品质和相关特征主要取决于自然生态环境和历史人文因素,并以地域名称冠名的特有农产品标志。地理标志可以有效保护我国的特定区域的农产品。《与贸易有关的知识产权协定》规定了成员对地理标志的保护义务,认为地理标志是指证明某一产品来源于某一成员国、某一地区或该地区内的某一地点的标志。该产品的某些特定品质、声誉或其他特点在本质上可归因于该地理来源。我国加入世界贸易组织后,为使我国的原产地工作与《原产地规则协议》接轨,2001年3月5日,原国家出入境检验检疫局发布《原产地标记管理规定》和《原产地标记管理规定实施办法》。2005年6月7日,原国家质量监督检验检疫总局发布《地理标志产品保护规定》。2008年2月1日《农产品地理标志管理办法》❶实施,明确了农产品地理标志的含义、登记、使用、监督管理等。河南省许昌、三门峡、漯河等地结合自身农产品地理标志资源及申报情况,也制定了农产品地理标志产品相关制度,有效推动了本地的地理标志产品的申报和保护。

畜禽是畜牧生产学上的概念,区别于野生动物,是指经过人类长期驯化和选育而成的家养动物。畜禽遗传资源,是指畜禽及其卵子(蛋)、胚胎、精液、基因物质等遗传材料。畜禽遗传资源保护制度包括畜禽遗传资源保护、畜禽遗传资源

---

❶《农产品地理标志管理办法》被《农业农村部关于修改和废止部分规章、规范性文件的决定》(2019年4月25日发布实施)修订。

调查、畜禽遗传资源状况报告定期发布、畜禽遗传资源保护规划、保护名录、禽畜遗传资源的鉴定、评估、畜禽遗传资源管理、进出口管理等制度,目的是保护优秀畜禽遗传资源,保护国家食物安全和经济产业安全,保障人民的食物安全。2005年12月29日通过的《畜牧法》(2015年4月24日修正)明确规定:"国家建立畜禽遗传资源保护制度。各级人民政府应当采取措施,加强畜禽遗传资源保护,畜禽遗传资源保护经费列入财政预算。畜禽遗传资源保护以国家为主,鼓励和支持有关单位、个人依法发展畜禽遗传资源保护事业。"国家又先后出台《畜禽遗传资源进出境和对外合作研究利用审批办法》《畜禽遗传资源保种场保护区和基因库管理办法》《畜禽新品种配套系审定和畜禽遗传资源鉴定办法》等配套法规,加强畜禽遗传资源的保护。河南省畜牧局制定《河南省种畜禽生产经营许可证审核发放办法》,明确畜禽原种场、保种场或者地方畜禽遗传资源场、一级良种扩繁场,配套系的曾祖代场、祖代场的种畜禽生产经营许可证的申请审批权限和程序。

(二)农业知识产权的客体范围

1. 植物新品种的客体范围

农业植物新品种包括粮食、棉花、油料、麻类、糖料、蔬菜(含西甜瓜)、烟草、桑树、茶树、果树(干果除外)、观赏植物(木本除外)、草类、绿肥、草本药材、食用菌、藻类和橡胶树等植物的新品种,也称为农作物新品种。农作物可以大致分为粮食作物和经济作物两大类,经济作物包括油料作物、蔬菜作物、花、草、树木,小麦、水稻、谷类、甘薯等为粮食作物。油籽、棉花、花生、麻类、糖料等为经济作物;萝卜、白菜、芹菜、韭菜、蒜、葱、胡萝卜、菜瓜、莲花菜、菊芋、刀豆、芫荽、莴笋、黄花、辣椒、黄瓜、西红柿、香菜等为蔬菜作物。植物的繁殖材料为植物新品种保护的对象。繁殖材料是指整株植物(包括苗木)、种子(包括根、茎、叶、花、果实等)以及构成植物体的任何部分(包括组织、细胞)。

2. 农产品地理标志的客体范围

农产品地理标志保护的农产品是指来源于农业的初级产品,即在农业活动中获得的植物、动物、微生物及其产品,有明确的特色农产品的种类、地域范围,包括具体的地理位置、涉及村镇和区域边界,以及农产品产地环境特性和产品品质典型特征。

3. 畜禽遗传资源的客体范围

畜禽遗传资源目录由国家确定并发布,目录以外的生物均为野生动物。所谓畜禽遗传资源,指经过人类长期驯化选育而成、具有一定群体规模并用于农业生产的家养动物及其卵子(蛋)、胚胎、精液、基因物质等遗传材料,分为传统畜禽和特种畜禽,包括猪、鸡、鸭、鹅、牛、马、驼、羊以及敖鲁古雅驯鹿、吉林梅花鹿、中蜂、东北黑蜂、新疆黑蜂、福建黄兔、四川白兔等其他品种。我国是世界上畜禽遗传资源最为丰富的国家,已发现地方品种545个,约占世界畜禽遗传资源总量的1/6。

(三)农业知识产权授予的条件

1. 植物新品种权授予条件

《种子法》规定,国家实行植物新品种保护制度。对国家植物品种保护名录内经过人工选育或者发现的野生植物加以改良,具备新颖性、特异性、一致性、稳定性和适当命名的植物品种,由国务院农业、林业主管部门授予植物新品种权,保护植物新品种权所有人的合法权益。国家鼓励和支持种业科技创新、植物新品种培育及成果转化。取得植物新品种权的品种得到推广应用的,育种者依法获得相应的经济利益。授予植物新品种权的条件有:

(1)申请植物新品种权的植物新品种应当属于国家植物品种保护名录中列举的植物属或者种。植物品种保护名录由农业农村部植物新品种保护办公室确定,承担植物新品种权申请的受理、审查等事务,负责植物新品种测试和繁殖材料保藏的组织工作,目前共公布了十批191个属(种)。

(2)授予植物新品种权的植物新品种应当具备新颖性。所谓新颖性,是指申请植物新品种权的植物新品种在申请日前该品种繁殖材料未被销售,或者经育种者许可,在中国境内销售该品种繁殖材料未超过1年;在中国境外销售藤本植物、林木、果树和观赏树木品种繁殖材料未超过6年,销售其他植物品种繁殖材料未超过4年。

(3)授予植物新品种权的植物新品种应当具备特异性。所谓特异性,是指申请植物新品种权的植物新品种应当明显区别于在递交申请以前已知的植物品种。

(4)授予植物新品种权的植物新品种应当具备一致性。一致性,是指申请植物新品种权的植物新品种经过繁殖,除可以预见的变异外,其相关的特征或者特性一致。

(5)授予植物新品种权的植物新品种应当具备稳定性。稳定性,是指申请植物新品种权的植物新品种经过反复繁殖后或者在特定繁殖周期结束时,其相关的特征或者特性保持不变。

(6)授予植物新品种权的植物新品种应当具备适当的名称,并与相同或者相近的植物属或者种中已知品种的名称相区别。相同或者相近植物属内的两个以上品种,以同一名称提出相关申请的,名称授予先申请的品种,后申请的应当重新命名;同日申请的,名称授予先完成培育的品种,后完成培育的应当重新命名。品种名称应当使用规范的汉字、英文字母、阿拉伯数字、罗马数字或其组合,不违反法律规定。

2. 农产品地理标志的登记条件

根据《农产品地理标志管理办法》的规定,申请农产品地理标志应当具备以下条件:

(1)称谓由地理区域名称和农产品通用名称构成;

(2)产品有独特的品质特性或者特定的生产方式;

(3)产品品质和特色主要取决于独特的自然生态环境和人文历史因素;

(4)产品有限定的生产区域范围;

(5)产地环境、产品质量符合国家强制性技术规范要求;

(6)农产品地理标志登记条件的申请人为县级以上地方人民政府根据法定条件择优确定的农民专业合作经济组织、行业协会等组织。

3. 畜禽遗传资源目录确定的条件

畜禽是指具有一定群体规模和用于农业生产的家养动物,种群可在人工饲养条件下繁衍,与野生种群有本质区别,为人类提供肉、蛋、奶、毛皮、纤维、药材等产品,或满足役用、运动等需要。其中哺乳纲的为家畜,鸟纲的为家禽。确定畜禽遗传资源目录须具备以下条件:第一,列入《目录》的畜禽必须经过长期人工饲养驯化,有稳定的人工选择经济性状;第二,优先保障食品安全、公共卫生安全、生态安全;第三,尊重民族习惯,考虑多民族生产生活需要和传统文化等因素;第四,与国际接轨,参照国际通行做法和国际惯例等。

(四)农业知识产权的内容

1. 植物新品种权的内容

(1)生产权,即禁止他人为商业目的生产该授权品种繁殖材料,或者为商业目的将该授权品种的繁殖材料重复使用于生产另一品种的繁殖材料上。生产权是一项排他性权利,除权利人自行生产或者授权他人繁殖材料外,有权禁止他人未经其许可生产其被授权的植物新品种。

(2)销售权,销售权也是植物新品种权人所享有的一项排他性权利,除法律规定的用途外,任何人未经品种权人同意不得销售授权品种繁殖材料。

(3)使用权,使用是对授权植物新品种加以利用,是植物新品种权人实现其自身利益的又一重要方式。但是,利用授权品种进行育种及其他科研活动,农民自繁自用授权品种的繁殖材料,可以不经品种权人许可,不向其支付使用费,但是不得侵犯植物新品种权人享有的其他权利。

(4)许可权,即植物新品种权人可以通过签订许可合同等方式授权他人在一定范围内利用其植物新品种,从而获取经济利益,包括普通实施许可、排他实施许可、独占实施许可等类型。在法定条件下,基于国家利益或公共利益的需要,审批机关可以作出实施植物新品种强制许可的决定,并予以登记和公告。

(5)转让权,转让权包括植物新品种申请权的转让和植物新品种权的转让。转让的双方当事人应当订立书面合同,向农业农村部登记,由农业农村部予以公告,并自公告之日起生效。中国的单位或者个人就其在国内培育的植物新品种向外国人转让申请权或者品种权的,应当经审批机关批准。国有单位在国内转让申请权或者品种权的,应当按照国家有关规定报经有关行政主管部门批准。

(6)名称标记权,即在自己拥有的授权品种的包装上标明品种权证书、品种权申请号、品种权号或者其他品种权申请标记、品种权标记,以证明自己是品种权人。

2. 农产品地理标志权的内容

农产品地理标志的使用人享有以下权利:

(1)可以在特定区域的产品及其包装上使用农产品地理标志。经过许可的地理标志使用人可以在其生产销售的特定的农产品和包装上使用地理农产品地理标志,而无须缴纳费用。

(2)可以使用登记的农产品地理标志进行宣传和参加展览、展示及展销。

3. 畜禽遗传资源权利

(1)占有的权利。为保障人民的食物安全,畜禽遗传资源由国家发现、管理、审定和保护,国家对本国的畜禽遗传资源行使有占有权。

(2)开发、利用的权利。国家可以自主决定和控制畜禽遗传资源的开发、利用、营销,而不受其他国家的干涉。

(3)处置畜禽遗传资源的权利。国家有权根据国际发展与环境政策决定遗传资源的交换,处置本国的遗传资源,公平合理地分享遗传资源开发活动产生的惠益。

(五)农业知识产权的保护范围

1. 植物新品种权保护范围

目前我国只保护授权品种的繁殖材料。任何单位和个人没有得到植物品种权人的许可,不得以商业目的生产或者销售授权品种的繁殖材料,不得以商业为目的将授权品种的繁殖材料重复使用于生产另一种品种的繁殖材料。繁殖材料是指可繁殖植物的种植材料或植物体的其他部分,包括籽粒、果实和根、茎、苗、芽、叶等。

司法实践中,被控侵权物的特征、特性与授权品种的特征、特性相同,或者特征、特性的不同是因非遗传变异所致的,一般应当认定被控侵权物属于商业目的生产或者销售授权品种的繁殖材料。被控侵权人重复以授权品种的繁殖材料为亲本与其他亲本另行繁殖的,一般应当认定属于商业目的将授权品种的繁殖材料重复使用于生产另一品种的繁殖材料。"非遗传变异因素"是指因土壤、气候、肥料、管理水平或者其他环境因素的影响,导致植物的特征或者特性发生差异,这种差异是不能遗传的。"特征"是指植物的形态学特征,如花的颜色、果实的现状等;"特性"是指植物的生物学特性,如抗病性、抗旱性等。所谓"非遗传变异",是指被控侵权物的繁殖材料虽与授权品种相同,但由于生长过程中外来花

粉等非遗传变异因素的介入,导致两者特征、特性的不同。❶

2. 农产品地理标志权的保护范围

农产品地理标志保护的范围包括特定农产品的种类、地域范围、时间范围。农产品保护的种类,要通过主管部门的审定,是指有独特的品质特性或者特定的生产方式的农作物和蔬菜瓜果产品。农产品地理标志保护的地域范围,为出产该农产品的特定的区域,产地环境、产品质量符合国家强制性技术规范要求,如某个县、乡、村等。农产品地理标志保护的时间范围为长期,除非农产品地理标志登记证书因不符合法律规定被注销。

3. 畜禽遗传资源的保护范围

畜禽遗传资源的保护也有种类和地域范围之分。种类为畜牧主管部门审定的畜禽及其卵子(蛋)、胚胎、精液、基因物质等遗传材料;保护的地域范围是指在其原产地中心产区划定的特定区域。

(六)农业知识产权的审查程序

1. 植物新品种权审查程序

植物新品种权的审定分为申请、初步审查、实质审查、登记、公告、复审等阶段。

(1)申请。申请植物新品种权的,应当向农业农村部植物新品种保护办公室(以下简称"品种保护办公室")提交符合规定格式要求的请求书、说明书和该品种的照片。中国的单位和个人申请植物新品种权的植物新品种涉及国家安全或者重大利益需要保密的,应当按照国家有关规定办理。审批机关收到植物新品种权申请文件之日为申请日。对符合法定条件的植物新品种权申请,审批机关应当予以受理,明确申请日、给予申请号,并自收到申请之日起1个月内通知申请人缴纳申请费。外国人、外国企业或者外国其他组织在中国申请植物新品种权的,应当按其所属国与我国签订的协议或者共同参加的国际条约办理,或者根据互惠原则,依照本条例办理。

(2)初步审查。申请人缴纳申请费后,品种保护办公室对植物新品种权申请

---

❶ 蒋志培,李剑,罗霞.关于对《最高人民法院关于审理侵犯植物新品种权纠纷案件具体应用法律问题的若干规定》的理解与适用[J].知识产权审判指导,2006(2).

的下列内容进行初步审查：①是否属于植物品种保护名录列举的植物属或者种的范围；②申请文件是否符合法律规定；③是否符合新颖性的规定；④植物新品种的命名是否适当。审批机关应当自受理品种权申请之日起6个月内完成初步审查。对经初步审查合格的植物新品种权申请，审批机关予以公告，并通知申请人在3个月内缴纳审查费。对经初步审查不合格的植物新品种权申请，审批机关应当通知申请人在3个月内陈述意见或者予以修正；逾期未答复或者修正后仍然不合格的，驳回申请。

（3）实质审查。申请人按照规定缴纳审查费后，审批机关依据申请文件和其他有关书面材料对品种权申请的特异性、一致性和稳定性进行实质审查。审批机关认为必要时，可以委托指定的测试机构进行测试或者考察业已完成的种植或者其他试验的结果。申请人未按照规定缴纳审查费的，植物新品种权申请视为撤回。

（4）登记和公告。对经实质审查符合法律规定的植物新品种权申请，品种保护办公室应当作出授予品种权的决定，颁发品种权证书，并予以登记和公告。对经实质审查不符合本条例规定的植物新品种权申请，审批机关予以驳回，并通知申请人。

（5）复审。对审批机关驳回品种权申请的决定不服的，申请人可以自收到通知之日起3个月内，向植物新品种复审委员会请求复审。植物新品种复审委员会应当自收到复审请求书之日起6个月内作出决定，并通知申请人。申请人对植物新品种复审委员会的决定不服的，可以自接到通知之日起15日内向人民法院提起诉讼。

2. 农产品地理标志的登记程序

农产品地理标志的登记程序包括登记申请人的确定、登记申请，初审及现场核查、专家评审、公示等程序。

（1）登记申请人的确定。农产品地理标志登记申请人为农民专业合作经济组织、行业协会等组织，由县级以上地方人民政府根据法定条件择优确定。

（2）登记申请。符合条件的申请人，可以向省级人民政府农业行政主管部门提出登记申请，申请材料包括登记申请书、申请人资质证明、产品典型特征特性描述和相关产品品质鉴定报告、产地环境条件、生产技术规范和产品质量安全技术规范、地域范围确定性文件和生产地域分布图、产品实物样品或者样品图片以及其他必要的说明性或者证明性材料。

（3）初审及现场核查程序。省级人民政府农业行政主管部门自受理农产品地理标志登记申请之日起,应当在45个工作日内完成申请材料的初审和现场核查,并提出初审意见。符合条件的,将申请材料和初审意见报送农业部农产品质量安全中心;不符合条件的,应当在提出初审意见之日起10个工作日内将相关意见和建议通知申请人。

（4）专家评审程序。农业农村部农产品质量安全中心应当自收到申请材料和初审意见之日起20个工作日内,对申请材料进行审查,提出审查意见,并组织专家评审。专家评审工作由农产品地理标志登记评审委员会承担。农产品地理标志登记专家评审委员会应当独立作出评审结论,并对评审结论负责。

（5）公示及异议程序。经专家评审通过的,由农业农村部农产品质量安全中心代表农业农村部对社会公示。有关单位和个人有异议的,应当自公示截止日起20日内向农业农村部农产品质量安全中心提出。公示无异议的,由农业农村部做出登记决定并公告,颁发《中华人民共和国农产品地理标志登记证书》,公布登记产品相关技术规范和标准。专家评审没有通过的,由农业农村部作出不予登记的决定,书面通知申请人,并说明理由。

3. 畜禽遗传资源保护目录的认定程序

畜禽遗传资源保护目录的认定分为省级和国家级两种情况。

（1）省级人民政府畜牧兽医行政主管部门根据全国畜禽遗传资源保护和利用规划及本行政区域内畜禽遗传资源状况,制定和公布本省畜禽遗传资源保护名录,并报国务院畜牧兽医行政主管部门备案。省级人民政府畜牧兽医行政主管部门根据本省的畜禽遗传资源保护名录,建立或者确定畜禽遗传资源保种场、保护区和基因库,承担畜禽遗传资源保护任务。新发现的畜禽遗传资源在国家畜禽遗传资源委员会鉴定前,省级人民政府畜牧兽医行政主管部门应当制定保护方案,采取临时保护措施,并报国务院畜牧兽医行政主管部门备案。享受省级财政资金支持的畜禽遗传资源保种场、保护区和基因库,未经省级人民政府畜牧兽医行政主管部门批准，不得擅自处理受保护的畜禽遗传资源。畜禽遗传资源基因库应当省级人民政府畜牧兽医行政主管部门的规定，定期采集和更新畜禽遗传材料。有关单位、个人应当配合畜禽遗传资源基因库采集畜禽遗传材料，并有权获得适当的经济补偿。

（2）国务院畜牧兽医行政主管部门根据全国畜禽遗传资源保护和利用规划，制定并公布国家级畜禽遗传资源保护名录。国务院畜牧兽医行政主管部门负责组织畜禽遗传资源的调查工作，发布国家畜禽遗传资源状况报告，公布经国务院批准的畜禽遗传资源目录。国务院畜牧兽医行政主管部门根据畜禽遗传资源分布状况，制定全国畜禽遗传资源保护和利用规划，制定并公布国家级畜禽遗传资源保护名录，对原产我国的珍贵、稀有、濒危的畜禽遗传资源实行重点保护。享受中央财政资金支持的畜禽遗传资源保种场、保护区和基因库，未经国务院畜牧兽医行政主管部门批准，不得擅自处理受保护的畜禽遗传资源。畜禽遗传资源基因库应当按照国务院畜牧兽医行政主管部门的规定，定期采集和更新畜禽遗传材料。有关单位、个人应当配合畜禽遗传资源基因库采集畜禽遗传材料，并有权获得适当的经济补偿。

（七）农业知识产权的保护

农业知识产权的保护有行政保护、司法保护、社会保护等多种方式，河南省知识产权社会保护目前尚未有效开展，以行政保护和司法保护最为常见。

1. 行政保护

所谓知识产权行政保护是指知识产权行政管理机关通过作出行政确权、查处侵权行为等具体行政行为保护知识产权权利人或利害关系人的合法权益。行政保护具有主动性、专业性和便捷性等特点。知识产权行政保护多通过具体的行政行为来实现，可以分为行政确权和行政执法两大种类，前者指知识产权确权行为，后者又可以分为设定权利的具体行政行为、剥夺、限制权利或设定义务、行政调处和裁决等种类。其中，设定权利的具体行政行为包括行政给付、行政奖励、行政许可；剥夺、限制权利或者设定义务的具体行政行为包括行政征收、行政征用、行政处罚、行政强制措施、行政监督检查等。

河南省成立农业综合执法机构，以所在农业主管部门的名义，负责农业知识产权案件行政案件的处理。县级以上人民政府农业行政部门依据职权查处农业知识产权违法案件。农业行政机关在执法时,根据需要,可以封存、扣押或者没收与案件有关的农业知识产权的繁殖材料,查阅、复制或者封存与案件有关的合同、账册及有关文件。对于侵权人,可以责令其停止侵权行为或假冒行为,没收违法所得,可以并处罚款,情节严重,构成犯罪的,依法追究刑事责任;也可以根据当事人自愿的原则,对侵权所造成的损害赔偿进行调解,调解达成协议的,当事人应当履行。

2. 司法保护

知识产权司法保护的含义有狭义和广义之分。狭义的知识产权司法保护是指应知识产权权利人的请求,审判机关通过履行知识产权民刑事案件的审判职责或通过知识产权行政诉讼,审查具体行政行为的合法性等审判活动,实现对权利人和利害关系人合法利益的保护。广义上的知识产权司法保护,除了审判机关的司法保护之外,还包括公安机关、检察机关通过对知识产权刑事案件的立案侦查、侦查监督、提起公诉等活动,以及由检察机关代表国家对知识产权民事诉讼、行政诉讼、行政诉讼案件进行的司法监督活动。[1]知识产权有专有性、地域性、法定性、无形性等特征,与之相应,知识产权司法保护具有程序特殊性、稳定性、注重权利保护、政策性等特征,有别于知识产权行政保护。

权利人对于侵权行为,可以直接向人民法院提起诉讼。对于行政调解未达成协议的,品种权人或者利害关系人可以依照民事诉讼程序向人民法院提起诉讼。

二、发展状况

(一)河南省农业知识产权政策

河南是产粮大省、畜牧大省、农产品加工业大省。河南省坚持质量第一、效益优先紧紧围绕国家粮食生产核心区国家战略,出台农业经济政策,以供给侧结构性改革为主线,推动农业经济发展质量变革、效率变革、动力变革,提高农业生

---

[1] 王肃.知识产权保护教程[M].北京:知识产权出版社,2015:49.

产率。

2017年11月29日,河南省政府办公厅发布《河南省高效种养业转型升级行动方案(2017—2020年)》和《河南省绿色食品业转型升级行动方案(2017—2020年)》,指出要全面贯彻落实党的十九大精神,以习近平新时代中国特色社会主义思想为指导,牢固树立创新、协调、绿色、开放、共享发展理念,以农业供给侧结构性改革为主线,以提高农产品供给质量和效率、增加农民收入为前提,以优质小麦、优质花生、优质草畜、优质林果为重点,以布局区域化、生产标准化、发展产业化、经营规模化为基本路径,聚焦绿色安全、营养方便、质量效益,以高端化、绿色化、智能化、融合化为方向,加快构建现代农业产业体系、生产体系、经营体系,通过调结构、提品质、转动能、促融合、强带动、创品牌,推进河南省种养业向高端化、绿色化、智能化、融合化方向发展,走出一条质量更高、效益更好、结构更优、优势充分释放的发展之路,实现由种养业大省向种养业强省、由食品加工大省向绿色食品强省转变。

2018年6月8日,河南省人民政府发布《关于建设食品安全省的意见》,要求构建政府主导、企业负责、部门联动、公众参与的食品安全社会共治格局,完善责任明确、制度健全、运转高效、风险可控的食品安全体系,通过3~5年的努力,形成绿色、安全、高质量的食品产业发展方式,把河南省建成食品安全大省,为人民群众"舌尖上的安全"提供更加坚实的保障。强调推进绿色生产体系建设,加强法规制度体系建设,强化食品安全源头治理,建立健全畜禽屠宰管理制度,加强粮食质量安全监测与监管,推动安全标准提档升级、全面提升技术支撑能力、健全社会诚信体系、严厉打击违法违规行为、构建食品安全共治格局,加强食品安全宣传教育,打造绿色品牌,推进服务性执法,促进食品产业转型发展,提高供给质量,满足消费者需求。

2018年8月20日,河南省人民政府办公厅印发《关于大力发展粮食产业经济加快建设粮食经济强省的实施意见》,提出加快粮食科技创新及新成果转化,培育具有市场竞争能力的创新型粮食领军企业,鼓励科研机构、高校与粮食企业协同创新,推进相关基础研究及关键技术的研发,推进信息、生物、新材料等高新技术在粮食产业链的应用,推动科技成果的产业化。促进粮油机械制造的自主创新,发展高效节粮节能成套粮油清理、检验、加工装备。支持智能粮机产业发展,培育具有核心竞争力的大型粮机制造企业。提高关键粮油机械及仪器设备制造水平和自主创新能力,提升粮食品质及快速检测设备的技术水平,引入智能机器人和物联网技术,开展粮食智能工厂、智能仓储、智能物流等应用示范。

2018年10月17日,河南省质监局联合河南省农业厅、林业局、畜牧局、烟草专卖局等,组织河南省标准化研究院等单位编写的《河南省优势特色农产品标准体系》出版,该体系实现了国家标准、行业标准、地方标准相衔接,产前、产中、产后标准相配套,涵盖河南省小麦、玉米、水稻、花生、棉花、大蒜、芝麻、大豆、食用菌、茶叶、苹果、枣、杨树、核桃、生猪、肉牛、肉禽、烟叶18种优势特色农产品,具有较强的科学性、系统性、先进性和实用性。

为引导河南省畜牧业加快向绿色化、优质化、特色化、品牌化发展,2018年5月,河南省畜牧局印发《河南省2018年畜牧业质量年行动方案》,指出打造绿色食品原料标准化生产基地、有机农业示范基地,全省肉蛋奶产量增速高于全国平均水平;加快畜牧业转型升级行动,推进全省由种养业大省向种养业强省转变,打造绿色食品原料标准化生产基地、有机农业示范基地。鼓励畜牧企业进行无公害农产品、有机农产品、绿色食品和HACCP等认证认可,不断提升畜牧企业标准化、规范化、制度化生产水平。积极培育"豫产"特色畜产品品牌,满足中高端市场消费需求。积极创建特色畜产品优势区,力争将泌阳夏南牛、豫南黑猪、道口烧鸡等全省地方特色畜产品,列入国家特色农产品优势区创建范围。

2018年10月19日,河南省发布《河南省乡村振兴战略规划(2018—2022年)》,强调实施"藏粮于地、藏粮于技"战略,坚持质量兴农、科技兴农、品牌强农,深入推进农业供给侧结构性改革,加快构建现代农业产业体系、生产体系、经营体系,持续扩大农业对外开放,不断提高农业创新力、竞争力和全要素生产率,建设现代农业强省;实施农业品牌提升行动、质量兴农科技支撑行动,以提高农产品质量为导向,推动农业科技创新,以科技创新支撑农产品品质提升,不断增强农业综合效益和竞争力。提升科技创新支撑引领能力,实施现代种业提升工程,强化小麦、玉米、花生、草畜、果蔬等育种技术创新,培育具有国际竞争力的种业产业集群;实施农业创新主体培育工程、农业科技创新载体平台建设工程,组建河南省农业科技创新联盟,加强农业科研院所、高校和企业合作,打造农业协同创新平台,围绕良种培育、农产品精深加工和农机装备等开展联合攻关。提升农业机械化水平,加快发展大型拖拉机及其复式作业机具、大型高效联合收割机等高端农业装备及关键核心零部件,积极推进作物品种、栽培技术和机械装备集成配套;实施"互联网+"现代农业行动,推广农业物联网应用,建立省级农业物联网云平台,发展智慧农业。推进农产品初加工、精深加工和主食加工协调发展,做大做强农产品加工业,进一步提升河南品牌的影响力和竞争力,推动农业发展价值倍增。加快建设农产品加工产业园区,打造一批安全优质的农产品加工企业品牌和食品品牌。在传统文化建设方面,传承创新中原优秀传统文化,深度挖掘中原文化,提升根亲文化、古都文化、汉字文化、功夫文化、戏曲文化、中药文化、老庄文化、伏羲文化等中原文化影响力,打造全球华人根亲文化圣地、世界遗产保护研究基地、国家级文化生态保护实验区。保护利用农耕文化遗产深入挖掘农耕文化蕴含的优秀思想观念、人文精神、道德规范,充分发挥其在凝聚人心、教化群众、淳化民风中的重要作用。划定乡村建设的历史文化保护线,保护历史文化名镇名村、传统村落、传统民居、文物古迹、农业遗迹、灌溉工程遗产。实施非物质文化遗产传承发展工程,完善非遗保护制度,支持非物质文化遗产传承发展。

2019年1月3日中共中央国务院下发一号文件《关于坚持农业农村优先发展做好"三农"工作的若干意见》,河南省积极落实这一文件精神,加快突破农业关键核心技术,强化创新驱动发展,实施农业关键核心技术攻关行动,培育一批农业战略科技创新力量,推动生物种业、重型农机、智慧农业、绿色投入品等领域自主创新。建设农业领域国家重点实验室等科技创新平台基地,打造产学研深度融合平台,加强国家现代农业产业技术体系、科技创新联盟、产业创新中心、高新技术产业示范区、科技园区等建设。强化企业技术创新主体地位,培育农业科技创新型企业,支持符合条件的企业牵头实施的技术创新项目。继续组织实施水稻、小麦、玉米、大豆和畜禽良种联合攻关,加快选育和推广优质草种。支持薄弱环节适用农机研发,促进农机装备产业转型升级,加快推进农业机械化。加强农业领域知识产权创造与应用。加快先进实用技术集成创新与推广应用。建立健全农业科研成果产权制度,赋予科研人员科技成果所有权,完善人才评价和流动保障机制,落实兼职兼薪、成果权益分配政策。

2019年7月8日《河南省省级现代农业产业园建设工作方案(2019—2022年)》发布,该方案以实施乡村振兴战略为统领,以深入推进农业供给侧改革为主线,开展以优质小麦、优质花生、优质草畜、优质林果、优质蔬菜、优质花木、优质茶叶、优质中药材、优质食用菌、优质水产品等十大优势特色农业和发展基础好、有产业优势的其他产业主导的现代农业产业园建设活动,引领带动全省现代农业加速提质增效。到2022年,全省创建100个产业优势突出、要素高度集聚、设施装备先进、发展方式绿色、一二三产融合、质量效益显著、辐射带动有力、利益联结紧密、农民增收明显的省级现代农业产业园,实现生产基地规模化、发展方式绿色化、加工产业集群化、产业发展品牌化、现代要素集聚化,成为乡村产业兴旺引领区、现代技术与装备的集成区、一二三产业的融合区、农村创业创新的孵化区、高质量发展的示范区、乡村振兴的样板区。

2019年9月17日,河南省人民政府办公厅发布《关于深入推进农业供给侧结构性改革大力发展优势特色农业的意见》(豫政办〔2019〕44号),强调建设优质小麦、优质花生、优质草畜、优质林果等十大优势特色农林产品生产基地。鼓励农业科研院所、农业企业围绕十大优势特色农业的重大问题开展科研攻关,重大科技项目向十大优势特色农业倾斜。实施种业自主创新工程和现代种业提升工程,加快推进国家生物育种产业创新中心建设,培育国内一流的种业企业。支持河南省南繁基地建设,推进优势特色农业育种制种基地建设。加强产业技术体系、科技推广服务体系建设。发展智慧农业,在示范基地实现全程信息化、物联网可视化;综合利用大数据、云计算、人工智能等技术,为灾害预警、重大动植物疫情防控、生产经营科学决策等提供服务。

(二)河南农业知识产权发展现状

1. 河南省植物新品种权分布特征

(1)年度授权情况:河南省申请保护及授权的农作物种类有大田作物,也有经济作物。大田作物有小麦、玉米、水稻、大豆、棉花,经济作物有花生、芝麻、甜瓜、甘薯、油菜、辣椒、桃、马铃薯等农作物。2018年度,全国申请4793项,授权

1986项,申请授权比为41.44%。河南省2018年申请410项,授权195项,申请授权比为47.56%,高于全国申请授权比例,占全国授权总量的9.82%。2019年度,全国申请4351项,授权2288项,申请授权比为52.59%。河南省共提出植物新品种权申请509项,授权245项,申请授权比为48.13%,略低于全国申请授权比例,占全国的10.7%。❶2019年与2018年相比较申请及授权数量占比较高。

(2)分植物种类植物新品种权申请情况:2018—2019年,河南省植物新品种获得授权共440项,其中玉米221项、小麦91项、花生22项、水稻21项、大豆14项、棉属15项、桃9项、谷子2项、普通西瓜4项、大白菜3项、甘薯5项、辣椒属4项。国家授权作物品种、数量不一,以玉米占比最大,小麦次之,与河南省农作物的种植面积、农民种植偏好和数量基本一致,也与河南省的农业政策相因应。

(3)分单位性质植物新品种权的申请情况:植物新品种技术创新体系包括科研机构、高等院校、企业、政府等,均为农业科技创新活动的主体。农业农村部将申请人分为国内科研机构、国内企业、国内教学机构、国内个人及国外科研机构、企业、教学机构、个人8类。国家授权的植物新品种中,河南省国内个人及国外个人申请的不多,申请的主体是种子企业及科研院所。2018—2019年,种子公司申请授权的有243项,占比53.88%,较之2016—2017年度有较大提高,种子公司成为品种创新的主力军。其中授权数量较多的为河南金苑种业股份有限公司(43项)、河南金博士种业股份有限公司(31项)、河南省豫玉种业股份有限公司(20项)。教学机构、科研机构授权量为185项,占比为42.05%,个别农业科研机构成果非常突出。其中,河南省农业科学院获得授权41项,中国农业科学院郑州果树研究所和棉花研究所(安阳)获得授权41项,河南农业大学获得授权14项,信阳市农业科学院获得授权9项,新乡市农业科学院获得授权8项,个人申请9项,多集中在小麦和玉米等品种。

(4)植物新品种权申请与当地农业发展实际的相关性分析。就河南省而言,2018—2019年,国家授权的440个品种中,玉米221项,占比50.23%;小麦91项,占比20%;花生22项,占比5%;水稻21项,占比4.77%;大豆14项,占比3.18%;棉属15项,占比3.4%。在国家植物新品种授权的农作物结构比例中,玉米所占比

---

❶ 本处及以下河南省植物新品种审定及授权保护数据均来自中国种业大数据平台,http://202.127.42.145/home/service。

例最大,小麦亦占1/5。这说明河南是农业大省,国家粮食主产区,主要种植小麦和玉米,其中小麦为主粮,涉及国家粮食安全,并没有偏离国家的粮食政策。作为附加值很低的农业,种植小麦收益率很低,玉米产量高,适应性强,常常是作为经济作物种植,栽培面积很大,所以,玉米品种的比例较大。同时,由于河南省政府推广优质花生的种植,花生的品种比例也较之前有所提高。

就具体的地市而言,除郑州外,周口、新乡、濮阳、驻马店、安阳、许昌、商丘为小麦主产区,国家审定和河南省审定的植物新品种中,授权的小麦品种较多。玉米在各地均有种植,各地玉米品种授权的数量也比较大。而培育水稻的地市,通常也出产水稻,如信阳市和新乡市原阳县均出产大米,授权保护的21个水稻品种均出自这两个市的科研院所、高等院校及种业公司。

2. 河南省农产品地理标志的分布

(1)河南省农产品地理标志的种类。

河南省农产品地理标志登记的种类有种植业类127项、畜牧业类2项、水产业类7项。种植业类又可以分为蔬菜类39项、果品类36项、粮食类21项、食用菌类3项、油料类8项、茶叶类4项、药材类15项、花卉类2项、烟草类2项,包括小麦、大米、小米、绿米、红薯、黑豆、西瓜、梨、山楂、核桃、葡萄等。河南省为种植业大省,农产品地理标志以种植业类为主体。

其中,2018年河南省获准登记农产品地理标志7项,三门峡市3项,分别为陕州苹果、陕州红梨、陕州石榴;开封1项,为兰考蜜瓜;驻马店1项,为正阳花生;周口1项,为黄泛区黄金梨;洛阳1项,为栾川核桃。2019年河南省获准登记农产品地理标志3项,分别为三门峡市的灵宝苹果、商丘市宁陵金顶谢花酥梨、南阳市西峡猕猴桃。

(2)河南省农产品地理标志的区域分布。

河南省农产品地理标志的分布:郑州市10项,开封市9项,洛阳市23项,平顶山市9项,安阳市4项,鹤壁市6项,新乡市9项,焦作市3项,濮阳市2项,许昌市5项,漯河市2项,三门峡市13项,南阳市11项,商丘市11项,信阳市5项,周口市7项,驻马店市8项,济源市2项。可以看出河南省农产品地理标志的分布不均衡,主要集中在洛阳市、三门峡市、南阳市、商丘市等地。

3. 河南省畜禽遗传资源的分布

(1)国家畜禽遗传资源目录确定的种类。

包括传统畜禽和特种畜禽。传统畜禽有12种,包括地方品种、培育品种及配套系,引入品种及配套系,分别为猪、普通牛、瘤牛、牦牛、大额牛、绵羊、山羊、马、驴、骆驼、兔、鸡、鸭、鹅、鸽子。特种畜禽有16种,包括地方品种、培育品种和引入品种,分别为梅花鹿、马鹿、驯鹿、羊驼、火鸡、珍珠鸡、雉鸡、鹧鸪、番鸭、绿头鸭、鸵鸟、鸸鹋、水貂(非食用)、银狐(非食用)、北极狐(非食用)、貉(非食用)。

(2)河南畜禽遗传资源的情况。

河南省畜禽品种资源丰富,全省现有畜禽遗传资源31个,其中地方畜禽资源27个,自主培育品种4个;按畜种分,牛品种资源4个,猪品种资源4个,羊品种资源9个,家禽品种资源9个,驴品种资源3个,兔品种资源2个。河南省的南阳牛、郏县红牛、泌阳驴、淮南猪、固始白鹅、大尾寒羊、小尾寒羊等7个品种被列入国家畜禽遗传资源保护名录。

4. 农业商标分布情况

2018年,河南省出台《关于加快推进品牌强农的实施意见》,建立农业品牌目录制度,加快农业品牌建设,打造区域公用品牌、企业品牌、产品品牌,构建品牌体系。河南农业农产品生产加工企业申请的商标较多,其中不乏驰名商标和知名品牌,如双汇、牧原、三全、思念、好想你、华英、白象、南街村等河南农业品牌,以及新乡小麦、信阳毛尖、正阳花生、泌阳夏南牛等具有鲜明河南特色的农业地理标志产品。截至2018年年底,河南省农业品牌中拥有"中国驰名商标"78个、省级知名品牌400个、"三品一标"农产品4429个。[1]品牌的充分利用和高效管理给企业带来了效益。例如,好想你健康食品股份有限公司积极发挥"好想你"商标品牌优势,实现商标的品牌价值,取得注册商标1010件(含域外注册32件)、专利70件、著作权登记证10件;通过河南省科技成果鉴定12项;获得中国商业联合会科技进步奖1项、中国轻工业联合会科技进步奖1项、河南省科技进步奖4项、山东省科技进步奖1项、郑州市科技进步奖4项;打造了以"好想你""枣博

---

[1] 刘红涛.河南省发布400个农业知名品牌[N].河南日报,2019-05-13.

士"两个中国驰名商标、"早开心""健康情"等7个河南省著名商标为核心的商标集群。

5. 农业专利分布情况

河南省是农产品加工业大省,农业和食品领域内的专利较多,在全国具有领先地位,2018年为430项、2019年为373项,占全国专利授权量的2.82%,与一般领域相比河南省在该领域具有1.83倍的专利数量优势。在农业专利技术方面,发明专利的比例较高。查询"专利桥"网站,河南省农业科学院自2018年起,授权的专利有241项,其中发明专利为112项、实用新型129项。河南农业大学2018年以来授权的专利有353项,其中发明专利172项、实用新型专利181项。

(三)知识产权创新助推农业发展

河南省以"四优四化"为抓手推进农业供给侧结构性改革,深入实施"藏粮于地、藏粮于技"战略,大力加强粮食生产核心区建设,粮食综合保障能力巩固提高,为保障粮食安全打下了坚实基础。

优质高产的品种是粮食丰收的基础。优良的农作物品种的生产和推广,助推了河南省粮食生产连年保持了较高的产量。比如,河南省农业科学院花生科研团队培育引进"远杂9102"等众多优良品种,油酸含量在75%以上,远远超出一般花生品种的35%~55%油酸含量比例,进一步提升了河南省花生品质采用机械化种植技术,极大地提升了正阳花生的产量和质量。该院开发的另一高油酸花生新品种"豫花37号",亩产达400公斤左右,油酸含量高达79%[1],为河南花生品种的更新换代和国家的粮食安全做出了重要贡献。2018年,河南省粮食产量达到1330亿斤,河南省用全国1/16的耕地生产了全国1/10的粮食、1/4的小麦,成为全国第一粮食加工大省、肉制品大省,河南油料、果蔬、水产等农产品供应充足。2019河南粮食总产量1339.08亿斤,同比增长0.7%,超全国总量的1/10。小麦、水稻单位面积产量均创历史新高。其中,小麦单产为437.10公斤/亩,同比增长4.5%;水稻单产为554.11公斤/亩,同比增长2.8%。同时,适度调减玉米等粮食作物种植,扩大大豆、花生种植,因地制宜发展特色经济作物。

农产品品牌建设同样带动了产业的发展。例如,信阳毛尖久负盛誉,浙江省

---

[1] 尹江勇.正阳花生背靠科技争第一[N].河南日报,2018-02-05(4).

新昌发布的"2019中国茶叶区域公用品牌价值评估"核心结果显示,信阳毛尖以品牌价值65.31亿元位居第三,连续10年上榜中国茶叶区域公用品牌价值十强。茶产业成为信阳的特色支柱产业,茶园面积达212.5万亩,茶叶年产值达112.4亿元。[1]南阳市西峡县充分打造本地香菇地理标志品牌,推行"基地化种植、标准化管理、品牌化经营、信息化提升"的生产经营模式,建成鹳河百公里香菇标准化长廊,实现了集中连片、规模发展,形成了"上接基地、中连市场、下游打造骨干龙头出口企业"的完整产业链,并积极融入"一带一路",推动西峡香菇进军国际市场。西峡农产品自营出口额从2005年的不足350万美元,到2018年达到13.82亿美元,产品远销美国、法国、德国等30多个国家和地区,连续6年领跑河南农产品出口,成为名副其实的全国香菇出口第一县。再如,三门峡市的苹果品牌建设,2018年,全市以苹果为主的果品产值达73亿元,占农业总产值的35.2%。全市果品加工能力达40万吨,二仙坡公司培训基地被确定为"河南省新型农民培训基地""陕西省果业培训基地";"二仙坡"苹果被国家工商局评为"中国驰名商标";"陕州苹果""灵宝苹果"均已获得国家地理标志产品认证;"灵宝苹果"品牌价值达186.42亿元,连年稳居全国县级苹果品牌第一位。

(四)农业知识产权保护情况

1. 行政保护

在农业知识产权行政保护方面,河南省农业农村厅出台工作方案,加大种子侵权打击力度,加强对农业生产企业的管理,积极开展农产品流通环节的品种权执法检查,查处农业知识产权违法案件。2018年是河南省"农业质量年",全省农业系统继续坚持产管并举,强化农业标准化建设、农产品质量安全监管能力建设、农业品牌建设等,推动全省农业由数量品种优势向质量品牌优势转变。开展农业品牌提升行动,遴选发布区域公用品牌、河南知名农产品品牌、特色农产品品牌目录。同时,结合"三品一标"创品牌,引导重点项目向"三品一标"认证的新型农业经营主体倾斜,推动"三品一标"认证不断增长。另外,全面深化质量安全县创建,加大"检打联动"执法力度,持续开展专项整治、农资打假和巡访督查活动,强化与公安、法院等部门协作,加大对问题农资、不合格农产品的处置力度,

---

[1] 胡巨成.信阳毛尖品牌价值超65亿元[N].河南日报,2019-04-15.

推动建立信用档案和"黑名单"制度等。2019年11月,河南省农业农村厅根据国家《关于深化农业综合行政执法改革的指导意见》和《河南省深化农业综合行政执法改革实施方案》精神,落实农业农村部通报要求,加快推进全省农业综合行政执法改革,全面整合农业农村系统各支执法队伍,彻底改变过去多头执法、分散执法的局面。创新执法制度、作风建设和理想信念教育力度,加强业务培训,全面提高执法人员政治素质和业务素质。截至2019年12月,商丘市、鹤壁市、三门峡市农业综合行政执法支队先后挂牌成立,农业综合行政执法支队将兽医、兽药、畜禽屠宰、种畜禽、种子、中药材、食用菌、化肥、农药、水产、农机、农产品质量安全、农业转基因生物安全(养蜂养蚕)、高标准农田田间工程保护以及农村宅基地、饲料和饲料添加剂、动物卫生监督、植物检疫等18项分散在农业农村部门内设机构和所属单位的行政处罚以及与行政处罚相关的行政检查、行政强制监管职能剥离,由农业综合行政执法机构以农业农村部门的名义统一执法。同时,县级政府也将整合组建执法队伍,承担区域范围内的农业综合行政执法工作,改变重审批轻监管的行政管理方式,把更多行政资源从事前审批转到加强事中事后监管上来。

坚持标本兼治打防结合的原则,实施农资监管,严厉打击违法违规行为,开展农业知识产权的执法工作,定期进行监督检查。农业主管部门定期进行专项整治督导,对农资经营门店随机进行检查。例如,长垣县农林畜牧局2018年12月20日启动的农村假冒伪劣食品专项整治行动中,共出动执法人员350人次,检查农村食品生产经营主体190个,检查批发市场、集贸市场等各类市场21个。查处商标侵权假冒案件5件,罚没金额1.05万元。郑州市农业农村工作委员会共出动执法人员5982人次,共检查农村食品生产主体829家、食品经营主体4116家、检查各类市场391个,取缔无证生产主体9家;查处假冒伪劣食品案件6件,罚没金额0.5万元;查处商标侵权假冒案件2件,罚没金额2.2万元。2019年9月29日,河南省农业农村厅农业综合行政执法监督局接到许昌市鄢陵县农药市场有制售假劣农药违法线索,联合河南省公安厅食品药品与环境犯罪侦查总队,组织郑州市、焦作市、漯河市、驻马店市、许昌市等农业综合执法机构人员,联合许昌市公安局治安支队和鄢陵县公安局公安人员,组成8个案件查办小组,将分布在鄢陵县城的某公司制假售假农药窝点成功捣毁,并对分布在彭店镇、陶城镇、只乐镇、马坊镇、南坞镇等乡镇的涉嫌经销假劣农药的门店依法查处。经查明,该公司涉嫌未取得农药生产许可证生产经营假劣农药,涉案产品金额达26.4万元,已构成犯罪。2019年10月14日,许昌市农业农村局将该案件依法移送公安机关,该案入选农业农村部公布的2019年农业行政执法典型案例。

2. 司法保护

司法保护在农业知识产权保护中居于主导地位,是行政保护、自我保护、社会保护的支撑,也是农业知识产权保护的最后一道防线。2018年2月12日,最高人民法院下发《关于同意天津市第三中级人民法院和郑州市、长沙市、西安市中级人民法院内设专门审判机构并跨区域管辖部分知识产权案件的批复》(法〔2018〕46号)文件,同意设立郑州知识产权法庭,该法庭受理案件范围:发生在河南省辖区内有关专利、植物新品种、集成电路布图设计、技术秘密、计算机软件、涉及驰名商标认定及垄断纠纷的第一审知识产权民事和行政案件;发生在郑州市辖区内除基层人民法院管辖范围之外的有关商标、著作权、不正当竞争、技术合同等纠纷的第一审知识产权民事和行政案件;知识产权刑事案件;不服郑州市辖区内基层人民法院审理的有关著作权、商标权纠纷的第一审知识产权民事案件的上诉案件。而发生在郑州市二七区、高新区、航空港区、中牟县,新郑市、新密市、登封市辖区内,诉讼标的额为50万元以下的有关著作权、商标权纠纷的第一审知识产权民事案件,由郑州航空港经济综合实验区人民法院管辖;发生在郑州市管城回族区、金水区、中原区、惠济区、上街区、巩义市、荥阳市辖区内,诉讼标的额为50万元以下的有关著作权、商标权纠纷的第一审知识产权民事案件,由郑州市管城回族区人民法院管辖。河南省内郑州之外其他知识产权民事纠纷案件均由各中级人民法院作一审法院;河南省高级人民法院管辖在全省有重大影响的第一审知识产权案件。

河南法院系统创新工作思路,优化审判体制机制,全面实行技术调查官制度,加大知识产权司法保护力度。审理大批涉及农机、种子等众多领域专利权、植物新品种、商业秘密、技术合同纠纷案件,保护了权利人的合法权益,对于激励科研工作者技术创新、培育具有自主知识产权的积极性具有积极意义,较好地推动了"大众创业、万众创新"。郑州知识产权法庭审结的河南金博士种业股份有限公司与北京德农种业有限公司、河南省农业科学院侵害植物新品种权纠纷案,被最高人民法院评选为2018年度全国法院知识产权十大典型案件。此外,河南省法院系统办理大量涉及农业的侵害商标权及不正当竞争纠纷案,"双汇""好想你""三全""白象""南街村""信阳毛尖""道口烧鸡"等一批河南省知名品牌得到了有效保护,净化了市场环境,维护了市场公平竞争秩序。

三、存在的主要问题

(一)农业知识产权权利意识不强

知识产权具有无形性、专有性的特征,人们对知识产权的认知和传统财产权有很大的区别。传统财产权可以根据生活的经验和习惯,判断权利人是否因占有、控制某物而享有相应的权利;而知识产权源于法律的规定,是国家公共政策的产物,很难把智力成果和传统物权意义上的占有相提并论。中国传统文化观念中,智力成果是公共领域的产品,每一个人都有权使用。并且,世界范围内,知识产权法律意识普遍不高。[1]同时,知识产权是新兴学科、新兴产业,还没有真正走入人们的生活,很多人甚至司法工作人员没有接触过知识产权纠纷,不了解知识产权创造、运用、保护的重要性和意义,对知识产权的司法保护缺乏应有的重视。更进一步讲,在日常的知识产权宣讲中更多地注意工业中的专利权、商标权、著作权等,农业产业中的知识产权则常常被人忽视。农业知识产权权利主体及从业者多文化程度不高,专利意识、商标意识不强,农业科技创新缺乏社会文化基础。很多农产品的经营者并没有真正把知识产权当作资产,在生产过程和市场推广中没有进行知识产权的管理和运用,没有真正认识到科技创新在产品竞争的市场竞争中的重要作用和意义,不关心品牌建设,不愿意科技创新上更多地支出费用,更谈不上企业科技布局和长期规划。

(二)河南省农业企业知识产权创造能力总体较弱

作为农业大省,为实现"藏粮于地、藏粮于技"的发展战略,农业科技创新是

---

[1] 王迁.知识产权法教程[M].3版.北京:中国人民大学出版社,2011:8.

重要抓手。在市场经济条件下,农业生产企业应当是最活跃的主体,是农业科技创新的主力军,但河南省农业知识产权创新投入较少,社会资本进入农业知识产权创新领域的积极性不高。在植物新品种的创新上,虽然出现了河南金苑种业股份有限公司、河南金博士种业股份有限公司、河南省豫玉种业股份有限公司等创新能力比较突出的企业,但是大多数的种业公司创新能力较弱。河南省的农业企业整体创新能力不强,还没有真正成为创新的主体。在具体的农业科技领域,有些植物新品种研发滞后,不能满足农业高速发展的需求。例如,河南省是食用菌生产大省,但直至2018年5月,河南省通过省内审定的食用菌品种仅8项,规模化大棚栽培的平菇品种只有3项。农业机械方面,真正能投入实际应用的科技创新并不多,并不能有效地解决农业问题。例如,三门峡市苹果生产产值较高,但缺乏苹果采摘、套袋、丘陵山区果园搬运轨道等适用于果品生产的机械。

(三)农业知识产权领域侵权现象依然严重

植物新品种纠纷案件以及侵权案件有所下降。2018年,种子质量合格率达到98%以上,但其他类型的知识产权侵权仍然比较严重,主要表现为生产销售不合格产品、假冒注册商标、假冒农产品地理标志等。2018年,河南省公安机关全年侦办农资类刑事案件116起。河南省公安机关在2019年打击食药环犯罪"昆仑"行动中,共侦破食药环和知识产权刑事案件3940起,涉案总价值24亿余元。其中,食品领域刑事案件953起,涉案物品价值6亿余元。农资市场也存在鱼龙混杂、假冒伪劣肥料产品充斥市场的问题,河南省农业主管部门在"2019年农资打假专项治理专项行动""红盾护农行动"中,济源、许昌两地的市场监督管理局及农业执法大队分别查获不合格的肥料产品3000多袋。

(四)农业商标品牌效应没有充分发挥

首先,各地对于农业品牌扶持的政策缺乏连续性,各地的政策不统一,对于农业品牌的扶持力度、保护力度都不够,支持效应不明显。其次,农业品牌的商业价值,没有得到充分挖掘。河南省知名的"好想你"品牌,虽然开发了一些衍生品种,但是总的来说,还是以初级农产品的生产、销售为主,在种植、加工、包装等方面的商业价值还没有得到充分发挥。初级农产品商标的运用和管理也存在类似的情况,经营者不善于运营和管理商标,品牌效应远远没有发挥,技术改造平台创新保护不能与时俱进,导致市场份额受到影响。最后,农业信息基础设施的落后,使得农产品的经营者获取农业需求信息和市场信息渠道较少,信息的准确度针对性较低,不能满足现代农业发展的需求,面向互联网的订单农业,生产销售之间的衔接脱钩,农产品物流平台建设滞后,妨碍了农产品品牌的建设。

(五)农产品地理标志管理不规范

农产品地理标志是对特定区域、特色农产品的一个证明和标识,是产品品质和特性的体现,更是承载着对消费者的承诺,加强产品的保护和监管是应有之义。第一,但实践中,常常有假冒地理标志产品或者经营者提前采摘的情况,影响产品的声誉。第二,销售渠道不畅。很多地方销售信息不畅,供销脱节,大量品质优良的农产品滞销,种植户利益无法得到保障,影响产业发展。第三,产品的包装、储存、运输、加工等产品研发与创新能力不强。许多地方的地理标志农产品季节性非常强,但产品分级不科学,更多地停留于初加工的状态,产品价值没有完全开发,很难满足消费者的多样性需求,造成农产品地理标志资源的浪费。第四,农产品地理标志法律意识不强。行政主管部门重视地理标志农产品申报,而忽视地理标志资源的运用和监管。很多地理标志产品权利人也没有真正意识到农产品地理标志的价值,权利观念不强,不重视维权,导致地理标志农产品鱼沙俱下,影响产品的声誉。

(六)农业知识产权转化能力较弱

河南农业创新主体知识产权转化意识不强,科技市场转化的能力不强。查询"全国农业科技成果转移服务中心""国家种业科技成果产权交易中心",在该平台上注册的企业和科研机构有新乡市农业科学院、中国农业科学院郑州果树研究所、河南省许科种业有限公司、河南省农业科学院农业经济与信息研究中心、许昌市农业科学研究所、河南省兆丰种业公司、信阳市农业科学院、河南省农业科学院、河南黄泛区地神种业有限公司、河南先天下种业有限公司、河南双丰种业有限公司等单位,上市交易的产品多为植物新品种,品种种类有水稻、小麦、玉米、大白菜、樱桃、油桃、梨等品种,其中以玉米种居多。没有农业专利交易的记录,与河南省农业专利创新水平较高的现状不一致,说明大量的农业专利没有真正进入市场,农业知识产权转化能力较弱。

(七)农业生产附加值低

虽然河南省的特色农业发展较好,但农业整体科技创新能力不强,生产的集约化程度不高,科技创新在农业增产增收中的比重较小。加之农业位于产业链的底端,生产附加值低,农业产出较低,农民从事农业生产的积极性不高。河南省地方经济社会调查队对全省40个县(市、区)120个乡镇600个农户小麦生产成本收益进行调查。结果显示,农民生产成本略有降低,种植收益明显提高,2019年全省农民种植每亩小麦的产值为977.98元,亩均收益414.34元,但该土地收益明显低于外出务工收入,如一个熟练的建筑工地泥瓦工日平均工资为500元以上,不利于激发农民投入粮食生产的积极性。

四、对策建议

农业知识产权保护有助于实现育种人创新收益,激励品种改良,提升品种创新农业增产增收中的作用,发挥品牌效应,对保障我国粮食安全具有重要的意义。针对河南省农业知识产权创造、利用、管理和保护中存在的问题提出以下改进之策。

(一)加强对农业知识产权的宣传与普及

观念是行动的先导。知识产权权利意识的落后,导致农业科技创新缺乏动力。应加强对农业知识产权知识的宣传与普及力度,提高农业知识产权意识。一是积极争取各种新闻媒体的支持和配合,采取多种形式深入宣传农业知识产权的重要作用和相关知识,普及农业知识产权法律、法规,使全行业认识到农业知识产权的重要性。二是针对不同的对象,结合各种各样的专项教育活动,以普及教育、专业培训、业务交流等多种形式,深入、持久、扎实地开展宣传工作。三是定期对某些涉农相关行业进行培训,把知识产权通识教育纳入学生通识教育课程之中,提高全社会尤其是科研单位、教学单位、政府农业管理部门、企业的知识产权保护意识,使他们对农业知识产权制度有一个正确的认识,培育农业知识产权发展的文化氛围,为保护奠定扎实的社会文化基础。

(二)推动农业科技创新

其一,了解发现农村、农业、农民的科技需求点,加强科研院所、高等院校、科技企业与市场之间的沟通和联系,激励和支持农业科技创新。加强农业遗传资源的登记和备案,挖掘发现农村的非物质文化遗产,做好统计和登记备案工作。

其二,充分发挥农业创新平台的示范作用,加快农业科技创新能力建设。结合河南省农业政策,支持高校、科研院所、农业高新技术企业组建产业创新联盟、创新中心、重点实验室等,加快建设国家生物育种产业创新中心、国家农机装备创新中心、国际玉米小麦研究中心、河南省农业供给安全重点实验室,推动建设国家级小麦种质资源库,构建农业科技园区体系,完善现代农业产业技术体系,争创国家农业高新技术产业示范区。开展农业全产业链科技攻关,以良种繁育、农机装备、农产品加工等为重点,突破一批关键技术。强化科技人才培育,依托高校、科研院所加快培育创新人才,实行定向招录、定向补贴,优化涉农专业设置,扩大高职院校在农村的招生规模。开展高素质农民培育,推进农民技能培训与学历教育有效衔接。

其三,深化农业科技创新体制改革。加快构建商业化农业知识产权创新体系,落实农业科技成果完成人分享制度,建立健全农业科技资源、人才向企业流动机制。加大对种质资源挖掘、育种材料创新、常规作物育种等基础性公益性研究的财政科研经费投入,设立科技创新驱动基金,鼓励以企业为主体、院校参与和科研机构共同承担或通过并购、参股等方式参与重大农业科技创新项目。建成以企业为主体的商业化育种创新体系。加强种业基础条件建设,重点加强种质资源体系、植物新品种测试体系和品种区域试验体系建设,加大种质资源保护力度,完善植物品种数据库。

(三)加强农业知识产权保护

知识产权兼具私权和激励创新的功能,同时也是财富分配的一种手段。因此,知识产权保护是知识产权创造的基础。从法的社会控制的角度来看,法律对社会的控制主要通过法律的实施实现的。目前,我国知识产权法律体系完善,并不逊于西方国家,但知识产权法律实施的效果并不理想,侵权成本较低,创新的成本高,维权成本高,模仿和侵权在某些地方甚至成为时尚,严重阻碍创新的发展。因此,应加强知识产权行政执法和司法力度,促进二者的有效衔接,创新知识产权司法保护模式,优化审判运行机制,引入仲裁、调解等非诉讼纠纷解决机制,降低权利人维权成本,实现司法公正和效率,增强知识产权保护力度,为农业知识产权创新提供保障。

(四)加强农产品品牌建设

围绕结合优势农业特色产业集群建设,建立农业品牌的培育计划,鼓励农产品商标的申请,引领在农业知识产权领域,形成自有品牌、特色品牌,建设富有特色、区域竞争力的农业品牌的综合体,培育豫西南黄牛、伏牛山香菇等优势特色产业集群,支持速冻食品、休闲食品、调味品和肉牛、奶牛、花生、茶叶、苹果、食用菌、中药材等产业基础好、发展潜力大、集中连片的产品开展优势特色产业集群创建。大力培育农业品牌,加强农产品区域公用品牌、企业品牌、产品品牌培育,把产品优势转化为品牌优势。加强品牌保护,建立健全农业品牌监管机制,严格监测抽检和执法检查,加大对套牌和滥用品牌行为的惩处力度。积极宣传农业品牌,讲好品牌故事,塑造品牌形象,全面提升全省农业产业整体知名度。结合现代农业产业园创建行动,以规模种养为基础,以精深加工为重点,以科技集成为动力,以品牌营销为牵引,推进"生产+加工+科技+品牌"一体化。构建国家、省、市三级现代农业产业园体系,打造高起点、高标准的现代农业发展先行区。

(五)加强农产品地理标志产品的监管

加强地理标志产品的日常监管关系产品声誉的保持和市场竞争力的维护。第一,对于地理标志农产品,实行种植、采摘、加工、销售等环节的全程质量监控,做到严格监管,严格执法,加大惩处力度。第二,加大宣传力度,提高地理标志持有人和使用者地理标志法律意识,相关管理部门应切实履行其职责,严肃查处地理标志产品侵权行为。销售方面,实行"互联网+农业"的模式,加强农村电商建设,发展订单农业,加强地理标准农产品市场信息服务体系的建设,建立线上线下销售与物流平台,为地理标志产品提供安全可靠的产业化发展空间。第三,推动科技创新,推动地理标志农产品的深加工。改变单一的、原生态的地理标志农产品的现状,深入挖掘地理标志农产品的潜在价值,开发出不同类型、不同层次的产品,满足市场需求,提高市场竞争力。

(六)搭建农业科技转化平台

运用是科技创新的目的。相关主管部门应采取多种措施,制定农业知识产权转化的激励政策,加大资金支持力度,采取作价入股、转让等方式,体现农业知识产权的市场价值,激发农业科技创新的积极性主动性,挖掘创新潜力,积极引导农业生产组织的科技转化。强化农技推广网络建设,构建农科教推、产学研用推广新机制,深入推行科技特派员制度。建立建设农业知识产权的公共交易平台,全面建设涉农知识产权的专门信息库,开放资源检索,推动农业知识产权的系统集成资源整合和信息共享,政府承担技术转化平台建设和运行的费用。完善农业知识产权中介服务体系的建设,提倡公益性的农业技术服务方式,增强中介组织在涉农知识产权申请和纠纷处置服务中的能力,发挥电商、"互联网+"等新兴手段在农业科技创新中的运用,推动农业知识产权规模化运用和推广。

第三章

河南省中医药知识产权发展问题研究

高景贺* 钱 磊** 杜洁惠***

2020年4月,著名医学刊物《柳叶刀》的预印本发表题为"Predictive Value of the Neutrophil-to-Lymphocyte Ratio(NLR) for Diagnosis and Worse Clinical Course of the COVID-19:Findings from Ten Provinces in China"(《中性粒细胞与淋巴细胞比值NLR对COVID-19诊断及不良病程的预测价值》)的论文,该文系全球新型冠状病毒肺炎疫情暴发以来《柳叶刀》系列期刊首次刊载中医药研究团队临床科研成果的论文❶,中医药价值日渐受到国际社会认可。河南省属北亚热带向暖温带过渡的大陆性季风气候,气候适宜、天然资源丰富,为中药材资源的开发和利用提供了得天独厚的环境。据全国第三次中药资源普查统计的数据,河南省产出1963种药用植物、270种药用动物和44种药用矿物中药材,2018年6月启动的第四次中药资源普查中又新增了57种药用植物的记录。

一、中国中医药专利概况

中医药知识产权保护的核心是对技术创新的保护,首选的方式就是利用专

---

* 高景贺,河南师范大学法律硕士,中银(深圳)律师事务所高级合伙人律师。
** 钱磊,中山大学工程硕士,中银(深圳)律师事务所律师助理。
*** 杜洁惠,暨南大学法学硕士、英国杜伦大学LLM,中银(深圳)律师事务所律师助理。
❶《中国医药报》载:"清肺排毒汤"应急项目组基于十省662例临床救治观察,研究发现中性粒细胞和淋巴细胞比值(NLR)对新冠肺炎(COVID-19)诊断和重型患者临床病程进展具有重要预测价值。

利来进行保护。按照我国《专利法》,中药材、中药配方、成药制剂、制备工艺等均可以作为专利的保护客体,涵盖了药材制备、方剂配伍、提纯制取、制药技术及应用等中医药领域。《中国药典(2015版)》第一部共记载了618味中药材,其中包括动物类95味、矿物类30味,其余493味均为植物类中药材。鉴于中医药领域的研究对象以植物类药材为主,辅以少量的动物类药材和矿物类药材,故本章对中医药专利统计的检索范围包括"A61K36/00"[1]"A61K35/00"[2]"A61K33/00"[3]与"A61P"[4]部类的专利文献。

(一)中国动物类、植物类、矿物药类发明申请量位居世界首位

利用大为(INNOJOY)专利检索引擎对全球发明专利数据进行统计的结果表明,截止至2016年6月1日已公开的发明专利申请中,涉及植物类的发明专利申请数量共计41.9万件,其中向中国国家知识产权局(China National Intellectual Property Administration,CNIPA)、美国专利商标局(United States Patent and Trademark Office,USPTO)、日本特许厅(Japan Patent Office,JPO)、韩国知识产权局(Korean Intellectual Property Office,KIPO)、欧洲专利局(European Patent Office,EPO)5个主要专利局提交的发明专利申请合计超过28.9万件,占全球专利申请总量的69.10%。同时,各国申请人通过专利合作条约(Patent Cooperation Treaty,PCT)向世界知识产权组织提交的发明专利申请累计已达9930件。涉及动物类中药材的发明专利申请超过12.7万件,涉及矿物类中药材的发明专利申请超过4.2万件。东亚地区具有长期使用中药进行疾病治疗的传统,中国、日本和韩国是中药领域专利申请较为集中的国家。目前中国的中药发明专利申请量位居世界首位,是全球中药专利申请最为集中的国家。[5]目前在中国提交的植物类中药专利

---

[1] A61K36/00为含有来自藻类、苔藓、真菌或植物或其派生物,植物来源类中药专利(含真菌等生物、微生物)主要集中于该类组。

[2] A61K35/00为含有不明结构的原材料或其反应产物的医用配制品,动物来源类中药专利主要集中于该类组。

[3] A61K33/00为含无机有效成分的医用配制品,矿物来源类中药专利主要集中于该类组。

[4] A61P为药物治疗活性的部类。

[5] 中国植物药专利申请数量从2000年在全球申请量中的占比不足0.2%,上升到2011年40.1%的占比,至2019年我国每年的专利申请量占比始终保持在40%以上。

申请数量已达24.1万件,约占全球中药专利申请总量的57.50%;动物类中药和矿物类中药的中国专利申请数量分别占全球专利申请总量的61.7%和69.0%。日本的中药发明专利申请量累计已超过2.5万件,韩国的中药专利申请数量仅次于日本位居世界第三。同时还检索到各国通过PCT向世界知识产权组织提交的PCT发明专利申请共计9930件(见表2-1和图2-1)。

表2-1 全球动、植、矿物药发明专利申请量

单位:年

国别及组织	植物来源发明 专利申请	植物来源发明 专利授权	动物来源发明 专利申请	动物来源发明 专利授权	矿物来源发明 专利申请	矿物来源发明 专利授权
中国	240834	52347	78568	16741	29011	6140
美国	5737	2734	1408	743	518	238
日本	25426	9032	8115	847	1012	294
韩国	9615	5757	1631	818	155	99
欧洲	7970	2924	2156	568	515	177
世界知识产权组织	9930	—	2702	—	514	—
总数	419065	—	127307	—	42081	—

注:表中"—"表示此类数据无法统计,原因在于向世界知识产权组织提交的PCT申请并不会获得授权,只有在规定期限内实际进入各个国家阶段后,才可能在对应的国家获得授权。

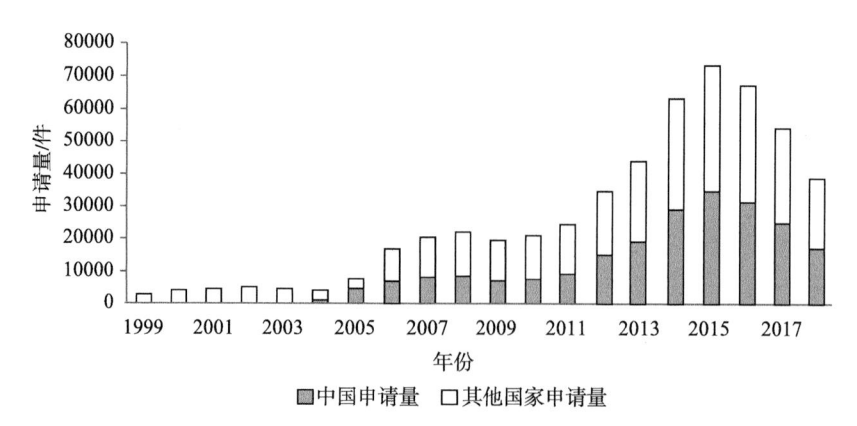

图2-1 全球植物来源药物发明专利年申请量对比

（二）中国中药专利并未在全球范围内进行布局并形成优势

通过对发明专利的技术来源国进行分析，目前PCT专利申请量较大的国家包括美国、日本、韩国、中国和法国等药物研发和生产大国。以1999—2018年间通过PCT提交的植物类药物专利为例，全球范围内向世界知识产权组织提交的PCT专利申请共计9010件，其中由中国申请人提交的PCT专利申请仅有1059件，同期美国申请人提交了2010件，而日本和韩国的PCT专利申请量分别也达到1336件与1068件，中国申请人在该技术领域与其他国家相比并不占有优势。因此中国的动物类、植物类、矿物类药的技术创新主体主要局限于在国内提交专利申请，并未在全球范围开展专利布局，无法形成国际竞争优势，不利于中国在全球化的知识产权竞争中占据有利地位（见表2-2）。

表2-2　全球植物来源药物发明专利技术专利布局

来源国	目标国、地区、组织					
	世界知识产权组织	中国	美国	日本	韩国	欧洲
美国	2010	581	2605	1946	382	1928
日本	1336	546	610	13394	342	949
韩国	1068	389	373	666	7783	478
中国	1059	227927	206	279	148	423
法国	510	97	277	341	95	346
德国	309	45	179	161	47	263
意大利	307	97	107	156	70	244
印度	250	57	124	122	29	137
澳大利亚	133	41	82	87	17	121
俄罗斯	100	17	12	13	3	65

(三)中国中药专利授权率不高、专利质量有待提高

通过检索1999—2018年间中国发明专利申请数据,中药专利申请的总数为230431件,但获得授权的专利数量仅为52232件,授权率约为22.7%,即有超过3/4的发明专利未能通过实质审查被驳回或由申请人主动撤回。同期,美国专利申请的授权率约为47.6%,日本专利申请的授权率为35.5%,韩国专利申请的授权率为59.9%,欧洲专利申请的授权率为36.8%。即使仅从专利申请的新颖性、创造性的角度进行评价,我国中药领域专利申请的质量相比发达国家也存在较大的差距。

(四)中国中药专利申请主体以个人为主

发达国家和地区,如美国、日本和欧洲的医药专利申请通常是由技术实力雄厚的科研机构、大型药企等组织提交,而国内中药专利申请人中个人类型申请人的占比较高。以1999—2018年间的统计数据为例,个人类型的专利申请人占比达到55.8%,企业类型的申请人占比约为35.3%,院校及其他组织的占比仅为8.9%。个人类型的技术创新主体由于受到技术积累、资金投入、研发时间等多种因素的制约,在技术研发的广度与深度上难以比肩大型药企和科研机构,产出的专利数量和质量也远不及后者。

(五)中国中药专利存活率不高

专利存活率是有效专利量占专利授权量的比值,可在一定程度上衡量专利的技术水平和重要性。以2010—2012年提交专利申请的中药发明专利为例,美国、日本和欧洲申请中药专利的存活率目前仍接近90%,而国内专利的存活率仅在50%左右(见图2-2)。国内不同类型申请主体的中药专利存活率差异较大,个人的专利存活率仅为33.8%~42.5%,高校和科研院所的专利存活率为42.5%~55.0%,企业的专利存活率高达70.7%~77.4%。

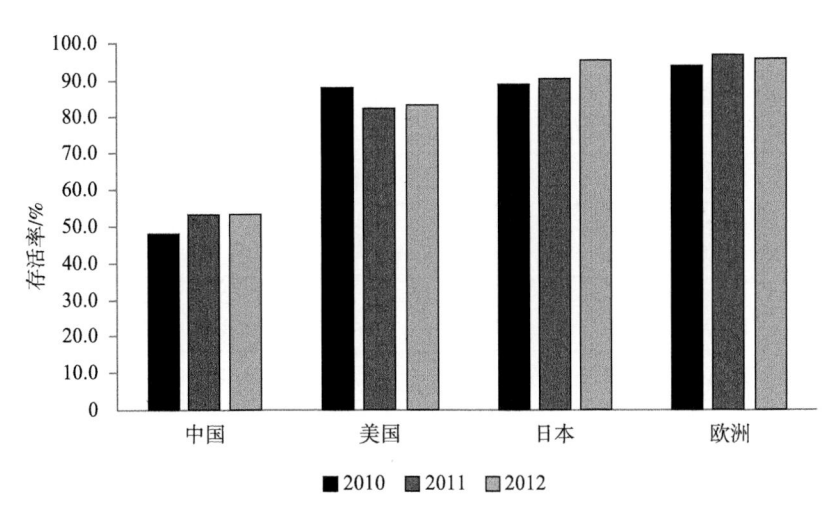

图2-2 不同国家和地区专利存活率对比

二、河南中医药专利静态现状

(一)河南中药发明申请量并不突出,与广东并列第五名

国内中药发明专利申请数量较大的地区包括山东省、江苏省、安徽省、广西壮族自治区、广东省和河南省等。中药专利申请位居全国首位的是山东省,其专利申请量达52304件,在全国中药发明专利申请中的占比超过22.7%。江苏省、安徽省分别以21001件与16318件的申请量排名第二位和第三位。河南省的中药专利申请量为13409件,与广东省的13429件基本持平,在全国总申请量中的占比约为5.8%,低于广西壮族自治区的13671件(见表2-3)。

表2-3 国内中药发明专利区域分布

地区	发明申请/件	发明授权/件	授权率/%	地区	发明申请/件	发明授权/件	授权率/%
山东	52304	11658	22.3	重庆	3767	647	17.2
江苏	21001	2481	11.8	上海	3729	1417	38.0
安徽	16318	2439	14.9	河北	3554	1372	38.6

续表

地区	发明申请/件	发明授权/件	授权率/%	地区	发明申请/件	发明授权/件	授权率/%
广西	13671	1334	9.8	吉林	2942	1291	43.9
广东	13429	3284	24.5	甘肃	2676	646	24.1
河南	13409	2814	21.0	福建	2635	726	27.6
北京	10902	3620	33.2	云南	2561	916	35.8
浙江	10110	2754	27.2	江西	2414	881	36.5
四川	9472	1900	20.1	新疆	1041	366	35.2
天津	5982	1460	24.4	内蒙古	978	370	37.8
辽宁	5360	1231	23.0	青海	701	175	25.0
湖南	4820	1222	25.4	海南	662	268	40.5
湖北	4704	995	21.2	宁夏	580	82	14.1
贵州	4703	1163	24.7	西藏	215	100	46.5
陕西	4512	1421	31.5	台湾	57	11	19.3
黑龙江	4499	1158	25.7	香港	31	5	16.1
山西	3947	876	22.2	澳门	6	1	16.7
—	—	—	—	全国	230431	52232	22.7

(二)河南中药发明专利授权量不大,授权率低于全国平均水平

从专利授权量情况看,目前中药发明专利授权量最大的是山东省,其次是北京市,广东省排名第三位,河南省以2814件的授权量位居第四位。但从发明专利的授权率排名来看,专利授权率最高的省份是吉林省,其次为海南省,河北省排第三位。上海市、内蒙古自治区以及江西省、云南省、新疆维吾尔自治区和北京市的专利授权率均超过河南省,河南省的中药发明专利授权率仅为21.0%,略低于22.7%的全国平均水平。

(三)河南中药专利鲜有海外申请布局,申请量低于广东、山东等省

从中药专利的海外布局进行分析,目前统计到的国内中药发明专利申请中,同时提交PCT申请的专利共计848件,在国内申请总量中的占比不足0.4%。PCT专利申请量排名靠前的省市包括广东省、北京市、山东省、江苏省、上海市、浙江省、四川省和天津市等。河南省提交的1.3万余件中药发明专利申请中,仅有15件同时提交了PCT申请,在专利申请总量中的占比仅为0.1%。另外,河南省仅有3件专利在美国提交了专利申请,有1件专利在欧洲提交了申请,没有检索到同时在韩国或日本提交的专利申请(见表2-4)。

表2-4 国内中药发明专利的海外布局情况

省份	PCT申请	美国	日本	韩国	欧洲	省份	PCT申请	美国	日本	韩国	欧洲
广东	212	78	15	3	15	台湾	12	20	4	2	3
北京	102	44	31	18	35	安徽	10	2	0	0	3
山东	72	19	3	0	6	湖北	10	6	3	3	1
江苏	70	15	3	0	8	贵州	9	2	1	1	1
上海	46	28	13	10	16	湖南	9	1	0	0	0
浙江	46	27	25	20	24	云南	9	6	2	0	4
四川	38	7	6	3	3	山西	6	2	1	0	1
天津	37	24	21	20	24	香港	5	21	2	2	3
福建	22	3	0	0	0	重庆	5	1	0	0	0
辽宁	21	8	2	5	4	黑龙江	4	2	1	0	1
江西	19	8	5	5	8	内蒙古	3	0	0	0	2
河北	17	6	2	4	1	甘肃	2	2	0	0	2
河南	15	3	0	0	0	青海	2	1	0	0	1
陕西	15	9	1	2	3	新疆	2	0	0	0	0
广西	14	4	2	0	1	海南	1	0	0	0	0
吉林	13	5	0	2	4	—	—	—	—	—	—

(四)河南中药专利申请主体以个人为主,结构性低于上海等发达区域

相较经济发达地区,河南省中药专利申请主体的类型分布上仍存在较大的结构性不足的问题,河南省个人类型的申请人占比为65.0%,企业类型的申请人占比为25.6%,院校和其他组织类型的申请人占比仅为9.4%。与上海市等发达地区形成鲜明对比:上海市企业类型的申请人占比达58.5%,院校和其他组织的申请人占比为22.9%,个人类型的专利申请人仅为18.6%。目前西方发达国家的药物类专利申请中,超过80%是来自各大学、科研机构以及大型制药企业,可以看出上海市的中药专利申请人的结构分布已接近西方发达国家的水平(见图2-3)。

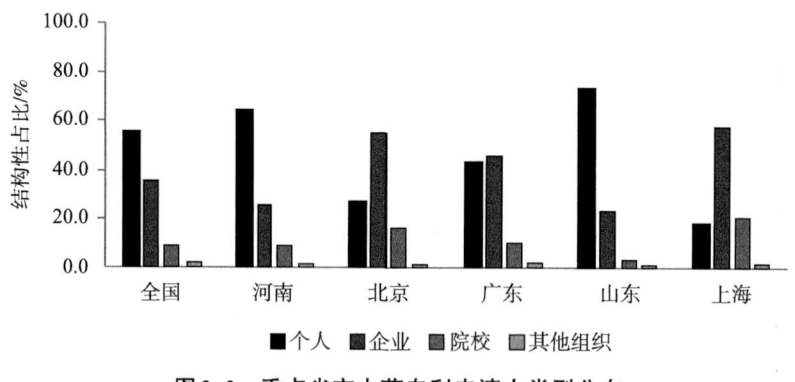

图2-3 重点省市中药专利申请人类型分布

(五)河南中药专利存活期略高于全国平均水平

以1999—2018年的统计数据为例,我国中药发明专利的平均存活期为7年,专利存活期为8年以上的专利占全部授权专利的47.3%。若将专利具备8年以上的存活期作为专利有效性的一个评价指标进行分析,各省、自治区和直辖市的专利申请中具备8年以上存活期的全国平均水平为575件,专利数量最多的地区为北京市,其次为山东省,广东省、天津市和江苏省分列第二位至第五位,河南省8年以上存活期的专利数量为648件,略高于全国平均水平(见图2-4)。

第三章 河南省中医药知识产权发展问题研究 ◎

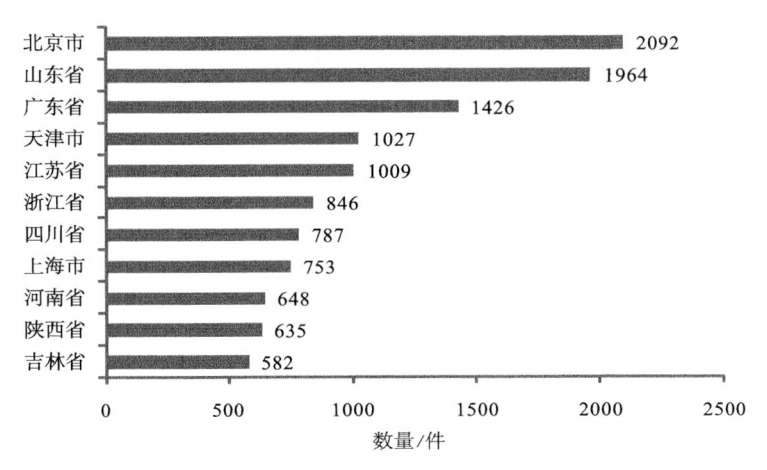

图 2-4 8年以上存活期的植物来源中药发明专利的地区排名

河南省的中药发明专利中，目前仍维持有效的植物类专利数量为1121件，专利存活率为7.98%；动物类的有效专利数量为434件，专利存活率为8.06%；矿物类的有效专利数量为163件，专利存活率为7.97%。目前尚处于专利申请公开或审查阶段的专利分别为4271件、1692件和654件，占比分别为30.40%、31.41%和31.98%。已丧失专利权的专利中，包括主动撤回、视为放弃、未缴年费以及被审查驳回的专利，其中植物类的无效专利申请共计8658件，无效专利占比为61.62%；动物类的无效专利申请3261件，无效专利占比为60.53%；矿物类的无效专利申请1228件，占比为60.05%（见图2-5）。

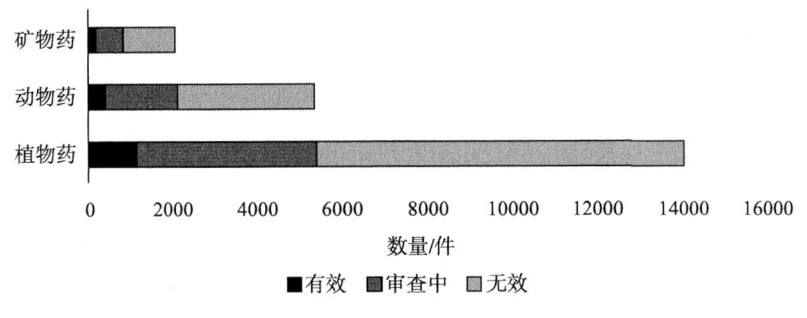

图 2-5 河南省中药专利法律状态分析

三、河南中医药专利动态观察

(一)河南中医药专利的跨越式增长

笔者对2004—2018年河南中药发明专利申请进行数据分析,发现河南中医药专利经历了三个阶段的跨越式增长(见图2-6):

(1)2004—2009年"平稳增长期",中国加入WTO以后知识产权保护意识增强,专利作为激励创新、保护市场的手段发挥了重要作用;

(2)2010—2014年"快速增长期",申请量逐年稳步回升,2012年超过历史最高点,2013年各地支持和鼓励知识产权发展的政策,专利申请量获得了较大幅度的增长;

(3)2015—2019年"平稳发展期",专利审查日趋严格,河南专利申请回归理性。

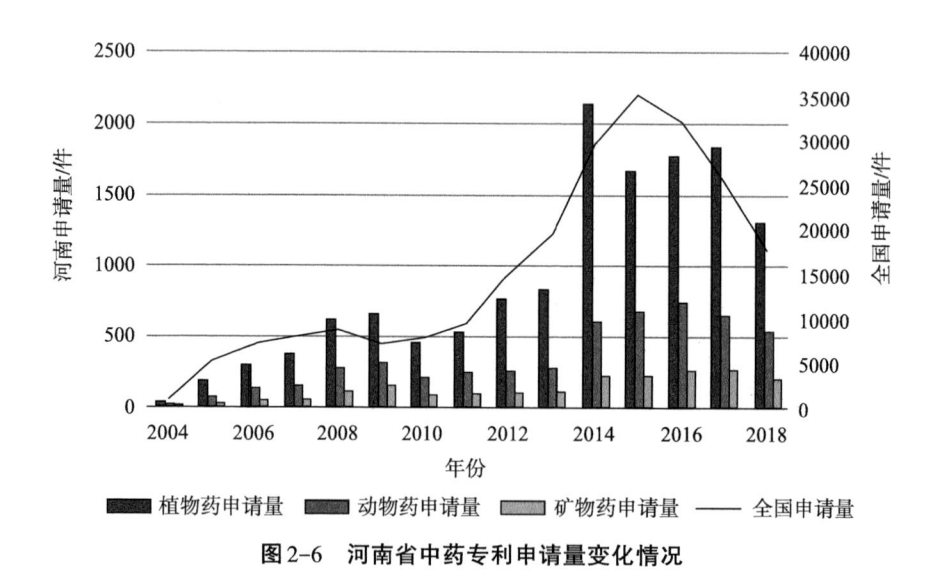

图2-6 河南省中药专利申请量变化情况

考虑到发明专利的审查时长通常在18~36个月,专利授权量的变化相对于申请量存在滞后性,从同期专利申请的授权情况来看,2006—2010年间专利的年授权量变化较为平稳,发明专利的授权量从2006年的118件逐渐上升为2010年的177件,与对应时期内的专利申请量变化情况吻合;2011—2014年,河南省专利授权量得到大幅度提升,年均授权量突破300件;2015年以后,由于待审查的专利数量剧增导致了专利的审结率降低,同期河南省专利授权量也出现了下降的趋势。随着2018年以后出现了专利申请热度下降的趋势,预期未来数年河南省专利授权量将会进一步走低(见图2-7)。

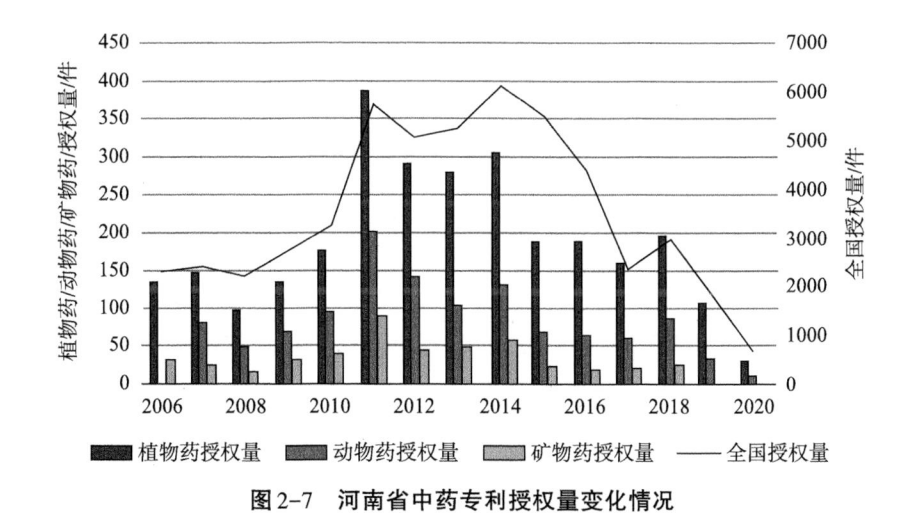

图2-7 河南省中药专利授权量变化情况

(二)河南中医药专利运营情况

专利申请的目的并非为了授权,而是通过持续有效的专利运营使专利"活起来",形成良性循环,不断地为社会创造价值。专利的运营方式主要包括专利权转让、专利权许可与专利权质押等,河南省中药发明专利中有338件专利经过专利权转让,占比为2.4%;经过各种方式进行授权许可的专利数量为20件,而经过质押的专利为15件(见图2-8)。

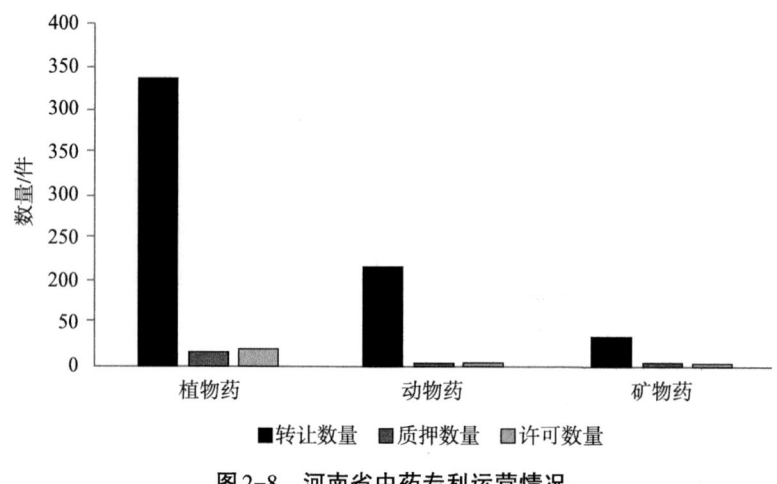

图2-8 河南省中药专利运营情况

1. 河南省中药专利转让情况

河南省经过转让的中药发明专利中,有297件专利仅进行过1次专利权属变更,在全部经过转让的专利中的占比为87.9%,转让2次的专利为33件,另有8件专利有过3次以上的转让记录。专利出让人中排名靠前的包括许瑞琴、河南省康星药业有限公司、陈鹏举、南阳市食用菌技术交流中心、洛阳华以生物工程有限公司等。其中,专利转让数量排名第一的许瑞琴共申请提交20件中药发明专利,有19件专利均有转让记录,专利的主要受让人为江苏统业保健食品有限公司,该公司是一家食品饮料的生产企业。专利转让数量排名第二的河南省康星药业有限公司,通过将部分中药发明专利转让至其子公司河南省康星生物科技有限公司,强化子公司在兽药制品生产上的技术优势,实现了专利无形资产的优化配置(见图2-9)。

专利受让数量排名靠前的专利运营主体包括河南省洛阳正骨医院(河南省骨科医院)、江苏统业保健食品有限公司、漯河医学高等专科学校、河南中医药大学第一附属医院、河南佳禾康生物食品科技有限公司等。其中,河南省洛阳正骨医院从陈利国、滕军燕、曹海云等发明人处共受让11件与治疗骨关节疾病相关的专利,漯河医学高等专科学校、河南中医药大学第一附属医院等受让的专利也来源于多个不同的个人申请人;而河南佳禾康生物食品科技有限公司的专利大部分受让于洛阳华以生物工程有限公司,均为涉及各类保健品的中药专利(见图2-10)。值得注意的是,在专利受让人中不乏专利运营机构的身影,包括河南行知专利服务有限公司、北京标准国际投资管理集团有限公司等在内的专业知识产权咨询公司也对河南省的中药专利有兴趣。

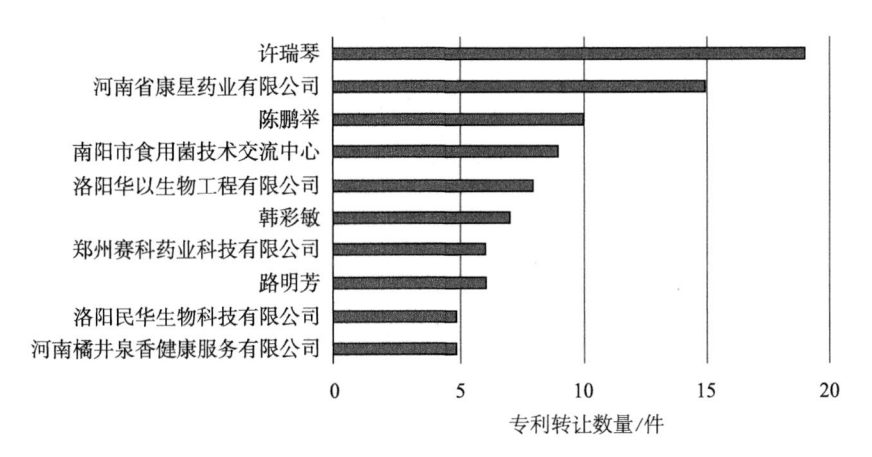

图2-9　河南省中药专利转让人排名

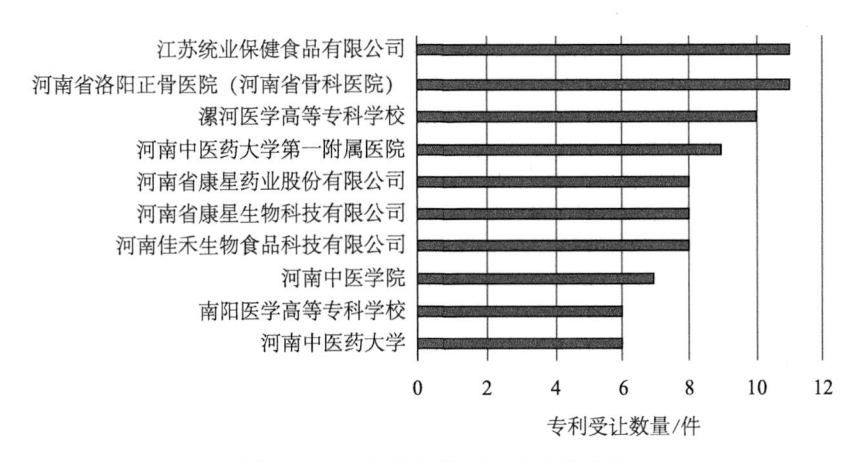

图2-10　河南省中药专利受让人排名

2. 河南省中药专利许可情况

河南省经过授权许可的中药发明专利中,有24次登记为独占许可,登记为排他许可的2次,登记为普通许可的3次,没有查询到交叉许可和分许可的登记记录。经过许可的专利中,大部分专利仅进行过1次专利许可,而许可次数超过3次的专利仅有1件,该专利涉及一种祛除疤痕的药物及制备方法,被许可人为郑州密丽药业有限公司,上述专利在经过3次实施许可后权属从发明人苏一康变更为被许可人。河南农业大学、河南省正骨研究院、河南中医药大学等科研院所也各有1件专利进行过专利实施许可的授权,其他进行过专利实施许可的单位类型的许可人还包括河南惠通天下动物药业有限公司、河南中盛动物药业有限公司等;个人类型的许可人有谷振江、韩雪海、完颜德杰、岳道友、闫福林等发明人(见表2-5)。

表2-5 河南省中药专利许可类型分布

单位:次

许可类型	植物来源中药	动物来源中药	矿物来源中药
独占许可	18	4	2
排他许可	1	0	1
普通许可	2	1	0
交叉许可	0	0	0
分许可	0	0	0

3. 河南省中药专利质押情况

河南省的中药专利中,有3件专利仅进行了1次质押登记,登记2次、3次质押的专利数量分别为5件和6件。登记次数最多的专利是一件由河南中盛动物药业有限公司持有的一件涉及以葎草为主方的免疫增强剂的职务发明专利,来自郑州牧业经济学院,目前该专利已在中国银行股份有限公司柘城支行进行了4次质押登记。进行过专利质押登记的专利权人还包括河南天纳图生物科技有限公司、商丘爱己爱牧动物药业有限公司、爱民药业集团股份有限公司、南阳市汇博生物技术有限公司等,其中河南天纳图生物科技有限公司在中国银行股份有限公司漯河分行对4件专利分别进行了多次质押融资,相关专利涉及禽类传染性疾病的治疗,如禽流感、细菌性肠炎等。

四、河南中药专利产业分布情况

(一)河南省中药专利地域分布情况分析

河南省中药专利地域分布不均衡的情况较为显著,以植物类中药发明专利为例,郑州市是河南省技术与资本最为集中的地区,郑州市的专利申请人提交了占全省总量52.8%的专利申请,授权专利占全省总授权量的34.6%;相对较不发达地区的三门峡市、鹤壁市等市,专利申请量在全省总量中的占比仅为0.6%左右。专利申请量排名第二的洛阳市虽然拥有河南科技大学等高校作为技术支撑,但其专利申请量在全省总申请量中的占比仅为9.0%,授权量占比为8.2%,远低于郑州市的占比。申请量排名第三位的南阳市,其专利申请量占比约为4.9%;依托南阳理工学院、南阳医学高等专科学校等科研院校,南阳市的专利授权量占比达到9.7%,专利授权率约为39.9%,其专利申请质量相对较高(见表2-6)。

表2-6 河南省中药专利申请的地市分布

地市	申请量/件	授权量/件	申请人数/人	地市	申请量/件	授权量/件	申请人数/人
郑州	7360	969	1741	驻马店	316	106	214
洛阳	1250	230	399	周口	311	139	276
南阳	682	272	465	商丘	290	92	263
许昌	656	59	238	开封	248	77	148
安阳	626	171	365	漯河	182	54	119
平顶山	596	145	296	信阳	162	42	106
新乡	439	146	292	三门峡	94	55	96
濮阳	368	146	264	鹤壁	81	27	68
焦作	343	69	181	—	—	—	—

(二)河南中药专利适应症及授权率分析

中药的治疗活性即适应症是业内最为关注的主要问题,同样以植物类的中药发明专利为例,河南省的相关发明专利申请集中于治疗消化道疾病、皮肤病、抗炎止痛、抗感染、生殖或性病、骨骼疾病、心血管疾病、呼吸系统疾病和神经系统疾病等技术领域。其中,治疗消化道疾病的专利申请数量达2940件,申请量占比为20.9%;用于治疗皮肤疾病的专利申请数量为2416件,申请量占比为17.2%;用于抗炎止痛类的专利申请数量为2349件,申请量占比为16.7%。上述治疗活性技术领域是河南省内关注度最高的技术领域,其对应的专利年申请量变化与全省专利总申请量的变化趋势之间呈现出较强的相关性(见图2-11)。

上述关注度较高的专利技术领域专利布局较为密集,技术重合度较高,用于消化道疾病、皮肤病、抗炎止痛、抗感染、生殖或性病等技术领域内的专利授权率仅为16%~18%,而专利授权率相对较高的技术领域包括抗肿瘤药(27.9%)、治疗心血管系统疾病的药物(25.1%)、治疗骨骼疾病的药物(24.6%)等。河南省植物药专利按治疗活性的分类数据见表2-7。

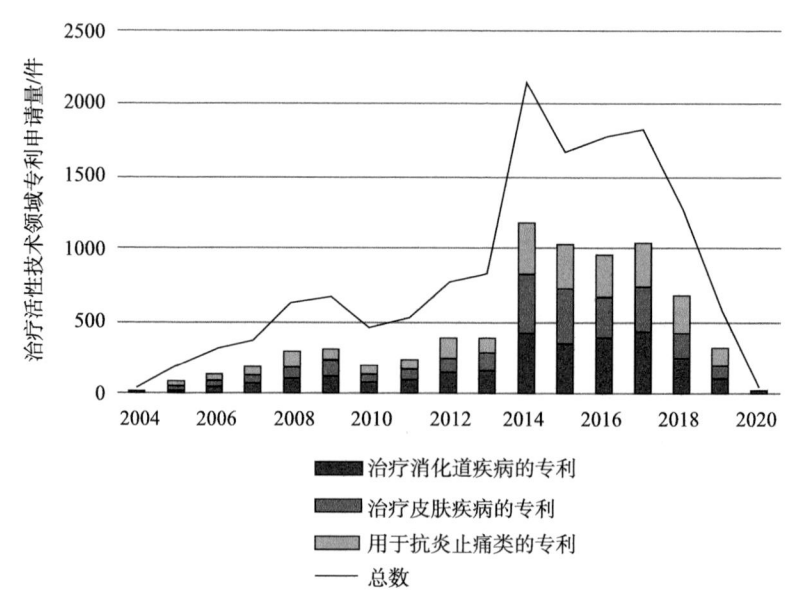

图2-11 河南省植物来源中药专利按主治分类统计的专利申请量变化趋势

表2-7 河南省植物药专利按治疗活性的分类数据

技术分类	治疗活性分类	申请量/件	授权量/件	申请人数/人
A61P1/00	治疗消化道或消化系统疾病的药物	2940	524	1635
A61P17/00	治疗皮肤疾病的药物	2416	385	1284
A61P29/00	非中枢性止痛剂,退热或抗炎剂	2349	382	1515
A61P31/00	抗感染药	1790	378	1082
A61P15/00	治疗生殖或性疾病的药物	1779	303	931
A61P19/00	治疗骨骼疾病的药物	1494	368	1134
A61P9/00	治疗心血管系统疾病的药物	1418	356	1045
A61P11/00	治疗呼吸系统疾病的药物	1397	237	867
A61P25/00	治疗神经系统疾病的药物	1366	257	941
A61P3/00	治疗代谢疾病的药物	1012	230	756
A61P7/00	治疗血液或细胞外液疾病的药物	758	117	521
A61P37/00	治疗免疫或过敏性疾病的药物	721	126	556
A61P13/00	治疗泌尿系统的药物	668	110	453
A61P35/00	抗肿瘤药	664	185	480
A61P39/00	全身保护或抗毒剂	573	78	446
A61P27/00	治疗感觉疾病的药物	342	49	260
A61P43/00	用于特殊目的的药物	196	45	175
A61P33/00	抗寄生虫药	149	36	110
A61P21/00	治疗肌肉或神经肌肉系统疾病的药物	138	19	132
A61P5/00	治疗内分泌系统疾病的药物	101	20	77
A61P23/00	麻醉剂	7	0	7
A61P41/00	用于外科手术方法中的药物	2	1	2

(三)河南中药专利的中药材选取配伍情况分析

中药材的选取与配伍同样是业内重点关注的问题。以植物类的中药专利为例,通过关键词的聚类分析,河南省中药专利申请中使用频次较高的中药材主要包括甘草、黄芪、当归、茯苓、红花、丹参、白芷、白术、川芎、陈皮、冰片、党参、白芍及金银花等,其中甘草这一味药材的使用频次达到806次,黄芪、当归和茯苓等药材的使用频次也在400次以上（见表2-8）。甘草主要用于治疗脾胃虚弱、倦怠乏力等病症，黄芪、当归和茯苓也多用于治疗消化系统的疾病，均属于河南省中药专利较为关注的治疗活性分类。河南省中药专利在药效方面最关注的是药物的毒副作用，其次还包括活血化瘀、止痛、缓解症状、见效速度以及服用的方便程度等。

表2-8 河南省植物来源中药发明的专利关键词分析

单位：次

药材名称	使用频次	药材名称	使用频次	药材名称	使用频次
甘草	806	党参	256	大黄	203
黄芪	492	白芍	255	黄连	197
当归	441	金银花	243	桂枝	197
茯苓	411	乳香	235	人参	191
红花	358	赤芍	221	蒲公英	190
丹参	343	柴胡	221	葛根	183
白芷	298	山药	219	薄荷	176
白术	289	黄芩	217	肉桂	174
川芎	288	黄柏	210	桃仁	173
陈皮	280	防风	208	苍术	169
冰片	260	山楂	204	细辛	165

（四）河南中药专利的中药剂型分布分析

根据《中国药典》，我国传统中药的剂型包括丸、散、膏、丹、酒、露、汤、饮、胶、茶、糕、锭、线、条、棒、钉、灸等。随着现代制药技术的发展，在对中药传统剂型进行整理和提高的基础上，也不断发展出新的剂型，如片剂、口服液、颗粒剂、胶囊剂、注射剂、气雾剂以及膜剂等。河南省的中药发明专利申请中，最受发明人青睐的传统剂型为酒剂与膏剂，其次为丸剂、茶剂、散剂和汤剂等；现代剂型中最常见的为胶囊剂，其次为片剂、颗粒剂、口服液等（见图2-12）。然而河南中药专利仍以传统的中药复方制剂、组合物的申请为主，涉及有效成分中的化合物结构、提取和应用的专利仅7件。

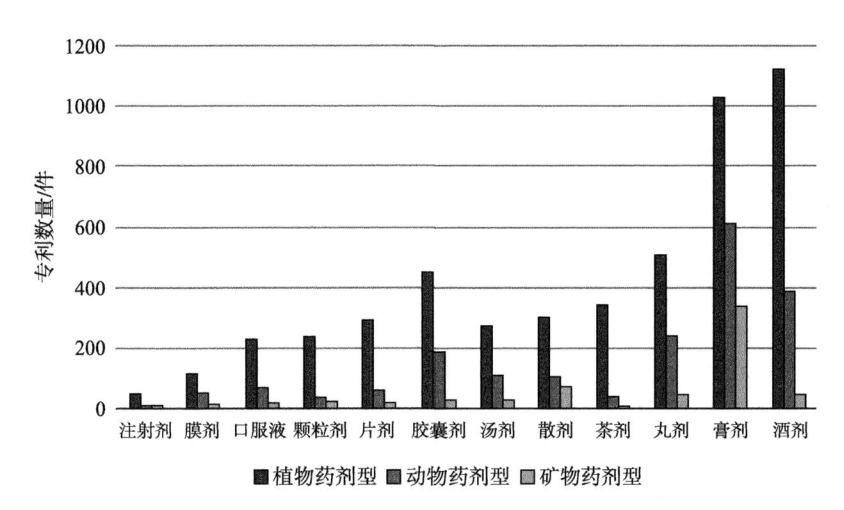

图2-12　河南中药专利的中药剂型分布

（五）河南中药专利的创新主体详情分析

河南省中药专利的各类技术创新主体中，个人类型专利申请人的专利申请量占比为63.3%，企事业单位类的申请量占比约为25.4%，科研院校类的申请量占比约10.9%，其他组织类的申请量占比仅0.4%。科研院校类申请人中，河南中医药大学是一所以中医药学科发展为特色的省属综合性普通本科高等学校，该校中药发明专利的申请量累计达733件，已授权专利262件，位列全省各类申请人榜首。科研院校类创新主体中，河南科技大学、河南大学、新乡医学院和南阳理工学院等高校的专利申请量也较为突出。企事业单位类型的创新主体中，登封市通达科技有限公司、河南科技大学第一附属医院、郑州后羿制药有限公司、洛阳御平国生物科技有限公司与郑州郑先医药科技有限公司等提交的专利申请数量排名靠前。个人类型的创新主体中，陈冠卿、王芳、陈洪波、常变竹、崔海霞5人自2010年起相互合作共提交了847件中药发明专利申请，其他较为突出的个人类型创新主体还包括王跃进、张广生、景东旭和周剑锋等人。

河南省的各类技术创新主体中专利成果最为显著的是各科研院校，其植物类专利授权率达28.5%、动物类和矿物类专利授权率为42.3%。虽然河南省个人创新主体提交专利申请的总量高于科研院校类，但普遍存在专利授权率偏低的情况，其植物类专利授权率仅为15.9%，动物类专利授权率为24.3%、矿物类专利授权率为25.4%,如前述陈冠卿、王芳、陈洪波、常变竹、崔海霞5人提交的专利发明申请中,截止至2020年6月1日仅有1件发明专利获得授权。企事业类创新主体的各类专利授权率均在13%左右,其他类组织的技术创新主体包括济源市畜产品质量监测检验中心、登封市科技企业孵化服务中心及中国人民解放军某部队等,其专利申请量及授权量均处于较低的水平(见图2-13)。

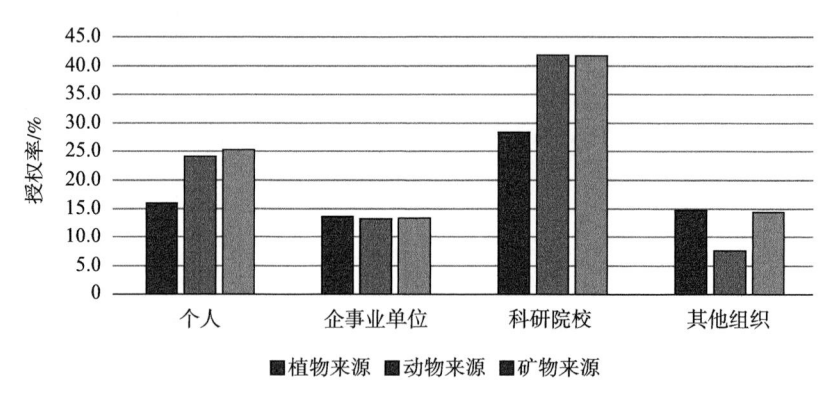

图2-13 河南省各类技术创新主体中药发明专利授权率

大专院校是目前河南省中药专利技术领域职务发明的主要创新主体,以河南中医药大学为例,该校自2006年开始提交中药技术领域的专利申请,2017年的专利申请量达到108件。河南中医药大学维持有效的专利120件,但其中存活期超过7年的专利仅28件,仅占全部有效专利数量的10.2%;而由于未缴年费放弃的专利数量达151件,占全部专利申请数量的16.3%;已公开的专利中尚有330件专利还处于专利申请和审查程序。目前国内院校通过科研项目的专利申请大幅度扩大了学校持有的专利数量,但能够转化为产业应用的专利数量不足,故大量的高校专利在申请日起的4~5年内即被放弃,从未真正进入专利技术的实施阶段。

作为职务发明类技术创新主体的重要组成部分,河南省技术创新能力较为突出的企事业单位包括河南省康星药业股份有限公司(以下简称"康星药业")、河南后羿实业集团有限公司、河南科技大学第一附属医院和郑州中医骨伤病医院和河南牧翔动物药业有限公司等,其中前二者不仅同为河南省的著名企业,而且它们在中药技术领域的主营业务均为各类兽药制品。以康星药业为例,该公司自2009年以来申请的90件中药专利中,已获授权的专利57件,其中7件是与河南牧业经济学院共同提交的专利申请。康星药业的专利申请中,有16件专利申请涉及中药药物的检测及鉴定,占比为16.7%。康星药业的药物研发围绕超微粉碎技术进行了深入挖掘,曾获得河南省科技进步二等奖和郑州市科技进步一等奖,同时该公司围绕该技术进行了大量的专利布局,涉及各类药物的超微粉生产技术、检测方法和制造设备,形成了较为完整的专利保护体系,在该技术领域建立了初步的专利布局优势(见图2-14)。

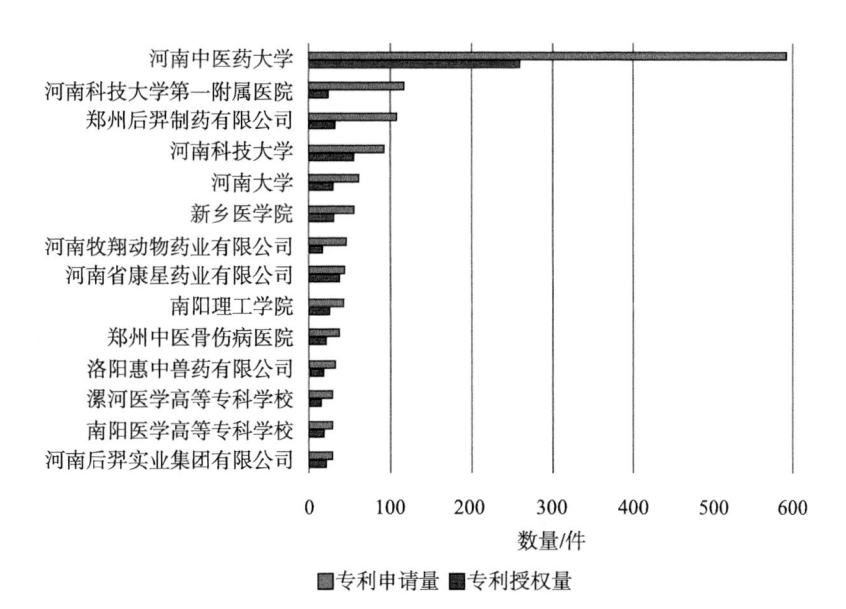

图2-14 河南省中药职务发明申请人排名

五、河南中医药专利申请裁判观察

笔者通过中国裁判文书网对近年来涉及中医药专利申请涉诉案例进行检索和分析,发现目前中药专利申请存在的主要问题如下。

(1)多数专利是对传承复方、秘方剂量和配药进行简单的加减和置换,创造性不足,难以获得授权。例如,某种用于治疗身体虚弱、消化不良、血脉弱、瘟气和头发白等疾病的药物专利申请,最高人民法院在行政二审程序中引用的对比文件是一种祖传秘方,用于主治遗精、失眠、腰痛、虚弱、月经不调,能助消化、强身体、强血脉、驱瘟气,使头发由白变黑等,与涉案专利说明书记载的万寿春茶能治疗遗精、失眠、腰痛、身体虚弱、月经不调、消化不良、血脉弱、瘟气和头发白等疾病并无实质性区别,两者解决的疾病问题和所要实现的治疗作用并无差异。涉案专利仅在现有技术的基础上加入花粉,以达到调节免疫、调节循环系统、调节物质代谢、调节内分泌、改善神经系统等功能、抗氧化及抗衰老等功效,属于公知常识,并不能产生预料不到的技术效果。涉案专利申请与对比文件中的原料组方基本相同,比例也极为相似,都分为三个梯次。涉案专利仅通过添加大枣、熟地等药品形成新的组方,两者的组方结构和功能效果并没有发生实质改变,申请人也不能证明新的组方在配伍方面产生了预料不到的技术效果,故最高人民法院驳回了该申请复审的上诉请求。❶

在另一件涉及一种治疗糖尿病或减肥的组合物及方法的专利行政二审程序中,对比文件与涉案专利的技术方案,国家知识产权局认为区别技术特征仅在于在涉案专利的原料中去除了红枣以及浸泡时间由半小时增加至2~3小时,而申请人认为的区别特征还包括"黄豆饭"与"黄豆粥"、治疗糖尿病的技术效果、旺火的温度上限以及煮制时间等。最高人民法院认为,由于涉案专利与对比文件中对用水量均未限定,故成品是"粥"还是"饭"是不确定的,并不存在区别,对比文件也公开了黄豆粥具有"降血糖、去脂瘦身"功效;虽然对于食疗类组合物而言煮沸的温度和时间共同影响食疗效果,但涉案专利没有对煮沸需要的温度进行具体限定,而对于本领域技术人员而言旺火当然可以将组合物"煮沸",故要求保护的技术方案中限定的"煮沸"所需要的温度被包含在对比文件公开的温度范围内,故二者无差异。鉴于红枣属于高糖分食物是公知常识,本领域技术人员在对比文件公开的组合物中去除红枣以提高治疗糖尿病和减肥的功效,是无须经过创造性劳动就很容易联想到的技术方案。对比文件公开的将黄豆在入水煮前浸泡半小时与涉案专利在黄豆入水煮前浸泡2~3小时并未产生与现有技术不同的技术效果,是本领域技术人员容易联想到的。因此,最高人民法院认为涉案专利的技术方案对本领域的技术人员来说是显而易见的,缺乏创造性。❷

---

❶ (2019)最高法知行终242号。
❷ (2019)最高法知行终128号。

在涉及一种治疗肿瘤的抗毒药剂的专利复审上诉案件中,对比文件已经公开了砒霜、银朱、轻粉等药材具有抗毒作用,在治疗癌症方面有独到之处,还能解除细菌或病毒感染引起的痈疽、肿毒、湿疹、疮口不敛以及各种寄生虫引起的皮肤病。而公知常识多采用扶正培本佐以以毒攻毒之法,本领域技术人员在对比文件的教导下,容易想到将多味药组合成方。北京市高级人民法院认为,涉案专利所用的"豆霜(巴豆霜)、头发楂子(血余)、大枣肉、白胡椒、葱尖、蒜尖",其功效是本领域技术人员公知的,在对比文件公开了砒霜、轻粉和银朱具有抗毒功能的情况下,结合公知常识,本领域技术人员有动机将砒霜、轻粉和银朱,与巴豆霜、血余、大枣肉、胡椒、葱、蒜等其他原料组合成一种具体的抗毒复方。因此,涉案专利的技术方案相对于对比文件和公知常识的结合不具备创造性。❶

(2)对中药的种植、加工、炮制、提取等制药工艺、技术缺乏深入研究,难以形成产业上的技术创新点。例如,在涉及一种广枣(南酸枣的果实)提取液制备方法的再审申请案件中,专利申请人主张涉案专利是以新鲜的南酸枣果实为原料将水分离提取的药液,与对比文件中采用南酸枣的干燥成熟果实的技术方案存在区别,但申请人无法提供涉案专利能够带来意料不到的技术效果的证据。因此最高人民法院认定本领域技术人员有能力通过制备南酸枣提取液的常规方法,经过有限试验即可对涉案专利的技术方案得以预见,申请人无法证明其具备创造性。❷

在涉及一种珊瑚菜(北沙参)的种植方法的专利再审案件中,再审申请人提出涉案专利的区别技术特征在于其种植地域环境上的要求;而最高人民法院认为,对比文件中记载北沙参喜温暖湿润的气候和肥沃的沙质壤土,耐寒、耐干旱、耐碱,怕高温酷热,主要分布在山东、辽宁、河北等地,可见珊瑚菜本身就主产于北方地区。在种植珊瑚菜时,选择适宜其生长习性的地区如大同—张家口一线以北400毫米等降水线地区,属于本领域技术人员根据实际栽培需要所进行的常规选择,因此驳回了申请人的再审申请。❸

在涉及一种治牙疼的散剂制备方法的专利二审程序中,涉案专利与对比文

---

❶ (2019)京行终487号。

❷ (2018)最高法行申6085号。

❸ (2019)最高法行申1256号。

件之间的区别在于包括将生姜片两边沾矾石粉末,在一厘米厚大铁皮上把沾有矾石粉末的生姜片烤焦,以及后续将粉末分装,将分装后的成品进行包装或储存的步骤。北京市高级人民法院认为,有关散剂的制备方法,属于本领域中常规技术手段,不需要付出创造性的劳动。因此,对比文件公开的方案可以作为最接近的现有技术评价本申请的创造性,因此驳回了专利申请人的上诉。❶

(3)中药成分相对复杂且难以确定,使中药的技术特征不够明晰,创造性难以准确界定。创造性,是指同申请日以前已有的技术相比,该发明有突出的实质性特点和显著的进步。所谓实质性特点是指对本领域技术人员来说,该发明或者实用新型相对于现有技术是非显而易见的;所谓进步是指该发明或者实用新型与现有技术相比能够产生有益的技术效果。发明所实际解决技术问题的确定是判断本领域技术人员是否可以获得相应技术启示的基础。确定发明与最接近的现有技术相比所具有的区别技术特征,是确定涉案发明所实际解决的技术问题,进而判断本领域技术人员是否具有相应技术启示的基础。判断发明或实用新型对本领域的技术人员来说是否显而易见,要确定的是现有技术整体上是否存在某种技术启示,即现有技术中是否给出将该发明或者实用新型的区别技术特征应用到最接近的现有技术以解决其存在的技术问题的启示,这种启示会使本领域的技术人员在面对相应的技术问题时,有动机改进最接近的现有技术并获得该发明或者实用新型专利技术。当上述区别技术特征为公知常识或为与最接近的现有技术相关的技术手段,或者为另一份对比文件披露的相关技术手段,且该技术手段在该对比文件中所起的作用与该区别技术特征在要求保护的发明或者实用新型中为解决相关技术问题所起的作用相同,通常可以认定存在相应的技术启示。发明的技术效果是判断创造性的重要因素。如果发明相对于现有技术所产生的技术效果在质或量上发生了明显变化,超出了本领域技术人员的合理预期,可以认定发明具有预料不到的技术效果。在认定是否存在预料不到的技术效果时,应当综合考虑发明所属技术领域的特点,尤其是技术效果的可预见性、现有技术中存在的技术启示等因素。

在一起涉及"金沙藤"与"海金沙"的专利无效二审案件中,无效请求人提交

---

❶ (2017)京行终1738号。

的证据相对于涉案专利的区别特征主要包括涉案专利的原料之一为金沙藤,证据为海金沙;涉案专利中药原料采用干品进行配比,而证据中的原料采用鲜品进行配比。北京市高级人民法院认为,中药中的"海金沙"指的是海金沙植物的孢子,"金沙藤"或"海金沙藤"指的是海金沙植物的干燥地上部分,中草药不同于西药,虽然经过长时间能够了解药材的功用效果,但往往并不如西药那样可以唯一地确定是何种化学成分起作用。一株植物的根、茎、花、叶、藤、果实等虽然来自同一植物,但其含有的药用成分可能各不相同,其功能与主治也可能不同,即使功能与主治相同,但由于各部位药用成分含量的差异,实际用量也有可能不同。因此,证据中的"海金沙"不同于涉案专利中的"金沙藤",两者在用法用量、取得方式及有效成分等方面都存在一定的区别。现有证据表明,海金沙相对于金沙藤的药效更好,但海金沙的原料是植物的孢子,相对于金沙藤产量较低,更难取得。即便现有证据中给出了采用金沙藤可以替换海金沙的启示,但将证据中的海金沙替换为金沙藤时,为了实现相同的疗效,需要重新确定金沙藤在药方中的比例,而就此现有证据给出的启示是加大金沙藤的用量,即增加金沙藤在该药方中的比例,现有证据并未给出涉案专利中相同配比金沙藤用量的启示。事实上,涉案专利中金沙藤的重量配比并未增加,却产生了相同的有益效果。故涉案专利具有显著的进步,具备非显而易见性。同时,鲜品原料与干品原料在诸多方面存在差异,虽然证据中给出了采用鲜品原料时各组分的重量配比,但该重量配比并不能直接得到采用干品原料时达到治疗效果的各组分的重量配比。同时,海金沙与金沙藤在药效等方面也存在区别,并未给出涉案专利中金沙藤的用量启示。因此,北京市高级人民法院认定涉案专利具备创造性,驳回了无效请求人的上诉。❶

六、河南道地药材保护情况

道地药材是我国几千年悠久文明史及中医中药发展史形成的特有概念,指的是一定的药用生物物种在特定环境和气候等多因素的综合作用下,所形成的

---

❶ (2017)京行终2273号。

产地适宜、品种优良、产量高、疗效突出、带有地域性特点的药材。[1]河南省的中药材品种丰富、门类齐全、种植历史悠久，是全国重点药材产区之一，具有很多著名的道地药材。通过对全国160种道地药材产地归类分析得知，河南省所产道地药材种数居全国第二位，产出有优质的道地药材37种，如已获得原产地标志认定的焦作"四大怀药"[2]、方城的裕丹参、西峡县的茱萸、封丘的金银花、唐河的唐半夏与栀子、息县的息半夏、南召的辛夷、禹州的禹白附与白芷、桐柏的桐桔梗、卢氏的连翘等，河南省的各类优质中药材生产在全国药材行业中占有重要的地位，河南怀药产品远销东南亚及美国、日本等60多个国家和地区。[3]

从2017—2019年的药品质量不合格数据年度报告来看，不合格药品主要集中在中药材（药材及其饮片）、中成药及化学药。其中，中药材2017年占比64%、2018年占比72.98%、2019年占比76.12%，中成药2017年占比22.00%、2018年占比18.76%、2019年占比12.94%；化学药2017年占比12.00%、2018年占比7.74%、2019年占比10.14%。由于活性成分是道地性的一个关键因素[4]，故应当通过地理标志制度，保证种植质量，打造中药品牌；通过发明专利制度，控制研发技术，激励中药创新。建议加快地方中药立法，如广东省人大常委会于2016年12月1日通过《广东省岭南中药材保护条例》，通过地方立法方式保护岭南化橘红、广陈皮、阳春砂仁、广藿香、巴戟天、沉香、广佛手、何首乌等8种道地药材；湖北省也在呼吁通过《湖北省中医药条例》的修订，重点突出道地药材的知识产权保护，将扶持促进中药产业发展的政策措施以法律形式固化下来。[5]

七、河南中医药商标及其他知识产权状况

注册商标作为一种商品符号和企业形象代表，能很大程度地影响中医药企业产品的市场占有情况，同样服务商标也能对中医药服务行业的市场情况产生

---

[1] 诸国本.加强对道地药材的研究[J].中国中药杂志,1990(2):3-4.

[2] "四大怀药"指地黄、牛膝、山药、菊花。

[3] 夏至,张红瑞,高致明.河南道地药材资源的区域分布及中药区划探讨[J].安徽农业科学,2010(6):2921-2923.

[4] 王艳,宋晓亭.道地药材地理标志保护模式研究[J].时代法学,2014(3):11-16.

[5] 张宇清.湖北省道地药材知识产权保护研究[J].湖北社会科学,2019(5):54-58.

重要影响。河南中医药商标的国内注册量不多,相关驰名商标保护案件也时有发生。

(一)河南中医药商标的保护

笔者根据中国裁判文书网公布的相关案例进行筛选,发现河南中医药商标保护方面既有穷尽救济保护商标品牌的成功案例,如周口市信谊大药房有限公司与国家工商行政管理总局商标评审委员会商标驳回复审行政纠纷案❶,也有错失良机的失败案例,如河南风湿病医院等与河南华峰制药有限公司商标案。❷

1. 第5类商品商标

目前,我国执行的《商标注册用商品和服务国际分类》规则中,把商标按照其商品的类别划分为45个大类,其中1~34类是商品分类,35~45是服务分类。其中第5类"药用和兽医用制剂;医用卫生制剂;医用或兽医用营养食物和物质,婴儿食品;人用和动物用膳食补充剂;膏药,绷敷材料;填塞牙孔用料,牙科用蜡;消毒剂;消灭有害动物制剂;杀真菌剂,除莠剂"是中药类商标注册的首选分类。商标对于打造中药品牌具有重大意义,商标使用人在申请注册受阻时,应当充分利用各种救济途径,坚持不懈地推进知识产权战略,方可能获得最终的确权。典型案件如河南省周口市信谊大药房有限公司的第11136719号"长寿山及图"商标、第11136720号"长寿山"商标,经过商标复审、行政一审、二审和再审程序,最终通过"撤三"(指撤销三年未使用的注册商标)程序成功扫清商标注册障碍,此系河南中医药商标坚持穷尽救济途径获得核准注册代表性案例❸,颇具借鉴意义。

2. 第44类服务商标

第44类商标是服务类商标,其保护范围包括"医疗服务;兽医服务;人或动物的卫生和美容服务;农业、园艺和林业服务",也是中医药行业特别是提供治疗和服务的知识产权人所关注的商标类别。若商标使用人未能充分意识到注册商标保护的重要性进行提前布局,一旦商标被他人抢注,可能造成较大的损失。河

---

❶ (2016)最高法行再83/84号。

❷ (2019)京行终8208号。

❸ (2015)京知行初字第888号、第889号;(2015)高行(知)终字第1796/1795号;(2016)最高法行再83/84号。

南风湿病医院等与河南华峰制药有限公司"娄氏疗法"系列商标案❶正是由于河南风湿病医院未注意对其长期使用中的商标进行有效保护,导致注册商标申请权的丧失,该案件给河南中医药商标留下深刻教训,值得深思。

(二)中医药驰名商标的保护

笔者根据"中国裁判文书网"公布的相关案例进行筛选,发现河南中医药驰名商标保护方面既有傍取河南中医药驰名商标的案例,如吉林省盛瑞药业有限公司(以下简称"盛瑞药业")与河南省辅仁药业集团有限公司(以下简称"辅仁药业")商标权无效宣告请求行政纠纷案❷;也有被诉称侵犯他人驰名商标的案例,如内蒙古新三维国际经济技术合作股份有限公司与河南沛泽保健品开发有限公司商标权无效宣告请求行政纠纷案❸。

1. 阻却他人傍取河南中医药驰名商标的案例

商标评审委员会以盛瑞药业2013年9月12日在第5类"人用药、补药、中药成药、医用营养品、净化剂、兽医用药、杀虫剂、卫生巾、医用敷料、牙科光洁剂"商品上申请注册的第13230212号"**辅人**"诉争商标与辅仁药业2005年12月19日在第5类"人用药、医用减肥茶、医药用糖浆、药用胶囊、医药制剂、化学药物制剂、杀菌剂、药草、医用生物制剂、针剂、片剂、酊剂、水剂、膏剂、原料药、中药成药、生化药品、胶丸、贴剂、消毒剂、医用营养品、净化剂、兽医用药、消灭有害动物制剂、卫生巾、救急包、外科敷料、医用保健袋、牙科光洁剂、牙填料辅人"申请注册的第5068461号"**辅仁**"引证商标构成近似商标,诉争商标的注册违反了《商标法》第30条的规定为由,作出商评字〔2017〕第105064号关于第13230212号"辅人"商标无效宣告请求裁定,裁定诉争商标予以无效宣告。盛瑞药业不服提起行政诉讼,北京知识产权法院经审理认为,诉争商标与引证商标构成《商标法》第30条所指的同一种或类似商品上的近似商标,其他商标核准注册的事实并不能成为本案诉争商标获准注册的依据,故作出(2017)京73行初7785号行政判决,驳回盛瑞公司的诉讼请求。盛瑞药业不服提起上诉,2019年3月27日北京

---

❶(2018)京73行初13341号,(2019)京行终8208号。

❷(2019)京行终166号。

❸(2019)京行终8143号。

市高级人民法院经审理认为,诉争商标是由"辅人"构成的文字商标,引证商标是由"辅仁"构成的文字商标,两商标呼叫相同,且文字构成、字体、整体外观均相近,辅仁药业提交的荣誉证书、在先生效判决等证据能够证明在诉争商标申请日之前,"辅仁及图"商标在药品等商品上已具有一定知名度和影响力,可以作为引证商标在"人用药"等商品上已具有一定知名度和影响力的考量因素,如果诉争商标与引证商标使用在同一种或类似商品上,易使相关公众产生混淆误认,诉争商标与引证商标构成近似商标,故作出(2019)京行终166号行政判决,驳回上诉维持原判。

2. 被诉称侵犯他人驰名商标的案例

2018年5月21日商标评审委员会认为,河南沛泽保健品开发有限公司(以下简称"沛泽公司")2015年10月21日在第5类"饮食疗法用或医用谷类加工副产品、人用药、消毒剂、贴剂、净化剂、消毒纸巾、中药袋、牙用光洁剂、医用营养品、营养补充剂"商品上申请注册的第18119168号"科尔·沁王"诉争商标与各引证商标未构成使用在同一种或类似商品上的近似商标;诉争商标核定使用的商品与引证商标核定使用的商品在功能用途及销售渠道等方面存在一定区别,关联性较弱,故作出商评字〔2018〕第87839号关于第18119168号"科尔·沁王"商标无效宣告请求裁定,裁定诉争商标予以维持。内蒙古新三维国际经济技术合作股份有限公司(以下简称"新三维公司")不服提起行政诉讼,北京知识产权法院经审理认为,诉争商标核定使用的第5类人用药等商品与新三维公司主张驰名的引证商标"■"核定使用的第29类肉、火腿等商品差异较大,诉争商标的注册不违反2013年《商标法》第13条第3款的规定,故作出(2018)京73行初6810号行政判决,驳回新三维公司的诉讼请求。新三维公司不服提起上诉,2019年12月11日北京市高级人民法院经审理认为,诉争商标为汉语词组"科尔"与"沁王"的组合,各引证商标均包含汉字"科尔沁",因诉争商标文字完整包含了各引证商标文字,且国家知识产权局亦认可诉争商标与各引证商标标志相近,故诉争商标在文字构成、读音等方面与各引证商标相近。诉争商标核定使用在第5类饮食疗法用或医用谷类加工副产品、人用药、消毒剂、消毒纸巾等商品上,《类似商品和服务区分表》对该类商品的注释为"主要包括药品和其他医用或兽医用制剂",尤其不包括非医用、非兽医用的代餐物、营养食物和饮料。各引证商标核定使用在第29类肉、加工过的肉、火腿等商品上,诉争商标与各引证商标核定使用的商品在功能用途、销售渠道、消费对象等方面存在较大的差异,诉争商标与各引证商标使用在各自核定使用的商品类别上,相关公众施以一般注意力,不会认为彼此商品来源于同一主体或存在特定联系,进而产生混淆误认,故诉争商标与各引证商标不构成近似商标;诉争商标与引证商标核定使用的商品差异较大,新三维公司未提交证据证明诉争商标的注册容易误导公众,致使新三维公司的利益可能受到损害,故作出(2019)京行终8143号行政判决,驳回上诉,维持原判。

(三)河南中医药地理标志商标的保护

笔者根据中国裁判文书网公布的相关案例进行筛选,发现河南中医药地理标志商标保护的成功案例,如张某利等与温县四大怀药协会商标权无效宣告请求行政纠纷案[1]。2017年5月22日商标评审委员会认为,温县四大怀药协会提交的证据仅能证明引证商标经其宣传使用,在相关领域具有一定的知名度,并不足以证明引证商标"温县铁棍山药"在第12507459号"怀山铁棍山药"争议商标2013年4月28日申请日之前,已经达到为相关公众广为知晓的驰名程度。争议商标与引证商标在文字构成、呼叫等方面虽较为相近,但争议商标核定使用的商品与引证商标核定使用的商品不属于类似商品,且在功能、用途、销售渠道、销售场所及消费对象等方面存在明显区别,分属不同行业领域,不具有关联性,争议商标的注册使用不致使温县四大怀药协会的利益受到损害,故作出商评字〔2017〕第0000058140号关于第12507459号"怀铁棍山药"商标无效宣告请求裁定,裁定争议商标予以维持。温县四大怀药协会不服提起行政诉讼,北京知识产权法院经审理认为,根据在案的使用及宣传证据,已经能够认定引证商标具有极高的知名度,构成驰名商标。根据在案证据,自古以来,山药品种以怀庆山药(即怀山药)为佳,怀山药中包括"铁棍山药"这一品种,而引证商标"温县铁棍山药"又具有极高知名度,相关公众在医用营养品等商品上看到"怀铁棍山药"时容易将其与"温县铁棍山药"建立联系,误认为其与"温县铁棍山药"是同一品种或具有密切关系,争议商标的申请注册会误导公众,致使引证商标注册人的利益可能

---

[1] (2018)京行终5116号。

受到损害,已经构成《商标法》第13条第3款规定的情形,故作出(2017)京73行初5274号行政判决,撤销被诉裁定;责令商标评审委员会重新作出裁定。

商标评审委员会和张某利均不服提起上诉,北京市高级人民法院经审理认为,争议商标由中文"怀铁棍山药"构成,核定使用在第5类"医用营养品、空气净化制剂、兽医用药、杀虫剂、医用胶带、牙用研磨粉"商品上,引证商标由中文"温县铁棍山药"、对应汉语拼音"WENXIANTIEGUNSHANYAO"及图形组合而成,核定使用在第5类"山药(未加工的中药材)"商品上,争议商标与引证商标核定使用的商品不属于同一种或者类似商品,原审判决按照《商标法》第13条第3款的规定对争议商标的注册是否应予无效进行审查并无不当;虽然引证商标系温县四大怀药协会2008年成立后才申请注册,相较于该案争议商标申请日的2013年时间不长,但是,商标知名度的认定并不局限于其使用时间。在商标知名度的认定过程中,应当结合商标标志、商标种类、指定商品、使用方式等具体情况加以综合认定。该案中,引证商标中的主要识别部分为"温县铁棍山药"。根据在案证据,"怀山药"在我国久负盛名,已被作为地理标志产品予以保护,而温县是地理标志产品"怀山药"的产区之一,"铁棍山药"又属于"怀山药"的一个品种名称,因此相关公众基于对"怀山药"的认知,必然也会对"铁棍山药"有相当程度的了解。该案引证商标为证明商标,由温县四大怀药协会申请注册后许可给符合该商标管理办法要求的山药种植户和商户在山药商品上使用。温县四大怀药协会就此提供了大量证据,用以证明自其成立以后,已将引证商标投入实际使用。虽然部分商品上呈现的商标标志与该案引证商标不同,但其显著识别部分仍然是"温县铁棍山药"。因此,综合考虑该案引证商标的标志构成、历史因素、商标类型、使用商品、地域范围、广告宣传等因素,可以认定在争议商标申请注册日之前,引证商标已具有了较高知名度。原审判决结合在案证据,认定引证商标已达驰名程度并无不当,北京市高级人民法院对此予以确认。争议商标与引证商标虽然存在一定差异,但其均包含了"铁棍山药"文字,且争议商标中的"怀"字也与"温县铁棍山药"所属的"怀山药"具有密切联系,因此,即使争议商标使用在与引证商标核定使用商品不同的商品上,亦容易导致相关公众的混淆误认。尤其是争议商标核定使用的"医用营养品"商品,虽然属于0502类似群组,与引证商标核定使用的0501类似群组不同，但二者之间仍存在相当程度的关联关系，这进一步增加了相关公众混淆误认的可能。张某利在商标评审阶段提交的相关证据亦证明，争议商标亦被使用在山药商品上，这进一步增加了争议商标与引证商标在市场上导致相关公众混淆误认的可能，争议商标的注册使用，极有可能误导公众，损害作为驰名商标注册人的温县四大怀药协会的利益，原审判决认定争议商标的注册违反了《商标法》第13条第3款的规定并无不当。该案中，虽然张某利在上诉理由中主张引证商标经过异议于2012年才实际获准注册，但其并未就该主张提交证据。而且，即使引证商标在申请注册过程中经历了异议程序，根据《商标法》的相关规定，温县四大怀药协会取得引证商标专用权的期限也始于该商标初步审定公告3个月期满之日即2010年12月7日，这也明显早于该案争议商标申请注册之日，故作出（2018）京行终5116号行政判决，驳回上诉，维持原判。当然，地理标志系单独一项知识产权，针对的是对本地区生产者的使用权和外地区生产者的禁用权❶。

（四）中医疗法获得商标保护的可能路径

中医疗法经过持续宣传推广能够发挥识别服务来源作用，可以获得商标授权并进行保护。例如，"汤瓶八诊"商标案，"汤瓶八诊"是杨氏家族（祖籍河南周口地区）总结研究所创、并为家族传承的技艺。杨氏家族定居宁夏后，河南再没有与"汤瓶八诊"相同或相关名称、内容的项目继续经营，在宁夏亦只有杨某祥家族掌握并使用"汤瓶八诊"疗法，没有其他人懂得并经营"汤瓶八诊"疗法。在第3993808号"汤瓶八诊"商标无效争议案件中，根据无效请求人李某红、郭某杰在商标评审阶段提交的《汤瓶八诊养生方案》一书、《中国民族报》2010年1月29日"医药·养生版"刊登的《"汤瓶八诊"——回族医学的瑰宝》一文和《宁夏医科大学学报》2009年8月第31卷第4期刊登的《回族汤瓶八诊保健疗法的演化与传承》一文等相关证据，可以证明，"汤瓶"源于回族具有代表性的专用盥洗器具，"八诊"系八种诊疗方法；"汤瓶八诊"疗法是以末梢经络根传法为雏形，并结合回族穆斯林"阿布代斯"习俗过程中的经脉按摩、刮痧、火罐、放血疗法等逐渐形成的具有中国回族特色的养生保健疗法，分为头诊、面诊、耳诊、手诊、脚诊、骨诊、

---

❶ 董炳和. 地理标志知识产权制度研究[M]. 北京：中国政法大学出版社，2009.

脉诊、气诊。可见,将"汤瓶八诊"作为商标,使用在"按摩(医疗)、医疗诊所、医务室、医院、保健、医疗辅助、理疗、护理(医务)、芳香疗法、疗养院"服务上,具有一定的描述服务内容、服务方式的特点。该案中,杨某祥提供的相关证据显示,虽然"汤瓶八诊"疗法源自回族民间流传的传统疗法,但是其最早系由杨氏家族在总结和吸收阿拉伯医学、中国民间疗法和中国传统医学的基础上所创立并命名的。《汤瓶八诊养生方案》一书及《"汤瓶八诊"——回族医学的瑰宝》一文等证据中记载:杨氏家族的杨明公"结合临床实践以及回族武术,将回族医学不断完善,并以口传心授、言传身教的方式传给后人。就这样,形成了较为完整的、自成一体的八种疗法,正式命名为'汤瓶八诊'"。通过杨氏家族七代人的传承和发展,"汤瓶八诊"疗法逐渐趋于完善。根据现有证据及一审、二审法院查明的事实,杨某祥作为该疗法的第七代传人,其于2004年4月2日就将"汤瓶八诊"申请注册为商标,并通过提供医疗服务、开办培训学校和特许经营许可等商业方式对"汤瓶八诊"疗法进行了广泛宣传,涉及许可范围遍及北京、天津、上海、河南等多个省市。在上述宣传过程中,均使用了"汤瓶八诊"商标,虽然标识的具体使用方式与争议商标略有差异,但并未改变争议商标的主要识别部分,相关公众依旧会将其认读为"汤瓶八诊"。经由上述使用,"汤瓶八诊"商标产生了一定的知名度,并于2012年、2014年先后两次被评为宁夏回族自治区著名商标。并且,根据杨某祥提交的证据,除杨某祥及其家族外,目前从事"汤瓶八诊"治疗、使用"汤瓶八诊"作为公司字号或商标使用的主体或经过杨某祥的授权,或与杨某祥存在不同程度的关联关系。由此可见,基于杨某祥及其杨氏家族长期以来对争议商标的实际使用,争议商标已经与杨某祥形成了较为明确的服务来源指向关系,相关公众在看到争议商标时,能够将其与杨某祥及杨氏家族建立联系,争议商标在客观上已经发挥了指示特定服务来源的功能,争议商标的注册应当予以维持。❶

(五)中医药非物质文化遗产并不排斥知识产权保护

在"汤瓶八诊"商标无效案❷中,最高人民法院指出,根据《非物质文化遗产法》第44条的规定:"使用非物质文化遗产涉及知识产权的,适用有关法律、行政

---

❶ (2018)最高法行再63号。

❷ (2018)最高法行再63号。

法规的规定";《国家级非物质文化遗产保护与管理暂行办法》第20条第2款规定:"国家级非物质文化遗产项目的域名和商标的注册与保护,依据相关法律法规执行。"可见,对非物质文化遗产的传承与发展,并不当然排斥知识产权的保护方式。该案中,在争议商标申请并获准注册后,"回族汤瓶八诊疗法"被列入非物质文化遗产名录。作为争议商标权利人的杨某祥,同时也是"回族汤瓶八诊疗法"的传承人,其负有传承非物质文化遗产的义务。在案证据显示,杨某祥及其杨氏家族在通过培训、提供医疗服务等多种方式推广"回族汤瓶八诊疗法"的同时,也使得争议商标"汤瓶八诊"产生了指向特定服务来源的功能。因此,维持争议商标的注册,实质上也促进了传统文化的传承与发展。

八、河南中医药商业秘密保护

在中医药领域,相对于专利审查的高标准及公开化的要求,商业秘密保护具有天然的优势,更符合其保护的特质[1]。商业秘密保护是我国中药的传统保护方式,如疾病的特定诊治法、中药的加工制配工艺、药品配料中某些关键组分信息或配比信息等都可以考虑选择商业秘密进行保护[2];又如中药复方,其功效表现为多味药之间相互的协同作用,而非各单味药活性成分的简单相加,经中药配伍,复方中的众多活性成分与溶媒、辅料会形成一个新的综合理化环境,通过影响各组分到达机体作用部位的数量和强度最终产生治疗效果;特别是有些中药配料带有有毒成分,但是经配伍加工在新的理化环境下不仅毒性减退或消失,甚至可以起到以毒攻毒的疗效,这是中药配伍技术的精髓所在,往往也被厂家严密保密。[3]国家中医药管理局对120家中成药重点企业及其401个重要中成药品种调查时发现,企业对61.8%的中成药品种采取了技术保密措施[4],多数中药企业对其中药产品配方作为商业秘密进行了保护,如云南白药、片仔癀、速效救心丸、

---

[1] 朱莉萍.论中医药的商业秘密保护[J].医学与社会,2018(9):45-58.
[2] 王艳翚,宋晓亭.构建中医药商业秘密保护制度探析[J].中州学刊,2014(7):61-67.
[3] 王艳翚,宋晓亭.信息披露与中药商业秘密保护[J].科技与法律,2016(5):990-1004.
[4] 杨永萍.我国传统医药知识产权保护的若干问题探讨[D].北京:中央民族大学,2007.

乌鸡白凤丸等❶，但目前国内对中医药商业秘密的专项研究几乎空白❷。实际上，商业秘密的现实优势使其在中医药领域有广阔的适用空间❸，我国诸多配方和疗法常是传统老字号企业的镇店之宝，如正骨、捏脊、刮痧等技法，作为企业的看家本领被权利人严密保护。另外，某些医院自主研发的中药制剂，价格低且见效快，却只允许在特定范围内使用❹，虽然院内制剂的处方可得，但配比和制作方法的中药技术秘密不得泄露❺。中药配方、秘方、独特的生产加工工艺、中药栽培技术、养殖技术、饮片加工技术、炮制技术、制药工程技术、复方配伍比例、鉴定技术、营销信息等智力活动的成果。中医药技术秘密的最原始形式是以逻辑语言的方式存在于行医者的头脑记忆中，通过口头方式进行传授的。现代社会不再以传统小作坊式的生产为主流，这就要求中医药技术秘密必须以更具客观化的载体形式表达出来❻，表达出来的形式即可能受到著作权保护，防止不受控制地非法传播，表达出来的内容也可能受到技术秘密或申请专利保护，防止他人非法窃取或者未经许可商业利用。

商业秘密没有保护期的限制，在商业秘密的持有人采用了得当的保密措施以及没有其他竞争者通过反向工程研究破解的情况下，商业秘密可一直处于保密状态，因此商业秘密是很多中医药祖传秘方持有人选择的保护路径。中医药商业秘密分为中医药经营信息和中医药技术信息，其中典型的经营信息包括管理诀窍、客户名单、货源情报、产销策略、招标投标中的标底及标书内容。❼据此，中医药经营信息主要是指中医药经营者的采购计划、产品或服务的定价、患者的信息等。而技术秘密是指关于中医药生产制造方面的技术信息，包括中药配方、成品药的制作流程、炮制工艺、诊疗技术等中医药行业从业者从生产实践中研究总结的技术性知识。

---

❶ 杨淑娟,裴一飞.中医药商业秘密保护模式初探[J].长春市委党校学报,2016(6):15-17.
❷ 周蕾,王艳翚.我国中医药商业秘密保护现状及存在问题[J].医学与社会,2014(10):78-80.
❸ 王艳翚,宋晓亭.信息披露与中药商业秘密保护[J].科技与法律,2016(5):990-1004.
❹ 李哲,常暖,李黎.中医院内制剂政策历史、现状及对策[J].中国中医药图书情报,2014(1):38-41.
❺ 夏杰,尹蔚萍,张文荫.发展中医医院中药制剂的思考[J].中医药管理,2014(9):1523-1527.
❻ 王艳翚,宋晓亭.构建中医药商业秘密保护制度探析[J].中州学刊,2014(7):61-67.
❼ 国家工商行政管理局.关于禁止侵犯商业秘密行为的若干规定[Z].1995-11-23.

构成中医药商业秘密同样需要符合秘密性、价值性和保密性三个构成要件。秘密性要求中医药商业秘密未公开,不为公知所知悉,主张保护的信息不能从公开渠道直接获取。价值性要求中医药商业秘密能给权利人带来现实或潜在的经济利益或竞争优势;其中现实的经济利益是指中医药经营者已经就商业秘密的享有获得了经济收益,如利用中医药商业秘密进行生产经营销售,获得经济收益;竞争优势是指中医药经营者由于拥有商业秘密,与其他竞争者相比,其更可能与客户达成交易。保密性则要求中医药商业秘密权利人对商业秘密采取了合理的保密措施,如限定可以接触商业秘密的人员、与员工签订保密协议和采用技术管理系统管理其商业秘密等。

尽管采取商业秘密保护中医药资源有着多种优势,但其缺陷也是不容忽视的,最明显的一个缺陷就是商业秘密无法对抗反向工程的破解。当今科技发展迅速,利用技术手段,通过反复试验破解中药秘方的配制也是可能的。另外,中医药商业秘密的秘密性和患者的知情权也存在一定程度的冲突,如罗某林诉云南白药集团股份有限公司等侵权责任纠纷案,罗某林发现在美国销售的云南白药之说明书有成份与含量说明,在香港销售的云南白药之说明书列明了主要成份与份量,而在中国内地销售的云南白药之说明书却没有公布成份与含量,罗某林认为其在百姓大药房公司购买的云南白药公司生产的云南白药已构成对其民事权益的侵犯,因而提起诉讼。虽然法院最终认为,云南白药药品说明书及标签均依照法定程序经过有关行政机关的核准与备案,被告云南白药公司在药品说明书中不列明药品成份的做法符合上述规范性文件的规定,亦符合国家保密与药品管理法律法规的规定;消费者的知情权在面对国家秘密时负有容忍义务,罗某林主张云南白药公司侵犯其知情权,缺乏事实和法律依据,不予认定。❶但从该案也可窥见,中医药企业商业秘密和患者知情权之间存在矛盾,如何平衡两者之间的关系也是日后司法实践中需要解决的问题。

另外,我国还没有制定专门的"商业秘密法",商业秘密保护的法律依据散见于《反不正当竞争法》《刑法》《劳动法》《合同法》和《关于禁止侵犯商业秘密行为的若干规定》等法律、法规的条款中,内容之间缺乏有效的衔接,未能形成完整的

---

❶ (2013)衡蒸民一初字第65号、(2014)衡中法民四终字第20号。

保护体系,另外目前也缺乏关于中医药商业秘密保护的针对性条款。可见,选择采用商业秘密作为保护传统中医药的途径也绝非完美。

九、河南省的中医药著作权保护

(一)中医药汇编作品的著作权保护

在古代口口相传是中医药传播的主要方式,在现代文献和数据库是中医药的物质载体,通过对中医药传统文献进行重新整理和汇编,可以得到著作权或专门的数据库权的保护。《著作权法》在保护中医药传统理论的完整性和正确性,激励作者和作品传播者的创作和传播热情,开展国际合作与交流使中医药更好地为人类健康事业服务等方面发挥着重要作用。例如,伍某麒与张某龙有关林区特发性低血钾麻痹症治疗的论文著作权纠纷案最为典型,不仅涉及合作作品的认定,而且还涉及是否侵犯著作权的判断。上诉人伍某麒与被上诉人张某龙均曾对当时医院收治的一种以双下肢软瘫为主要特征的病症,进行过不同程度的经治和研究探索。从双方提供的病历资料和学习笔记等材料等可以了解到,上诉人伍某麒研究此病查阅资料,记学习笔记,列鉴别诊断表,为写作论文做了较为充分的准备,并且伍某麒在该医院工作时间较被上诉人张某龙更长一些,有更多的机会接触和经治此病,积累较多的临床经验,特别是经伍某麒阅读了内科讲座中关于低血钾病的论述资料,从中受到启发,首先撰写了论文,并写信寄文给张某龙。张某龙在此基础上补充病历资料撰写论文并送名医审阅,投刊发表,发挥积极作用。从此论文的形成和写作过程看,上诉人与被上诉人均直接参与了此作品的创作,为作品的产生付出了创造性的劳动。因此,伍某麒与张某龙均享有对此作品的著作权。上诉人伍某麒与被上诉人张某龙合著的《林区特发性低血钾麻痹症49例临床分析》一文发表后,上诉人与被上诉人又分别撰写并发表了有关中医治疗的论文。在一审和二审中,经四川省版权局和中国版权保护中心版权鉴定委员会鉴定,认为上诉人与被上诉人分别撰写的中医辨证施治的论文,均享有独立的著作权。虽然被上诉人的论文中对客观情况的描述,尤其是其中环境描述部分与二人合写的论文基本一样,但被上诉人在论文中指明了出处,有关中医辨证施治的四篇论文,均为同一地区、同一时间段对同一组病例进行的中医辨证施治的论述。法院认为在科技作品中,对一些客观事物的具体描述相似甚至相同是无法避免的,但是被上诉人在病症的分型、方药方面有自己的分析,在材料安排、运用以及分析探讨上有自己的特色,文字表述上基本不一样,因此,不存在对上诉人撰写的三篇关于低血钾麻痹症病的"辨证施治"论文著作权的侵害。[1]但著作权或专门的数据库权只能给予传统中医药有限的保护,仅是传统中医药保护的开端,是建立对包括传统中医药在内的传统知识防御性保护或积极性保护体系的必要工具和手段。[2]

(二)我国中医药说明书的著作权保护

药品说明书主要记载同消费者使用药品相关的药理作用、药物动力学、药物交互作用、适应症、用法用量、禁忌、警示、注意事项、不良副作用、使用剂量等内容,其最可能涉及著作权保护的范畴。但长期以来,药品说明书是否属于著作权保护的客体一直存在争议,最高人民法院也曾以《关于知识产权著作权中的药品说明书是否给予司法保护、明确相关法律界限》为题面向社会征询意见。目前,我国司法部门的意见以在湖北威尔曼制药股份有限公司与佛山市弘兴医药有限公司侵害著作权纠纷案[3]为代表,即认为药品说明书不具备著作权法意义上"作品"的法律属性。《著作权法》上的作品一般独立存在且表达一定的思想,并不受制或附属于他物,可以独立进入商业领域并实现价值。鉴于药品说明书无法脱离药品而独立发挥效用,不具有独立使用价值和价值,故药品说明书不属于《著作权法》保护的对象。药品说明书是选用药品的法定指南,具有强制性,如果药品说明书受《著作权法》保护,则可能给医生和患者用药造成困惑,更有可能扰乱药品监管体系。因此,药品说明书不是著作权法意义上的作品。最高人民法院法官也基于药品说明书不具有独创性、药品说明书所载内容不属于著作权法保护对象、药品说明书的起草者不享有对药品说明书的修改权及财产权、公共利益的考量以及药品说明书更多地体现为药品申报注册者或研发生产者的义务而非

---

[1] (1999)川经终字第305号。

[2] 唐晓帆,郭建军.传统医药的著作权和数据库保护[J].知识产权,2005(3):24-30.

[3] (2014)粤高法民三申字第45号。

权利等五个方面理由并综合考虑药品的属性(特殊的商品来救死扶伤)、仿制药的特点(应当与被仿制药具有同样的活性成份、给药途径、剂型、规格和相同的治疗作用)、药品说明书与作品在法律属性上的差异性("作品"一般是独立存在,并不受制或附属于他物)、药品知识产权具有专门的保护途径(符合《专利法》规定的药物及其制备方法可以获得专利保护,符合法定条件的保密信息可以作为商业秘密获得保护,符合数据保护规定的新药实验数据可以享有数据保护)等因素,提出"我国现阶段不宜确定药品说明书构成受著作权法保护的作品"的司法倾向性意见。❶

但是,笔者了解到境外已有采用著作权对药品说明书进行保护的司法实践经验,值得我们关注和思考。如2011年在Sanofi-Aventis(赛诺菲—安万特集团,以下简称"赛诺菲")公司关于药品说明书的案件中,澳大利亚联邦法院经审理认为:赛诺菲公司能够证明涉案的Arava(爱若华)药品说明书具有独创性,药品说明书信息具有多种表达方式,不因处方药监管指南的总体结构与内容要求、医疗产品法案规定的最终审批而丧失独创性;药品说明书的撰写,要求作者具备医学或药理学领域特殊资质,需要具有与监管部门交涉的经验;赛诺菲公司证人证明在起草相关药品说明书时,遴选、解释、整理与陈述信息,采用最佳表达方式,并考虑均衡描述药品风险与药品疗效,需要付出艰苦努力。澳大利亚联邦法院对赛诺菲公司关于药品说明书不因规范性规定而丧失著作权观点的支持,符合著作权法原理,有利于促进药品说明书表达内容的完善。❷

(三)我国目前中医配方的著作权保护

我国现有判例对于中医配方寻求著作权保护持否定态度,如张某舟的继承人诉杨某鹏的继承人侵害著作权纠纷案,法院认为著作权法保护思想的表达方式,不保护思想本身(包括作品中所反映的原理、程序、操作方法等因素)。涉案正骨敷药方是一种中医药方,记载内容反映了治疗骨折的一种技术信息,技术信息属于技术秘密保护范畴。该药方本身作为技术信息的表达方式,由药方名、主

---

❶ 于晓白,李嵘. 药品说明书作品属性问题探究[J]. 中国版权,2014(6):14-18.
❷ 赵力. 澳大利亚"Sanofi-Aventis"公司案若干法律问题探讨[J]. 西安电子科技大学学报(社会科学版),2013(2):117-123.

治、药物、制法、用法、附记等部分组成,其表述形式是中医配方通常的表述方式,不具有独创性;该药方药物组成的表述也是常见中药药名的组合,在表述方式上亦不具有独创性。因此,涉案中医药方不属于《著作权法》所保护的客体。❶

(四)我国目前中医药配伍检索表的著作权保护

我国现有判例对于中医药配伍检索表寻求著作权保护持否定态度,如沈某平、宗某乙诉北京图书大厦、天津科学技术出版社、天津金彩美术印刷有限公司、丁甲(化名)、丁某素、丁乙(化名)、翟某、丁某芝、孔某华、沈某成、郑某兰著作权侵权纠纷案❷,法院认为涉案药品配伍检索表的构成要素属于公有领域的常用表达形式,编排在一起也属于一种非常简单的组合,不具有独创性;表中使用彩色圆点表示药品之间的配伍关系,是对公众常用的色彩和图形的运用,亦不具有独创性;同时,药品之间的配伍关系表现的是客观事实,不具有版权性。因此,药品配伍检索表不属于著作权法保护的范围。

(五)我国中医药传统知识的未来保护路径

在我国中医药发展的几千年里,形成了多部价值巨大的中医药典籍,但这些典籍并非某个体独立创作的,而是由众人共同收集、整理及创作而成的中医药传统知识。中医药处方作为传统中医药知识的重要组成部分,对中药处方的保护能够促进中医药知识创新与应用,避免不当占有和使用。而我国目前受著作权保护的中医药资源主要是与中医药相关的专著、文章、口述作品和设计图等,对于其他类型的中医药资源尚缺乏保护的先例。但从著作权的构成要件上看,中医药处方能够作为作品受到保护:首先,中医药学既有自然科学的属性也有社会科学的属性,因此中医药处方被认为属于科学领域是没有疑问的;其次,中医药处方并不是药材的简单组合堆砌,而是历代中医工作者经过不断的研究尝试,围绕处方的组成、配伍和煎服方法等方面研究而来,是累积的人类智力成果;再次,在不同的诊疗实践中,中医药处方是依据传统中医药的辨证施治、阴阳五行及经络学说等理论,结合中医工作者本人临床实践经验,根据患者个体的身体状况、

---

❶ (2007)川民终字第16号。

❷ (2007)一中民初字第11478号。

病症做出治疗方案,相比现代医学较单纯的药物处方,这些治疗处方都包含较高的中医工作者个人的创造性,所含内容更为丰富,因此中药处方具有独创性;最后,中药处方能够被复制传播,具有有形形式,属于表达而非思想。目前已有相关理论探讨,提出"从定义、著作权权利、立法完善过程等角度分析,中医药处方能够作为作品;中医药处方的表达,符合作品的形式表达构成要件;中医药处方的特性,使其在变化中具有稳定性可复制性、继承中具有独创性;中医药处方的表达,可以不违反'思想 表达二分法'与'唯一表达'原则"以及中医药处方可以实行有限著作权等特殊保护制度、建立中医药处方注册登记及分级管理制度构建中医药知识产权数据库、建立中医药标准化体系等措施和对策。因此,中医药处方在适用著作权保护角度存在可行性与必要性"❶。司法实践中,法院似乎在现有著作权制度与传统中医药之间尚未找到一个平衡点,这是未来强化中医药知识产权司法保护的迫切要求。

十、河南中医药知识产权发展的出路与措施

(一)宏观战略:将知识产权强省建设与中医药发展相结合

河南省是中华民族传统中医药发祥地之一,地处中原,人杰地灵。河南是中华文化的源头,自古以来中原腹地名医众多,"祖传秘方"代代相传,秉持济世救人观念,捐方献药多有发生。凭借着独特的地理优势,河南省的中药材种植、加工和中成药生产历史悠久,中医药文化底蕴深厚,河南省的禹州更有"医不见药王不妙,药不经禹州不香"之誉,河南省丰富的中药资源也造就了其医药经济。自明代以来,河南即是全国的药材集散中心,凭借着山、岗、平原地貌俱全和气候适宜的天然优势,形成了独特的种植、栽培技术。因此,应该将河南中医药发展与知识产权强省建设结合并提高到战略层面,具体通过知识产权创新、知识产权保护、知识产权应用、知识产权人才等四大战略进行推进落实。

(1)河南中医药知识产权创新战略,具体内容包括贯彻落实国家和河南省促进中医药传承创新发展的政策,引导技术创新;高等院校和企业制定具体激励政

---

❶ 竺炯.中医药处方适用著作权保护的可行性研究[D].上海:上海交通大学,2012.

策措施,激发创造能力;理顺中医药管理机制,注意做好服务,避免和创新相矛盾,避免妨碍竞争;提供培养中医药创造力教育和研究工作的人力资源。

(2)中医药知识产权保护战略,具体内容包括建立传统知识产权保护机制,完善中药发明专利新颖性、创造性和实用性的界定,确保专利审查和审判及时和高质量;创立真正的"中医药专利法庭"功能,强化中医药反假冒和盗版产品的措施,促进中医药的国际协调与合作,强化面向世界的专利授权制度;强化中医药商业秘密保护,以及新兴领域的知识产权保护。

(3)中医药知识产权应用战略,具体内容包括促进中医药知识产权利用,促进来自院校中医药技术的转化,开发中医药知识产权价值和运营中医药知识产权。

(4)中医药知识产权人才战略,具体内容包括大量培养中医药知识产权法律和管理人才,加强中医药专业审查员和代理人的培养,重视中医药知识产权普及和推广,提升中医药知识产权国家意识。❶

(二)中观策略:将现代科学技术与中医药传统知识相结合

中医药在治疗和预防新冠病毒中的临床表现,再次证实了中医药经典古方的社会价值。传统中医药是伟大的宝库,如何开发中医药宝库是科研人员永生探索的方向,知识产权则是从科研成果向市场产品转化的有力保障。日本津村株式会社在这方面做得非常成功,值得河南中医药企业和个人学习与借鉴。日本津村株式会社早期利用《伤寒杂病论》中的验方制成小柴胡颗粒剂,并成为日本最畅销的汉方药,随后又通过对其提取方法、制剂方法、药材和制剂质量控制方法的创新改进,进行二次开发,形成了完善的专利网。其在申请制剂专利的同时,还持续对制剂新用途进行开发,通过一系列专利保护制剂在抗肿瘤、提高免疫力、治疗艾滋病、早熟、胆结石、神经胶质瘤等多方面的用途,并开发与其他经典方剂联合使用的复方产品。另外,津村株式会社还对制剂中的活性物质进行挖掘,使活性物质结构明确化,以黄芩苷、黄芩素、甘草素、槲皮素等活性成分指

---

❶ 国务院关于印发中医药发展战略规划纲要(2016—2030年)的通知(国发〔2016〕15号),河南省中医药发展战略规划(2016—2030年),中共中央、国务院关于促进中医药传承创新发展的意见(2019-10-20),中共河南省委、河南省人民政府关于促进中医传承创新发展的实施意见(2020-04-09)等。

标,开发小柴胡提取物用于抗反转录病毒、杀灭癌细胞的用途专利,同时还提交了相关的活性物质检测方法以及人参、甘草等药材的栽培方法的专利申请。❶

河南中医药发展,同样需要把现代科学与中医药传统知识结合起来,这样在新药研发领域会才会有更大潜力,才能为人类做出更大贡献,具体结合的路径需要从如下三个角度考虑:

(1)利用知识产权守护中医药创新:以专利保护为主导,捍卫中医药核心技术;以商标保护为牛角,树立中医药品牌形象;以商业秘密为内核,保护中医施药技巧;以新药监测期和边境保护为补充,维护中医药竞争优势;以著作权保护为核心,保护中医药传统知识;以复合保护为体系,形成中医药技术保护壁垒。

(2)借助知识产权促进国际合作交流:立足国家民族利益,保护中医药传统知识,防止河南中医药资源被滥用以及被国外企业制造"洋中药";充分发挥中医药资源和学术文化优势,在中医医疗、教育、科研、制药、服务业等方面加强国内外深度合作与交流;加强中医药二次创新,在中医药临床疗效一致性上实现突破,主导技术标准制定;积极参与"一带一路"建设,支持中医机构和中药企业"走出去"开展项目建设,提高中医药企业知识产权国际保护意识,重视国外商标和专利申请布局。

(3)实现知识产权与中医药产业协同发展:建立河南省中药资源数据库,加强动态监测;推广应用生物技术和新型育种栽培技术,发展名贵稀有中药材种植;鼓励社会力量投资建设中药科技园和药用动植物园等保育基地;实施中药标准化行动计划,构建中药产业全链条的优质产品标准体系;培育中药大品种和驰名商标;扶持中药饮片加工和制药企业发展,促进中药产业升级和结构调整,培育中药产业集。

(三)微观措施:将知识产权保护和企业核心优势相结合

1. 河南中医药专利保护问题

通过上述分析,可知目前河南省中医药专利保护仍存在如下问题:

(1)专利技术创新层次不高,严重影响技术成果转化。

虽然河南在中医药专利申请量的提升上已取得了一定的成绩,并构建了一

---

❶ 程诚,尹婷. 基于专利布局分析的中药复方创新趋势研究[J]. 中国发明与专利,2017(10):28-35.

个数量较大的专利数据库,但目前河南中医药专利仍存在专利价值不高、专利授权率低的现状。在已申请的专利中,仍有大部分停留在简单的仿制和重复申报上,缺乏对分子作用机制和复方配伍等基础性的研究。科研投入不足、技术创新层次较低是我国专利申请人特别是个人类型的专利申请人面临的普遍问题,河南也不例外,由此导致河南的中药专利质量差、授权率低,从而严重影响了专利的价值和技术成果的转化。❶

(2)权利人保护意识不强和保护能力不足,急需专业机构和人员科学引导。

在传统医药知识保护领域,将我国和泰国、日本、印度等国家相比,缺乏关于传统医药知识产权保护的组织或机构,这些组织机构在侵权发生时,能够迅速准确地帮助权利人进行维权,而河南中医药权利人存在缺少稳定权利基础或不懂得侵权判定规则的问题,致使中医药知识产权难以得到有效保护。❷以日本为例,日本的专利制度允许狭窄范围内单项技术的专利申请,进而围绕基础性专利,抢先申请大量各有特色的小专利,并对这些小专利进行改造、创新,从而构筑严密的专利保护网,该专利网策略是日本药企最为倚重的知识产权保护方式之一。日本很多企业在新产品投入生产之前都会围绕核心产品申请几十项乃至上百项外围专利,从药品的剂量变化到工艺程序的改进都有可能被申请为专利。通过实施专利网策略形成较为完整的专利布局,能够在一段相对较长的时期内提升企业技术创新的积极性与发展的稳定性,确保企业在激烈的市场竞争中的相对优势地位。

(3)河南中医药配方的相关配套保护规定尚不完善。

我国长期以来使用"祖传秘方"的方式来对中药配方进行保护,国家中医药管理局对120家中成药重点企业及其401个重要中成药品种的调查结果显示,中成药重点企业对61.8%的中成药品种采取了技术秘密措施,但该种保护手段仍然存在一定的局限。一方面,药品信息披露制度与商业秘密保护方式之间存在冲突,即如何平衡公众健康权和知情权与企业经济利益之间的关系。另一方面,商业秘密的保护存在脆弱性,一旦发生意外或泄密事故,容易导致配方的失传或

---

❶ 荀觅,都晓春.我国现行中药专利保护存在问题与对策研究[J].双足与保健,2018(15):191-192.

❷ 张娟.论中医药方的专利保护[J].法制与经济,2018(6):54-56.

直接使配方进入公有领域。[1]我国的中药复方配方具有显著的传承性、地域性和整体性,而目前的药品专利保护体系是以西方化学药品的特征为基础建立的,中药配方与现有的专利审查体系不相适应,专利审查的"三性"标准在一定程度上桎梏了中医药的专利保护,这不仅使得中药在申请专利时存在困难,在发生侵权时由于很难界定侵权的成份,也使得认定侵权行为十分困难,这些因素使得中医药的配方很难受到专利的保护。目前一些国家自行建立和发展的传统医药保护制度对我国具有相当的借鉴意义,可以在一定程度上填补我国中药配方保护制度的空白。例如,泰国通过《传统泰医药知识产权保护法》,将传统的泰医药处方分为三类:国家处方、私人处方和普通处方三类,对此加以不同程度的保护。国家处方的所有权主体为国家,泰国政府可以根据特定需要,宣布具有维持人类健康和具有特殊作用的药方为国家处方。私人处方的所有权主体为个人,类似于我国的专利制度,处方的所有权人享有使用、开发该药方的权利,他人使用私人药方需经过权利人的同意。私人处方制度相对于专利制度而言的优点在于,私人处方制度没有最长保护期限的问题,兼具专利保护和商业秘密保护的优点。普通处方即人尽皆知的处方,类似于已过保护期的进入公众的专利,任何人都有权利自由使用处方。[2]

2. 强化河南省中医药专利保护的对策

(1)优化专利申请人结构,鼓励个人与企业合作。

与对市场更具敏感力的医药企业相比,个人在成果转化和市场推广方面明显处于较弱的地位,加上由于缺乏资金和规模化的生产力,使得很多中医药成果的经济效益转化率低,从而导致大量有价值的专利流失。因此,河南省应当引导和推进以企业作为主要创新主体、个人申请专利后续可和企业合作,对中药专利技术进行深度挖掘,利用企业的生产研发实力提高中医药成果转化率,更好地发挥专利的价值。

(2)强化技术创新,挖掘核心专利。

中医药企业需要抓住自身竞争优势,明确自己的中医药专利技术核心所在,

---

[1] 李莉,姚峥嵘,王艳翚. 中药老字号配方及炮制技术保护现状及思考[J]. 中国药房,2018(9):1171-1175.

[2] 张娟. 论中医药方的专利保护[J]. 法制与经济,2018(6):54-56.

并在此基础上构建自身的知识产权战略体系。目前河南省中医药行业科研实力相对薄弱、科技水平相对偏低,中医药企业如果想在全国乃至全球中医药市场中站稳脚跟,仅靠种植药材原材料、加工生产简单的中药制品是不够的,因此建议河南省中医药企业可以采取如下措施,加强自身的创新能力。首先,中医药企业应该加大科研投入,增加科研经费,更新科研设备,全面提升创新硬实力。中药是河南省的优势领域,开发空间大,中医药企业可以将重点放在对于剂型的改进以及新适应症上;中医药科研机构可以将研究重点放在如何使用现代化的方法和测试手段以实现中药的现代化;另外,生物制药前景广阔,中医药企业和科研机构应进行重点研发,突破生物技术、提高栽培技术、提升炮制水平,增大优势。其次,中医药企业应该组织科研人员,在自己的核心技术领域,围绕中医药材料开展专利挖掘工作,对所取得的技术成果进行技术及法律方面的剖析、整理、拆分和筛选,提炼出具有专利申请和保护价值的技术创新点和方案。在未来的研发中需要进一步深挖潜力,改变当前专利申请以对传统复方配伍、制剂工艺进行简单调整、修改为主的低水平技术创新模式,从传统中成药生产制造逐渐过渡到以药物有效成分提取、现代制药、检测和规模化生产等广泛应用新技术的专利技术领域。最后,河南省的中医药行业在利用自身优势的基础上,可以通过技术创新,设置合法的技术壁垒、专利池,以防止自身创新成果成为免费的公共资源被肆意蚕食。

(3)提前进行专利技术布局。

技术布局是指对某一技术主题如何设置专利申请进行规划。技术布局主要关注于保护企业自身的技术创新成果以及围堵竞争对手的技术路线,在技术布局中主要包括防御型专利战略和进攻型专利战略,大部分企业通常采取的是防御型专利战略。如何妥善构建专利防护体系,也是专利战略体系中不可缺少的重要组成部分。[1]建议可以采取如下措施构建有效的专利防护体系:首先,需要对现有技术进行检索,以避免重复研发并规避潜在的侵权风险,为企业后续研发路线的选择给出有用的指引;同时还需要对相关技术工艺进行分析,推测竞争对手的研发路线并对此进行专利布局。其次,需要提供高质量的专利,才能形成有

---

[1] 冯晓青.企业防御型专利战略研究[J].河南大学学报(社会科学版),2007(5):33-39.

效的专利保护"防火墙"。有不少企业存在着这样的误区,认为申请的专利数量越多越好,于是就导致企业不注重专利的质、一味追求申请的量。这种情况的后果是,企业可能付出了大量人力物力,却无法获得预期的效果,甚至无法通过专利保护自身的研发成果。因此笔者认为,企业应把重点放在提高专利申请的质量上,以创新为核心占领技术制高点,在充分保护自身成果的基础上,通过防御型专利逐步形成技术竞争优势。再次,中医药企业要重视海外市场,积极进行专利海外布局。在布局海外专利时,企业需要战略性地选择专利申请、公开、PCT申请及进入国家的时间节点。在专利申请的时间上,很多企业存在认知误区,即认为既然专利确权上实行的是先申请原则,那么申请越早越好。然而现实中往往出现因企业急于求成,在没有做好充分的技术储备的情况下匆忙提交专利申请,导致申请被驳回的情况。另外,将不成熟的技术申请专利可能导致企业的技术秘密过早地暴露给竞争对手,使竞争对手能够预测未来的技术研发路线,进行有针对性的技术创新,反过来淘汰专利申请者。在专利公开的时间上,若企业选择提前公开专利以尽快获得专利授权的,应提前考量是否会影响在后申请的新颖性。最后,企业可以充分利用PCT申请进入国家的期限,对是否继续申请国外专利进行充分的商业前景调查。❶同时,对于要开拓国际市场的中医药企业,必须考察目标市场所在国家的专利制度、目标国内竞争对手的专利分布等情况,否则可能会耗费了大量的人力物力资源进行申请却被驳回或者使自己卷入专利侵权纠纷中。

(4)细化中医药专利的类型。

除了上述"重视检索、控制数量、提高质量、发力海外"之外,专利布局还要充分利用法律资源,细化中医药专利的类型。在中国专利包括发明、实用新型和外观设计三种,这三种在中医药领域具有可以进行保护的空间。其中,发明专利主要面对中药材中有药用价值的新化合物单体、中药材有效提取部位、中药制剂等产品发明和上述产品的制备方案、测定方法,以及中药材的加工炮制工艺、提取工艺、种植栽培技术等方法发明。另外,还包括药物的第二适应症,即发现了已知药物的新的功用,如何首乌防治骨质疏松症的用途。对于中药提取物和中药

---

❶ 张晓煜.企业知识产权管理操作实务与图解[M].北京:法律出版社,2015.

组合物以及中药联用制剂均可以考虑发明专利保护,其中对于提取物,包括单一中药材原料提取的中药提取物——有效部位;多种中药材原料提取的中药提取物——各原料之间配比关系,着眼于"原料特征+制备方法"。对于中药组合物,要区分非限定型、性能限定型、用途限定型;另外,中药组合物的组成一般包括活性成分和药用辅料两部分。中药组合物包括以单一活性成分为特征的中药组合物、以多种活性成分为特征的中药组合物、以药用辅料为特征的中药组合物和以剂型改进为特征的中药组合物。除产品发明专利外,方法也可以申请发明专利,包括中药材的加工炮制方法、中药材的种植栽培方法、中药人工制品的生产的方法、中药提取物的制备方法、新的中药产品的制备方法、已知中药产品改进的制备方法、中药产品的测定、鉴定方法及中药产品的储藏方法等。另外,中医药还涉及用途发明,即新发现的中药材的制药用途、中药材的药用部位的制药用途、新制剂的制药用途、已知中药材的新的制药用途、已知制剂的新的制药用途。实用新型专利,主要涉及一些不以电磁光声放射直接作用于人体的医疗器械或保健用品,如一种中药熏蒸治疗仪。外观设计,主要侧重药品的外包装、物品的物理形状或外形图案等。

3. 商标、商业秘密、著作权等其他保护方式

(1)通过商标保护河南中医药。

中药作为特殊商品,消费者无法靠自己的能力辨别质量的优劣,只能通过对产品的信任度决定使用哪一种产品。名牌产品因其质量好、疗效确切,受到消费者的喜爱。同一产品最有效的区别方式之一就在于使用不同的商标。企业应当通过宣传商标来提高自己的知名度。企业在努力提高产品质量,争创名牌的同时,应当重视宣传产品商标,让消费者认识自己的商标,通过商标保护企业的无形资产。具体如何布局商标申请注册实现有效保护是一项专业系统工程,至少需要考虑以下六个方面入手:①从标识本身的角度,进行商标挖掘。多选择臆造词汇商标,少选择固有词汇商标,基于中外文化环境不同可考虑中外文及图形组合商标。②从产品系列的角度进行商标储备,中药材、中药饮片、中成药、制药专用机械设备及其配套装置、中药质量检测用标准品、中药质量检测仪器设备及试剂、中药保健食品、中药化妆品、OTC药品、中药包装材料、中药包装机械等可以

进行合理区分。③从产业链的角度商标布局,中医药产业链条包括上游原材料供应、药材加工制造以及设备、下游销售(线上与线下)。④从市场匹配的角度进行商标取舍,市场在哪里,商标注册就在那里,用全球化视角看待问题。⑤从竞争对手的角度进行商标借鉴,对标最强的竞争对手分析应该在哪些类别、商品或服务上注册商标。⑥从主体架构的角度选择进行申请,公司有无设立子公司、孙公司或分公司等关联企业,应该以哪一个主体申请注册,需要事前考量。实践中很多外资公司的知识产权是总部集中控制的,包括在中国研发的技术,中国市场使用的商标都是由总部来申请、管理的,这涉及商标管理的策略问题。另外,作为河南中医药,还应当考虑集体商标、证明商标、地理标志,以及打造驰名商标提升无形资产等。总之,中医药产业需要有"产品未出、商标先行;名牌待创,使用为先;动态监控,科学管理;资产要清,评估支撑"的商标布局意识。

(2)通过商业秘密保护河南中医药。

商业秘密保护对于中医药行业最好理解和接受,但对于这项需要通过诉讼才能确定是否存在权利的商业秘密而言,并非是件容易做到的事情。具体可以采取如下措施:①从中医药课题立项、提出中医药设想、制定研究计划即开始采取保密措施,以避免开发过程中泄漏商业秘密;②与涉密员工签订保密协议和竞业限制协议,与合作伙伴签订归属条款和保密条款等进行合同性保护;③技术秘密加上专利权、商标权或著作权等与其他知识产权充分结合的综合性保护,如对药品生产的技术秘密保护,可考虑适当时机对依附的生产工艺、方法、产品用途等进行专利申请;还可以考虑申请与药品的外观设计专利(包括药瓶、药盒及固体有形药丸、药片的外观设计的专利),同时还可以附加药品的商标保护,要做到"层层设防,密不可分";④发动诉讼申请禁令救济和损害赔偿等诉讼性保护;⑤通过不断提高原有技术秘密,增加新的保密内容,改进保密手段,增加解密难度,进行改进性保护,如中药新的生产工艺、配方等,提高产品质量;⑥当得知或预测他人有可能已经掌握或短期内可能掌握自己独有的某一技术秘密时,如果该技术可以申请专利,应考虑将通过申请专利将其替换,对于中药提取中的技术,可以先进行技术秘密保护,经过一段时期再申请专利置换,可以延长对该技术的占有期限;⑦为有效地维护技术秘密的价值,一些企业在了解用户需求量及市场行情后,往往尽一切可能在很短时间内占领大部分或主要的产品市场,从而使他人的破解仿制成为不必要,如同仁堂的安宫牛黄丸。

(3)通过著作权保护河南中医药。

著作权在中医药领域,主要涉及具有原创性的作品及传播这些作品的媒介,包括但不限于中医药领域的学术著作、研究论文、临床研究报告、用药经验总结、相关文献信息汇编、实验报告、工程设计方案、制剂流程方案、产品设计图案、产品说明书、相关计算机软件等。另外,可以利用著作权保护传统中药方剂的收集整理、中药信息数据库的建立和运行、中医药文化传承和创新发展和中医药的合法精神利益和财产利益。

(4)重视其他保护方法运用。

①特有名称的保护:2019年《反不正当竞争法》规定,经营者不得擅自使用与他人有一定影响的商品名称、包装、装潢等相同或者近似的标识,引人误认为是他人商品或者与他人存在特定联系。道地药材的名称完全可以通过《反不正当竞争法》中有关知名商品特有名称进行保护,如"怀地黄""铁棍山药"等地道药材属于知名商品的特有名称❶。

②特有种质的保护:中医药用于治病的有效成分是含量甚微的次生代谢物,如生物碱、皂苷、黄酮、香豆素等,优良品种遗传基因是道地药材形成与发展的内在因素❷,故对于违反诚实信用原则和公认商业道德来利用特有种质的行为,不排除可以通过《反不正当竞争法》进行保护。

③专有技术的保护:一种道地药材总是伴有一定生产技术历史,历史愈悠久、技术愈精湛、质量愈优良、道地性就愈突出,生产加工可以起到减毒增效作用,是临床与生产实践逐步摸索和积累来的技术;故对于违反诚实信用原则和公认商业道德来利用专有技术的行为,也可以考虑通过《反不正当竞争法》进行保护。

---

❶ 宋晓亭.论道地药材之无形资产[J].重庆理工大学学报(社会科学),2013(1):25-29.

❷ 宋晓亭.两种"技术创新"之比较——以近现代技术和传统技术为视角[J].重庆理工大学学报(社会科学),2008(12):13-15.

4. 尽快完成河南中医药地方立法

中医药发展存在明显的地域性特征,我国幅员辽阔,不同的地区有不同特色的中医药资源,因此由地方进行立法能够更好地体现出地方特色,管理和保护当地特有的中医药资源,填补上位法立法的空白。目前我国已有多省制定了地方中医药保护条例、地方道地药材保护条例,如笔者在前文中提到的《广东省岭南中药材保护条例》,其明确了受保护的药材范围、责任部门保护方法等,且根据岭南地区的具体情况,明确提供了种源保护、产地保护、种植保护、品牌保护等具体保护方案。河南省目前尚未有关于中药药材保护的立法规定,可以借鉴其他地区具有可操作性的立法实践,在加强质量监控、加大品牌宣传、严格基地建设方面制定相关的地方立法,为河南省中医药的保护和发展保驾护航。

5. 重点保护中医传人和传统知识

防止中医药秘方、技艺的流失,其关键是保护中医传人和传统知识。在公权力的介入方面,政府有关部门可以合理出台鼓励政策、确立相关标准,增强中医传人的信心,对侵害中医药的行为做到有效监管、处罚;地方企业之间可以形成集约生产,保障利益分享,共同推动地方中医药的发展。对于传统知识,要善于利用现有技术,建立相应的数据库进行管理和保护,防止海盗式的窃取行为。

第四章 河南省中小学知识产权普及教育问题研究

胡翠平[*]

一、基本理论

(一)中小学知识产权普及教育的开展背景

为提升我国知识产权创造、运用、保护和管理能力,建设创新型国家,实现全面建设小康社会目标,我国2008年印发了《国家知识产权战略纲要》[❶](国发〔2008〕18号)(以下简称《纲要》)。《纲要》的战略重点中提出要培育知识产权文化:加强知识产权宣传,提高全社会知识产权意识;广泛开展知识产权普及型教育等。相应地也提出推进知识产权文化建设的措施:在高等学校开设知识产权相关课程,将知识产权教育纳入高校学生素质教育体系;制定并实施全国中小学知识产权普及教育计划,将知识产权内容纳入中小学教育课程体系。此后,在《深入实施国家知识产权战略行动计划(2014—2020年)》[❷](国办发〔2014〕64号)中,提出了知识产权人才队伍建设工程,其中包括将知识产权内容纳入学校教育课程体系,建立若干知识产权宣传教育示范学校。将知识产权内容全面纳入国

---

[*] 胡翠平,中原工学院法学院、知识产权学院副教授,管理学博士。

[❶] 国务院.国务院关于印发国家知识产权战略纲要的通知(国发〔2008〕18号)[Z].2008-06-05.

[❷] 国务院办公厅.国务院办公厅关于转发知识产权局等单位深入实施国家知识产权战略行动计划(2014—2020年)的通知(国办发〔2014〕64号)[Z].2014-12-10.

家普法教育和全民科学素养提升工作。

2015年国家知识产权局联合教育部启动开展全国中小学知识产权教育试点、示范工作,并于同年11月联合发布了《国家知识产权局教育部关于开展全国中小学知识产权教育试点示范工作的通知》(国知发办字〔2015〕60号)。该通知同时指出,为进一步培养中小学生的创新精神和知识产权意识,为创新型人才培养提供基础性支撑,决定印发《全国中小学知识产权教育试点、示范工作方案(试行)》❶,我国中小学知识产权普及教育正式全面铺开。工作开展以来,截至2020年11月全国已有四批共165所中小学获批全国中小学知识产权教育试点学校,第一批25所学校被评定为全国中小学知识产权教育示范学校。

(二)中小学知识产权普及教育的对象

中小学生是未来社会发展的新生力量,他们求知欲强、对新事物接受能力强、可塑性较高,通过对他们进行知识产权普及教育,可以很好地引导知识产权价值观、激发创新热情,因此中小学知识产权普及教育对于整个社会知识产权保护工作有着举足轻重的作用。从小教育,从小培养,通过对中小学进行知识产权普及教育,除了学习相关知识外,还可以很好地培养他们以创新为荣、剽窃为耻,以诚实守信为荣、假冒欺骗为耻的荣辱观,增强学生的知识产权意识,为长期可持续的创新型国家、知识产权强国建设储蓄新生力量。

但教学是教与学的双边活动,不仅需要教师根据教育目的分配知识,也需要根据学生认知和学习能力特征构建合适的知识组合和传授方式。中小学知识产权普及教育也应当根据不同阶段学生的认知特征调整教学内容和教学方式。

1. 小学生的学习认知规律

(1)小学生想象力丰富、事物认知以感性为主。

小学生的认知是从感性到理性、从具体到抽象思维逐渐发展过程,是从低年级的无意识记忆、形象记忆转向高年级的自觉学习、抽象记忆。学习也从机械式的单一知识点重复记忆逐步转向灵活的开拓式、应用式理解,但仍然属于浅层认知。

---

❶ 中华人民共和国国家知识产权局. 全国中小学知识产权教育试点示范工作方案(试行)[EB/OL].
http://www.sipo.gov.cn/docs/pub/old/zcfg/tjxw/201511/t20151116_1203749.html.2015-11-16/2020-06-20.

低年级小学生知识积累较少,对事物的认识往往停留于表面,难以区分类似的事物,比较容易抓住主要的、显像的事物和特点,缺少目的性。学习时也以兴趣和喜好为主,受情绪和感情影响较大。对事物的认知具体直观,缺少抽象概括能力和精确观察能力。

小学生注意力难以长时间集中,他们身体发育还不稳定,容易受到干扰。小学生低年级阶段能连续保持20分钟注意力就很不错了,随着年龄增长到了高年级阶段则可以达到半个小时以上。如果不能很好地吸引他们的注意力,所讲授的内容则很容易被他们所忽略。

但小学生想象力和创新意识比较强,有时甚至会出现不符合现实的天马行空式臆想。随着接触知识和经验的增加,这些想象会出现比较高的创造性,这些创造性是不可多得的创新来源,更需要加以保护和开发。

(2)小学生道德意识逐渐增强、情感逐渐多元化。

低年级小学生道德情感准则比较单一,较多时候是一种是非分明的对错观,对于不符合自身价值判断的行为较为排斥,对于老师所教的价值观念较为认可并遵从。低年级小学生内心道德情感比较脆弱,爱模仿,尚未形成自觉的道德行为,受家人和老师的影响比较大。此时开展尊重知识、崇尚科学、保护知识产权等方面的教育可以很好地培养他们的价值观。

随着年龄的增长,他们开始能够以具体的社会道德行为为依据,开始加入个人的抽象思考,形成自己的价值判断标准,价值观念开始丰富化,价值判断也不再是单纯的是非对错。但小学生道德标准和价值判断受情感影响比较大,知识产权价值观教育需要潜移默化,可以利用小学生对喜欢的任课教师、名人的崇敬心理,将知识产权价值教育融入其中。

2. 中学生的学习认知规律

中学生的认知能力得到大大提升,不再是单纯的感性认知,会加上自己的价值判断,逐渐转向理性思维。学习能力也不再是被动的学习,开始转向主动学习、探索性学习,并具有一定的学习自觉性。学习中的专注度和持久性增强,可以相对较长时间地排除干扰,持续学习。中学生的观察力更强,由具体到抽象、由部分到整体,更为系统化,抽象概括能力大大增强。中学生的理解力也快速发展,不再停留于事物的表面,开始思考内在的关联,学习也能多感官协同参与,而不是小学阶段的以视觉学习或听觉学习为主。他们的学习由小学阶段的平面式泛泛了解转向纵深发展,在此阶段形成的兴趣爱好将会持续较久,学习的主动性也增强。

但中学生的学习会开始出现一定的功利性,有自己相对独立的学习意志,关注自我评价和社会评价,受挫时易放弃。中学生开始关注社会发展,责任感和爱国情感增强,道德意识能转化为道德行为。对于创新有了更深刻的认识,并能自我改善,有了一定的文学艺术审美能力。如果在此阶段学生有较为系统的知识产权知识,将可能在技术创新、信息技术、文化创造等领域取得持续发展。

(三)中小学知识产权普及教育的原则

中小学生在不同成长阶段有自身独特的生理特征和心理特征,对他们开展知识产权普及教育也要有一定的阶段性。而且,知识产权涉及技术、法律、经济、管理等多学科领域,即使是成人全面掌握也有一定难度,如何让认知能力更弱的中小学生准确认识和理解知识产权更是一大难题。因此,中小学生知识产权普及教育更多的是让他们认知理解基本知识,树立基本理念即可,要遵循以下基本原则。

1. 形象直观激发兴趣

中小学阶段尤其是小学阶段学生,学习持续性不强,对知识的理解程度不深,更容易浮于表面,因此应着重于激发学习兴趣,培养积极参与性。中小学生探索欲较强,创新积极性高,因此很多中小学均会开展形式多样的科技创新、小发明、小创造活动。通过将知识产权普及教育与科技创新活动相结合,可以使学生对知识产权保护的客体有更直观的认识,也能使中小学生树立起尊重创新、保护创新成果的意识,进一步学习知识产权知识和保护技能的兴趣也会更强烈。在教学设计中尽量注重利用图片、视频、案例等资源,增强知识性和趣味性的结合,开展形象直观的实例教学、多媒体教学、现场教学。

2. 结合素质教育减少学习压力

素质教育是以提高民族素质为宗旨的教育,侧重于基础知识、基本技能的普及教育,而非专、精、高、深教育。对中小学生的素质教育目的在于提升基本素养,提高综合能力,不应有太大的负担。小学生活泼好动,对枯燥乏味的知识传授难以持续关注,甚至会产生反感。中学生课业压力较大,难以将学习兴趣定位于接受知识产权的特色教育上来,尤其是高中生更不能将知识产权教育变为一种负担。因此,相应的知识产权普及教育应成为一种调解、放松的欣赏式学习,对知识产权的普及教育也应定位于素质教育的一部分,着重于让学生对知识产权、知识产权保护有个初步的了解,培养其认识知识产权、尊重知识产权、保护知识产权的基本素养。因此,知识产权素质教育应开展形式多样的活动,不以考核为目的,使中小学生在轻松的氛围中加强认知。

3. 结合既有课程分阶段系统化培养

当前知识产权普及教育更多的是零散性的活动,如科技创新小发明类的竞赛、展览,知识产权人才进校宣讲、报告等形式,这些形式虽然也可以起到很好的教育作用,但不够系统,缺少可持续性。而且,不同年龄阶段的孩子理解能力、接受能力有很大差异,这些活动很难兼顾所有学生。当前素质教育已经融入课程教学之中,各种课程中均会涉及科学、文艺、信息技术等知识,而且还会开设社会、科学等课程。结合不同年级阶段核心课程大纲内的知识点,与相关的知识产权知识结合起来,可以使学生更为重视,学习效果也更好。而对于小学阶段的科学等课程,则更需要在其中与知识产权结合起来,而不能就课论课,甚至把它们当作副科而忽略。

二、发展现状

(一)河南省全国中小学知识产权普及教育试点、示范学校建设现状

国家知识产权局联合教育部通过试点促推广、通过示范促深化,以推进中小学知识产权教育工作,以期形成"教育一个学生,影响一个家庭,带动整个社会"的局面,培育知识产权文化,增强全社会知识产权意识。

2018—2019年,国家知识产权局办公室、教育部只进行了一次中小学知识产权教育试点、示范学校的认定工作,即首批全国中小学知识产权教育示范学校(简称"示范学校")及第四批全国中小学知识产权教育试点学校(简称"试点学

校")的认定工作。在首批25所全国知识产权教育示范学校中,河南省第二实验中学入选,该校由全国第一批试点学校培育建设成示范学校。河南省郑州市高新区外国语小学、河南省南阳市第一中学入选"第四批全国中小学知识产权教育试点学校",数量上也由之前三批各1所学校提升为该批两所。至此,河南省共有1所知识产权教育示范学校和4所试点学校(此前两所试点学校是2016年第二批的河南省濮阳市油田第六中学和2017年第三批的河南省郑州市第十二中学)。

(二)河南省中小学知识产权普及教育实验、示范基地建设现状

1. 河南省中小学知识产权普及教育实验基地建设情况

河南省知识产权普及教育开展较早,2013年就已开始启动中小学知识产权普及教育工作,河南省知识产权局、教育厅共同出台了《河南省中小学知识产权普及教育实验基地建设方案》[1],设立了中小学知识产权普及教育实验基地建设专项,择优对部分实验基地所在学校给予经费支持,为他们免费提供《中小学生发明创造与知识产权》教材,对在校生的专利申请进行全额资助。通过鼓励在这些基地开展知识产权普及教育,树立知识产权从娃娃抓起的理念,以期提升中小学生的创新能力和知识产权保护意识,激发学生发明创造和科学实践热情。自2014年首批20所中小学被命名为河南省中小学知识产权普及教育实验基地以来,截至2020年11月,河南省已先后认定六批中小学知识产权普及教育实验基地共269个。

2018—2019年,河南省分别进行了第五批、第六批中小学知识产权普及教育实验基地评审,安阳市殷都实验小学等104所中小学校获批为河南省第五批中小学知识产权普及教育实验基地,郑州市第七十六中学等49所中小学则获批为第六批知识产权普及教育实验基地。两年间共有153所中小学获批省级中小学知识产权普及教育基地,占全部的56.9%,在中小学知识产权普及教育中取得了跨越式的进展。

2. 河南省中小学知识产权普及教育示范基地建设情况

2016年,为进一步促进河南省知识产权文化建设,推进中小学知识产权普及

---

[1] 河南省知识产权局,河南省教育厅.关于印发《河南省中小学知识产权普及教育实验基地建设方案》的通知(豫知〔2013〕83号)[Z].2013-08-16.

教育,充分调动中小学知识产权普及教育实验基地工作积极性,河南省计划在全省知识产权普及教育实验基地中优选、建设一批中小学知识产权普及教育示范基地,河南省知识产权局联合河南省教育厅共同制定了《河南省中小学知识产权普及教育示范基地管理办法》[1],并于6月底印发实施。

在2018年第18个"世界知识产权日"到来之际,为加强知识产权宣传普及,提升全社会知识产权意识,河南省知识产权局开展了主题为"倡导创新文化,尊重知识产权"的知识产权宣传周活动。为深入做好全省中小学知识产权普及教育工作,在宣传周启动仪式上,河南省知识产权局联合河南省教育厅决定将郑州市第二中学等8所学校,列入河南省首批中小学知识产权普及教育示范基地名单。2019年12月,郑州龙门实验学校等9所中小学校被列为河南省第二批中小学知识产权普及教育示范基地。2020年10月,河南省济源第一中学等6所中小学入选第三批河南省中小学知识产权普及教育示范基地。

示范基地是河南省中小学知识产权普及教育的先锋队,它们是从知识产权普及教育实验基地优选而来的,知识产权管理部门和教育部门对他们进行重点支持、培育,为申报国家中小学全国中小学知识产权教育试点、示范学校做准备。同时它们也对引领河南省其他中小学开展知识产权普及教育有较好的带动作用,经验做法可以很好地传递给其他学校。入选中小学知识产权普及教育示范基地后,需通过开展知识产权普及教育,落实知识产权教学计划,可以很好地激发创新热情、提升中小学生知识产权保护意识,为中小学提供创新创造成果的实践平台,也有利于培养学生的创新精神、知识产权保护意识和社会责任感。2018—2019年河南省中小学知识产权普及教育示范基地取得开拓性进展。

(三)河南省中小学知识产权普及教育开展现状

在中小学知识产权普及教育工作开展中,河南省知识产权局联合教育部门着力引导各类学校把知识产权文化建设与学生思想道德建设、校园文化建设、主题教育活动紧密结合起来,开展各项工作。

---

[1] 河南省知识产权局,河南省教育厅.关于印发《河南省中小学知识产权普及教育示范基地管理办法》的通知(豫知〔2016〕37号)[Z].2016-05-30.

第四章 河南省中小学知识产权普及教育问题研究

1. 河南省中小学知识产权普及教育形式不断创新

河南省中小学知识产权普及教育在探索中不断发展、在摸索中不断前进,现已形成多种教育形式相互配合的教育模式。

(1)河南省中小学知识产权普及教育巡讲普遍开展。

河南省中小学知识产权普及教育形式最初主要采取知识产权宣讲、报告形式,至今这种形式也很普遍,各地知识产权局往往直接参与其中。例如,2018年6月,河南安阳开展中小学知识产权普及教育进校园活动,以提升学生的学习能力、实践能力和创新能力,增强学生对发明创造的意识和兴趣。2018年10月,濮阳市知识产权局分别到濮阳市第一高级中学、南乐县第一高级中学、濮阳县第一中学3所高中开展河南省中小学知识产权普及教育巡讲活动。2018年11月,漯河市知识产权局到漯河高中开展河南省中小学知识产权普及教育巡讲活动,通过讲座,学生们更加深入地了解了专利的有关知识,鼓舞了学生的发明创新热情。2019年1月,河南省中小学知识产权普及教育巡讲活动在新乡市第四中学、第三十中学、第三十一中学、辉县市城北中学、同济学校等学校开展。2019年11月,河南省中小学知识产权普及教育巡讲活动走进邓州市花洲实验小学。2019年12月,河南省中小学知识产权普及教育巡讲活动走进南阳市第五中学。也有学校主动邀请专家进校巡讲,如2019年10月11日,河南省中小学知识产权普及教育巡讲活动在沁园中学报告厅隆重举行,该中学主动邀请郑州市第十二中学的张红勋作专题讲座,中小学自身在开展知识产权普及教育方面也更加积极主动。

(2)河南省中小学知识产权普及教育方式与时俱进。

除了传统的方式,河南省中小学知识产权普及教育形式也越来越多样,创新方式层出不穷。例如,郑州市实验高级中学自2015年开展首届科技节以来,科技节形式已非常普遍。郑州市第五十八中学自2017年以来已连续开展三届不同主题的校园科技节,如2019年第三届校园科技节历时一周,设置有科技电影欣赏、科普知识讲座、科技手抄报、科普知识、科普文化展览、科技知识大竞赛、科技展品嘉年华、郑州市科技馆参观等项目,展示、参与与现场体验相结合,趣味性与科学性并存。学校希望通过科技节在校园内营造热爱科学、鼓励创新的良好氛围,鼓励学生积极踊跃地投身到科技节的各项活动中,用智慧的大脑、灵巧的双手去创造、探索,形成"爱科学、学科学、用科学"的校园文化。平顶山市明珠世纪小学则通过小学生剪纸艺术开展知识产权普及教育特色活动,将传统手工艺术与知识产权保护、知识产权教育结合起来,更加直观形象。濮阳市则与时俱进创新教学方式,在油田第六中学、南乐县第一高级中学、濮阳市实验小学等学校开展中小学知识产权教育网络课堂,既有丰富的理论,又将实践问题留给同学,知识产权教育不仅走进课堂,也走进了家庭。

(3)河南省中小学知识产权普及教育趋向系统化。

中小学自身在知识产权普及教育方面也趋向系统化、全面化。郑州第二中学将知识产权教育与创新教育作为一个整体进行顶层设计、统筹安排,建立了创新人才培养模型,以信息技术与教学深度融合的教育信息化项目"移动自主学堂"为基础,通过转变教师教学方式和学生学习方式,培养学生自主学习、合作学习、个性化学习的能力,同时让学生利用网络进行拓展学习、深度学习,启发学生探究发现的兴趣,在此基础上开展创客教育、项目式学习活动,引导学生学中做、做中学,从而不断提高创新精神和实践能力[1]。濮阳市油田第六中学则经常开展知识产权知识竞赛、知识产权黑板报和手抄报评比、科技创新小制作、专题讲座等活动。

2. 河南省政府部门不断加强对中小学知识产权普及教育支持

河南省中小学知识产权普及教育工作自一开始,首要做法就是强化政策支撑,河南省知识产权局联合河南省教育厅,为开展中小学知识产权普及教育工作开辟通道。除了联合出台一系列开展中小学知识产权普及教育工作的政策性文件外,还积极组织、督导中小学校开展各具特色、丰富多彩的知识产权体验与宣传活动,对中小学知识产权教育师资进行培训,对实验基地、示范基地进行考核管理和专利资助,有效地推动了中小学知识产权普及教育工作的开展。

(1)开展中小学知识产权普及教育师资培训。

师资队伍建设是落实中小学知识产权普及教育的根本保证,囿于专业知识限制,中小学校自身很难系统地进行知识产权教育师资培养,加强知识产权师资

---

[1] 郑州二中喜获省中小学知识产权普及教育示范基地荣誉[EB/OL]. http://zz2z.zzedu.net.cn/xndt/xyxw/2018/05/251054.shtml.2018-5-2/2020-6-20.

力量的储备和培养是确保知识产权长期可持续开展的关键。河南省知识产权局和地方知识产权局每年均会开展中小学知识产权普及教育方面的师资培训。2018年河南省还发布了《河南省知识产权局关于开展中小学知识产权普及教育师资遴选工作的通知》(豫知函〔2018〕48号),并组织评选、试讲遴选了河南省第一批中小学知识产权普及教育师资力量。对入选的20名教师还在2018年11月份进行了岗前培训,使学员了解知识产权与创新教育的目标,掌握知识产权相关知识与技能,提高中小学知识产权教育水平和能力,能够胜任未来的知识产权普及教育工作,并在工作中发挥示范带头作用,带动更多的教师参与到知识产权普及教育中去。2018年7月,开封市教育局和开封市知识产权局联合举办"开封市中小学知识产权师资培训班",以精彩讲座的方式开阔了广大教师的知识产权普及教育视野,也为进一步加强和指导开封中小学知识产权普及教育水平提供了借鉴。

(2)组织知识产权普及教育巡讲。

河南省知识产权局每年组织多场知识产权普及教育巡讲活动,河南省自2018年开始每年投入60万元,对多地区高校、企业、中小学进行知识产权普及教育。2018年知识产权巡讲工作以"知识产权助力精准扶贫"为主题,重点针对全省33个2018年拟脱贫摘帽贫困县,之后巡讲团走进南阳、周口、驻马店的多个县,完成了27个贫困县的巡讲活动,受训人数近3000人次,发放宣传资料和调查问卷2000余份。2019年8月至10月期间,河南省知识产权局在全省11市的26个县开展2019年"知识产权助力精准扶贫"巡讲活动。虽然近两年的知识产权普及教育巡讲更多地关注于扶贫主题,但巡讲中参与人员的学习也带动了当地政府、企事业单位及学校对知识产权普及教育的重视,为知识产权普及教育由城市向乡镇扩展提供了较好的推动作用。

(3)给予扶持及奖励。

为支持中小学知识产权普及教育,河南省地方政府部门也对此进行奖励支持。为充分推动中小学知识产权普及教育工作开展,调动积极性,《河南省中小学知识产权普及教育示范基地管理办法》[1]明确了对示范基地的扶持措施:同等

---

[1] 河南省知识产权局,河南省教育厅.关于印发《河南省中小学知识产权普及教育示范基地管理办法》的通知(豫知〔2016〕37号)[Z].2016-05-30.

条件下优先考虑教育系统评先评优、表彰奖励等,河南省各地知识产权管理部门基于配套经费支持,资助基地师生授权专利,优先审查基地师生发明专利申请等。2018年郑州率先出台了《关于印发郑州市知识产权运营服务体系建设实施细则的通知》(郑政办〔2018〕88号),对中小学知识产权普及教育进行奖励。该实施细则规定,对被认定为省级知识产权普及教育示范基地的中小学校,给予一次性5万元的奖励;被认定为全国知识产权教育试点的中小学校,给予一次性10万元的奖励;被认定为全国中小学知识产权教育示范学校的,给予一次性20万元的奖励。

3. 河南省中小学知识产权普及教育参与度不断扩大

经过6批次的中小学知识产权普及教育实验基地申报与评选,河南省知识产权普及教育参与度不断增加,开始实现由点到面、由省会到地市再到县乡不断扩大的局面。首批河南省中小学知识产权普及教育实验基地全部来自郑州,而在2017年以前所评选的4批次实验基地中,仅有7所乡镇学校,3/4的来自地市级及以上学校,县乡尤其是乡镇中小学知识产权普及教育开展较为落后。2018—2019年这一现象得到较大改善,在这两年的实验基地中,有17所来自乡镇中小学,比重不断增加,而地市级以上中小学所占比重则降为54.90%,县乡中小学实验基地建设发展迅速。但县乡中小学知识产权普及教育质量还有待提升,在2018—2019年第一、二批省中小学知识产权普及教育示范基地评选中,尚未有县乡中小学中选。

当然,第五、六批次省级实验基地中县乡中小学增加迅速的一部分原因是之前批次中地市级中小学已经参与较多,给他们留下了机会,但总体来说能够达到参评条件,也意味着河南省中小学知识产权普及教育已经为县乡级中小学所重视,积极开展知识产权普及教育并积极申报。这种由城市为主体向市县乡镇延伸的方式符合河南省教育水平和教育资源分布实际,也可以估计到,在未来的时间里,县乡中小学以及农村小学也会更为重视知识产权普及教育并参与其中。

三、存在问题与原因

河南省知识产权普及教育开展起步较早,但进展偏慢,知识产权教育体系尚未形成,乡镇农村地区尚处于启蒙阶段。2018—2019年,河南省中小学知识产权普及教育普及程度扩大,地市级中小学重视程度增加,普及教育形式多样,但也存在知识产权普及教育集中在城市、缺乏系统化教育等问题。

(一)河南省中小学知识产权普及教育存在的主要问题

1. 河南省中小学知识产权普及教育主要集中在城市

自实施《河南省中小学知识产权普及教育实验基地建设方案》《河南省中小学知识产权普及教育示范基地管理办法》以来,河南省审批的实验、示范基地分布情况(表2-9),可以看到:累计6批次的河南省中小学知识产权普及教育实验基地中,其中郑州市中小学占21.93%,来自乡镇的中小学仅有8.92%;而累计两个批次的河南省中小学知识产权普及教育示范基地中,来自郑州的中小学占58.82%,乡镇中小学比例为0。2018年实验基地中,来自郑州市中小学比例为9.62%,乡镇比例也为9.62%;2019年同一比例分别为20.41%和14.29%。

表2-9 河南省中小学知识产权普及教育实验、示范基地分布情况

年份	河南省中小学知识产权普及教育实验基地/个				河南省中小学知识产权普及教育示范基地/个			
	总量	郑州	市级	乡镇	总量	郑州	市级	乡镇
2014	20	20	20	0	—	—	—	—
2015	22	6	19	1	—	—	—	—
2016	21	12	16	1	—	—	—	—
2017	53	1	31	5	—	—	—	—
2018	104	10	47	10	8	3	8	0
2019	49	10	37	7	9	7	9	0
累计	269	59	170	24	17	10	17	0
比重/%	100.00	21.93	63.20	8.92	100.00	58.82	100.00	0.00

注:表中市级包含郑州市区,不含郑州郊县。

由以上数据可见,河南省中小学知识产权普及教育开展较好的地区主要分布在地市级城市,其中在郑州市较为集中,占据了超过1/5的实验基地和近60%

的示范基地,而且河南省唯一的全国中小学知识产权教育示范学校也在郑州,四所全国中小学知识产权教育试点学校中的两所在郑州。相对而言,2018—2019年,其他地市尤其是县级中小学知识产权普及教学开展成效发展较快,2018年入选的实验基地中,47所来自县级学校,所占比重达到45.19%,但这一比重2019年又降为10.20%。总之,2018—2019年,河南省中小学知识产权普及教育中县乡级学校有一定的发展,但是乡镇尤其是村级中小学知识产权普及教育尚未启蒙,质量较低。知识产权资源集中在城市是普及知识产权教育的重要限制,如何下沉至乡镇,由城市扩大至农村,这是作为农业大省迫切需要解决的问题。

2. 河南省中小学知识产权普及教育尚未形成体系

虽然河南省中小学知识产权普及教育不断创新方式,从单一的巡讲、讲座,到科技节、科普知识竞赛、知识产权知识竞赛、创新发明展等,甚至知识产权教育网络课堂等。但这些活动普遍是零散式开展,或者集中式的一周活动,缺少持续性。这些缺少周期性和可持续性的普及教育开展方式,虽然学生压力、负担较小,但对于科技创新、知识产权保护、知识产权文化培养很难形成良好的氛围。

当前中小学知识产权普及教育已逐渐形成自己特色与模式的学校屈指可数,即使是走在前列的郑州市第二中学、濮阳市油田第六中学等学校,虽然已经常态化地开展形式多样的知识产权普及教育活动,但仍然缺少对学生的全程培养,尚未形成全面系统的知识产权普及教育体系。河南省第二实验中学走在河南省中小学知识产权普及教育的前列,相对系统的知识产权普及教育体系值得学习和推广:制度层面,学校出台《河南省第二实验中学学生竞赛、成果奖励资助办法》;课程方面,学校在"课程超市"中开设有科技创新课堂,每周五走班上课,在社会实践场馆中进行学习和实践,组建多个科学研究社团;师资建设方面,对全体教师进行知识产权普及和科技创新教育并筛选出学校的科技创新和知识产权普及教育师资队伍,组织他们学习并参与培训和宣讲活动;教材建设方面,选派教师参编并出版了初中知识产权普及教育读本《发明与制作》。

(二)制约河南省中小学知识产权普及教育发展的主要原因

1. 城乡中小学知识产权教育资源差距大

河南省是一个农业大省,也是全国第一教育人口大省,河南省教育厅也不断扩充城镇义务教育资源,重点建设了一批乡镇公办中心幼儿园、新建改扩建了农村寄宿制学校,开展乡村教师"国培"培训、定向培养农村小学全科教师等,农村小学办学条件得到改善。但在乡村中小学硬件设施、师资方面仍与城市有较大差距,在编在岗教师严重不足,尚不能满足核心课程教育,知识产权普及教育等素质教育更无法得以开展。随着农村对教育的重视和城镇化进程的加快,随进城务工父母就近入学、城镇寄宿就读的现象增多,很多乡村学校出现生源不足的情况,甚至很多乡村学校撤并,优秀师资也流失严重。硬件软件资源的不足,致使乡镇农村中小学无力开展知识产权普及教育,结果就是相应的实验基地等评选中,乡镇中小学参与及中选比重极低。

2. 缺乏知识产权意识和知识产权文化氛围

中小学开展知识产权普及教育目标是"教育一个学生,影响一个家庭,带动整个社会",但是反过来,社会和家庭也会影响学生受教育的思想和效果。河南省中小学知识产权普及教育比较注重在校教育,但是对于整个社会知识产权文化氛围的培养却比较忽视,家长的参与度较低,家长的不理解反过来影响孩子的思想观念,造成一些本已有一定兴趣和成绩学生的懈怠。农村家长对知识产权的认识更少,寄宿式中小学生与家长的沟通交流更少,家长的不理解不支持更加限制了农村中小学生的创新热情和投入。

3. 教育部门对知识产权普及教育支持不够

虽然国家层面和省级层面中小学知识产权普及教育都是知识产权部门和教育部门联合开展工作,共同制定了很多制度和工作方案,但在具体落实和执行过程中,更多的是知识产权管理部门的组织和参与,教育部门更多的是一种被动参与。虽然教育部门对开展知识产权普及教育成绩较好的学校在评优争先中给予照顾,但通常是同等条件下优先,而不是加分,而且是取得一定的荣誉获批省级示范基地之后才有相应的支持。而获批省级示范基地本身难度较大,目前仅有17所学校,而且均是地市级以上学校,覆盖面极其有限,支持力度也不足以激励学校更加积极主动地开展知识产权普及教育活动。

四、政策建议

(一)加强知识产权主管部门与教育主管部门的协同

当前知识产权部门和教育部门在中小学知识产权普及教育中的协同主要在于制度层面,在工作开展和保障方面则主要是由知识产权部门负责推动,教育部门更多的是进行配合。

知识产权主管部门与教育主管部门的协同,一方面体现在普及和实施教育计划中,教育主管部门的参与方面,知识产权普及教育形式、师资选育、教学内容、课程体系设置等方面均应有教育主管部门的参与和配合,这样才更符合教育的规律和目标。另一方面体现在教育主管部门对开展中小学知识产权普及教育活动的支持力度和形式,当前对示范基地的奖励主要来自知识产权主管部门,而教育部门则主要是评先评优方面的支持,且力度有限。要想真正地把知识产权普及教育开展下去,则要加大教育部门的奖励和支持,不仅对学校还要对教师和学生进行评优、评职称、晋升、升学等多方面全方位的奖励,这样才能真正激发内在的积极性。

(二)加大对乡镇中小学知识产权普及教育资源的支持

当前河南省中小学知识产权普及教育开展的重要阻碍是乡镇农村中小学的教育资源不足,而知识产权部门对中小学知识产权普及教育的支持主要体现在对开展情况比较良好的基地进行支持和奖励,这加大了城乡中小学知识产权普及教育的差距。

对乡镇中小学教育的支持首先是加强师资教育,只有教师的知识产权意识到位了才能更加重视学生的知识产权素质培养。河南省乡镇尤其是农村学校在编在岗教师不足,农村小学撤并较多,很多村小学只保留低年级班型。对乡镇中小学开展知识产权普及教育首先应当对教职全员进行培训,先对全体校长负责人进行知识产权保护意识、知识产权重要性等进行培训,引起重视,然后对全体教师分批次进行知识产权专题培训,这样才能从低年级开始开展知识产权初步教育,避免拉大差距。其次,对乡镇中小学设立专项资金,用于开展知识产权普及教育设施、图书资料、实验设备的购买。也可以开展结对子行动,由领先的学

第四章　河南省中小学知识产权普及教育问题研究　◎

校一对一传授经验、提供授课素材资料、培养授课教师等。总之,河南省中小学知识产权普及教育的短板在农村,而发挥一切力量带动农村中小学知识产权普及教育的发展是建设知识产权强省的关键。

(三)大力开发中小学知识产权普及教育优质教学资源

目前河南省知识产权普及教育主要是知识产权管理和教育部门组织的巡讲、讲座、宣传等与中小学自身活动开展相结合的方式。在有组织地普及教育中,有确定的巡讲主题,在各学校开展的普及教育活动中,一方面是相对统一的教材内容,另一方面是学校自创形式多样的特色活动。

目前的教学资源中,已有数量较多的教材和读本。除了本省自编的《中小学生创造发明100例》《发明与制作》外,知识产权出版社出版的《中小学知识产权教育读本》系列、《我也会发明》系列小说、《青少年知识产权普及教育丛书》等也广受好评。当前的中小学知识产权普及教育教材与读本也趋向由文字到漫画的发展趋势,可接受度更高。但数量众多的图书和读本也使学校选择困难,基于知识产权普及教育的目的和学生实际,主管部门可以有选择性地推荐教材并完善相应的课程建设,配套教案、案例资料、延伸资料等。尤其是对于乡镇中小学,更需要相对成熟的课程资料促使它们加快发展速度。

当前知识产权普及教育线上课程的普及也需迎头赶上,开拓相应的线上资源,资助优秀的师资建设不同年级、不同年龄阶段的知识产权普及教育课程体系,然后供河南省中小学教学体系选择修习,既可以降低师资培育的成本,也使知识产权普及教育更为系统化、一体化。

鼓励知识产权普及教育的领先者要创新知识产权普及教育形式,积累相应的培训资源,尽量形成具有知识产权的资源库,然后在各所学校交流和推广,促进整体中小学知识产权普及教育的有效开展。

总之,2018—2019年是河南省中小学知识产权普及教育发展较快的两年,国家示范学校建设取得突破,省级示范基地发展迅速,乡镇中小学知识产权普及教育方兴未艾。未来河南省中小学知识产权普及教育的重点在于加强教育主管部门的参与,加速发展乡镇中小学的知识产权普及教育,促进整体知识产权普及教育的体系化、一体化等。

第五章

河南省地理标志发展问题研究

胡 光[*]

引言

2018—2019年,是我国"十三五"规划的重要实施阶段,也是"国家知识产权战略纲要"面临收官的关键节点,在国家层面陆续出台一批涉及地理标志保护的重要政策文件,为地理标志保护制度的进一步完善提供政策导向。同时,伴随机构改革的开始,我国地理标志保护机制逐步向更加专业化、正规化、高效化迈进。

在加强顶层设计方面,2015年12月国务院印发了《关于新形势下加快知识产权强国建设的若干意见》,提出:"适时做好地理标志立法工作","深化商标富农工作"[❶];同月颁布的《深入实施国家知识产权战略行动计划(2014—2020年)》中要求知识产权积极服务现代农业发展:"加强地理标志和农产品商标创造运用。建立地理标志联合认定机制。推广农户、基地、龙头企业、地理标志和农产品商标紧密结合的农产品经营模式"[❷];《"十三五"国家知识产权保护和运用规划》提出:"建立地理标志联合认定机制,加强我国地理标志在海外市场注册和保护

---

[*] 胡光,河南师范大学知识产权学院副教授,法学博士。
[❶] 国务院关于新形势下加快知识产权强国建设的若干意见(国发〔2015〕71号)[EB/OL]. http://www.gov.cn/zhengce/content/2015-12/22/content_10468.htm.
[❷] 国务院办公厅关于转发知识产权局等单位深入实施国家知识产权战略行动计划(2014—2020年)的通知[EB/OL]. http://www.gov.cn/zhengce/content/2015-01/04/content_9375.htm.

工作。"❶"引导注册地理标志商标……开展知识产权富民工作,推进实施商标富农工程,充分发挥农产品商标和地理标志在农业产业化中的作用,培育一批知识产权扶贫精品项目。""建设知识产权信息公共服务平台,实现专利、商标……地理标志以及知识产权诉讼等基础信息资源免费或低成本开放共享","适时做好地理标志立法工作"等政策指导。在具体操作层面,从20世纪80年代逐步开始建立到2016年底基本完成,及至2018年机构改革,我国的地理标志注册保护体系最终由三部分构成,分别为原国家工商行政管理总局商标局(以下简称"原国家商标局")、原国家质量监督检验检疫总局(以下简称"原国家质检总局")和原农业部。其中,原国家商标局负责注册地理标志商标(包括地理标志证明商标和地理标志集体商标),原国家质检总局批准保护地理标志产品(原产地地理标志),原农业部登记保护农产品地理标志。2018年机构改革后,原国家商标局与原国家质检总局统合入国家市场监督管理局,相关地理标志管理职责也一并整合。经过30多年的发展,我国注册保护的地理标志数量不断增多,质量持续提高,市场认可度逐年上升,进而推动地理标志相关产业规模稳步扩大,已成为带动地方经济社会可持续发展的重要引擎。以上政策的出台以及机制的完善,为河南省地理标志工作的开展,提供了良好的契机。

一、河南省地理标志发展概况

(一)地理标志注册具体情况

2018—2019年以集体商标和证明商标申请的地理标志商标共73项(见表2-10),其中除7项为工艺产品、服饰材料外其他均为农副产品。除此之外,通过中国地理标志网以及国家知识产权局网站查询整理,2018—2019年(截至10月)河南省获得地理标志保护产品2项(见表2-11)。①较之2017年,基于地方政府重视程度的提高,河南省地理标志商标在申报、获批数量上有所增加。②在申报类别上,集中于药品、装饰、瓷器、肉类与熟食、水果蔬菜和谷物、面粉制品、纺织品等七大门类(依据2020版尼斯分类表),其中水果蔬菜和谷物以及面粉制品申报

---

❶ 国务院关于印发"十三五"国家知识产权保护和运用规划的通知_政府信息公开专栏[EB/OL]. http://www.gov.cn/zhengce/content/2017-01/13/content_5159483.htm.

数量为57件,占申报总数的78%。由此可见,河南省地理标志商标依然是以农副产品为主。③在申报主体的地理范围方面,几乎涵盖了河南省所辖各个地区,范围较广,覆盖面较大。其中,新乡、洛阳、信阳三市申报数量较多,增速加快,这说明省内不同的地方政府对地理标志认知程度不同,但都开始逐步意识到其在经济发展方面的重要作用(见图2-15)。但是,同时可以发现,各地市在地理标志商标申报的种类上相对单一,多集中于某一类别,能够体现地方特色以及文化资源的其他产品有待进一步开发(见表2-12)。④在市场认可度方面,除洛阳牡丹、南阳玉、汝瓷等产品在国内外较有知名度外,其他产品大多不为国内市场所认知,甚至有些在本省的知名度都仅限于原产地。

表2-10 河南省集体商标、证明商标各地区品类分布情况

单位:项

地域	珠宝首饰	谷类制品	药品	非金属雕塑品	瓷器和陶器	肉、蛋干蔬菜	新鲜水果和蔬菜	纺织品和布料	合计
南阳市	1	1	2				2		6
新乡市		5				2	7		14
洛阳市	1	1	1	1		1	7		12
登封市			1						1
平顶山市		1			1	1		1	4
周口市						2			2
固始县		1				1			2
鹤壁市		1					2		3
商丘市		1					3		4
信阳市		1					6	1	8
濮阳市		1					2		3
焦作市		1			1				2
许昌市		3							3
偃师市							1		1
沧州市							1		1

续表

地域	珠宝首饰	谷类制品	药品	非金属雕塑品	瓷器和陶器	肉、蛋、干蔬菜	新鲜水果和蔬菜	纺织品和布料	合计
郑州市							2		2
开封市							3		3
三门峡市							1		1
新郑市							1		1
合计	2	17	4	1	2	7	38	2	73

注：空白处表示无相应地理标志商标。

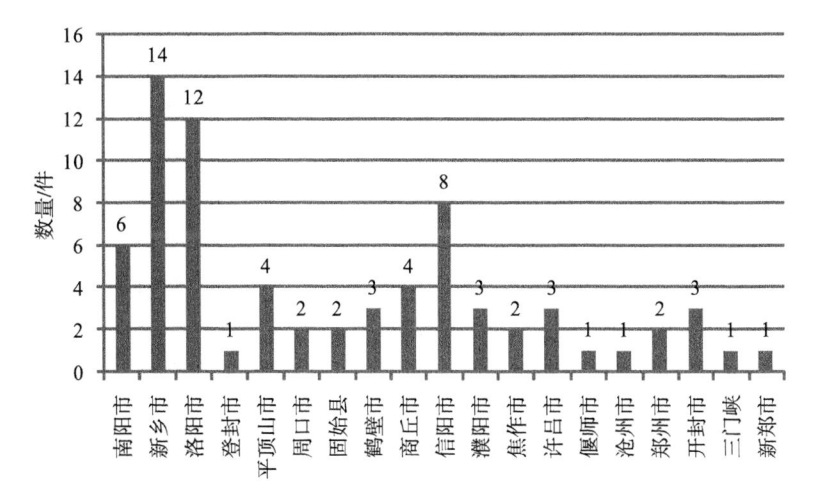

图2-15 河南省集体商标、证明商标各地区数量分布图

表2-11 2018-2019河南省地理标志保护产品

序号	申请人	产品名称	产品种类	申请日期
1	河南省柘城县人民政府	柘城辣椒	植物	2018-01
2	河南省汤阴县人民政府	汤阴北艾	植物	2019-10

数据来源：地理标志环保网，www.cgi.gov.cn/Home/Detail/1604/http://www.cgi.gov.cn/Home/Detail/。

通过农业农村部所属中国绿色食品发展中心网站查询,河南省在2018—2019年间获批农产品地理标志40个(见表2-12)。数据分析可以得出:①在农产品地理标志申报数量方面,与往年相比有一定幅度的增加,呈现稳步上升的趋势。②在产品种类方面,涉及果品、蔬菜、烟草、粮食、油料、药材六大种类,涵盖了省内各地市为公众所知的各种特色农副产品,呈现出种类全、覆盖面广的特点(见图2-16)。③在申报地域方面,2018—2019年共14个地市申报,这说明各级地方政府对农产品地理标志有一定程度的认识,表现出相关部门积极挖掘具有地域特色的地理标志资源的尝试和努力(见图2-17)。同时,数据显示(见表2-13),在申报种类方面,相关地市能够结合地方自然资源特色,产品发掘力度进一步提升。④在市场认可度方面,除温县铁棍山药、灵宝苹果等个别产品外,其他产品在全国范围内知名度不高,甚至个别产品基本不为人所知。

表2-12 河南省农产品地理标志各地区数量分布图

单位:个

品类	安阳	鹤壁	焦作	洛阳	开封	漯河	南阳	平顶山	三门峡	信阳	驻马店	商丘	周口	许昌	合计
果品				2	1		1		4			1	1	1	11
蔬菜	1	3	1			1		1		1		3	2		13
粮食				1	1		1	1	1		1		1		7
烟草								1						1	2
油料										1			1		2
药材				1					1				3		5
合计	1	3	1	4	2	1	2	3	6	2	1	4	5	5	40

注:空白处表示无相应农产品地理标志。

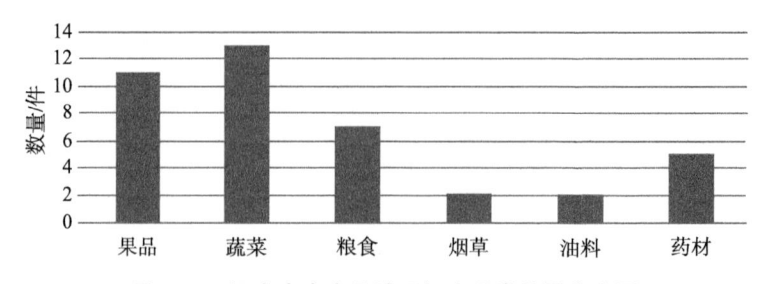

图2-16 河南省农产品地理标志品类数量分布图

第五章 河南省地理标志发展问题研究

图2-17 河南省农产品地理标志各地区数量分布图

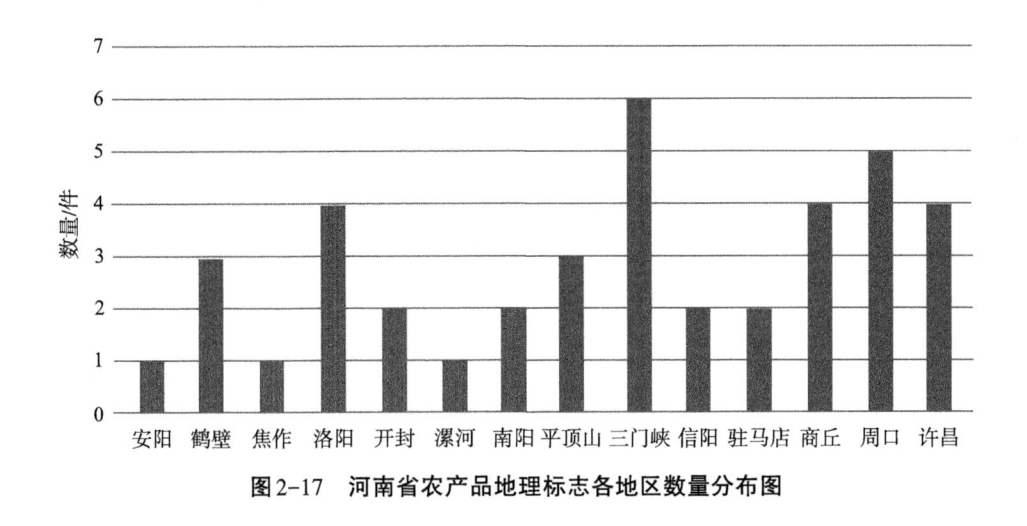

表2-13 2018—2019年以集体商标和证明商标申请的地理标志商标[1]

类别	商标	申请日期	申请人	使用商品
14	镇平玉雕	2018-04-12	镇平玉雕诚信联盟	玉雕艺术品、首饰
30	获嘉大米	2019-12-05	获嘉县嘉禾农业协会	米
5	汝阳角里艾	2018-06-22	汝阳县角里艾产业协会	药用艾
5	南阳艾	2019-09-20	南阳艾草产业协会	医用艾草
5	南阳宛艾	2019-12-24	南阳宛艾产业协会	中药材
5	嵩山何首乌	2018-11-06	登封市大金店镇农业服务中心	何首乌（中药材）
14	洛阳牡丹石雕	2018-03-12	洛阳市伊滨区慈航牡丹玉石文化交流协会	玉石雕艺术品
19	洛阳牡丹石雕	2018-03-12	洛阳市伊滨区慈航牡丹玉石文化交流协会	石雕艺术品
21	宝丰汝瓷	2018-04-08	宝丰县汝瓷行业协会	瓷器
29	郏县红牛肉	2019-08-09	郏县红牛协会	牛肉
29	汝阳羊肉	2018-11-15	汝阳县羊肉产业服务中心	羊肉

[1] 数据来源：中国商标网电子公告系统[EB/OL]. http://wsgg.sbj.cnipa.gov.cn:9080/tmann/annInfoView/homePage.html.（表格所列数据信息为通过国家知识产权局商标查询系统收集整理所得，可能存在一定程度的误差）

续表

类别	商标	申请日期	申请人	使用商品
29	固始土鸡蛋	2018-01-08	固始县固始鸡研究所	蛋
29	项城小磨香油	2018-01-26	项城市地方特产发展服务中心	食用芝麻油
29	周口驴肉	2019-06-05	周口驴肉产业服务中心	驴肉
29	辉县草鸡蛋	2018-02-09	辉县市大北农农业技术推广服务中心	蛋
30	栾川土蜂蜜	2018-04-03	栾川县蜂业协会	蜂蜜
30	古石沟大红袍花椒	2019-09-02	鹤壁市三农互助合作协会	花椒(调味品)
30	郏县饸饹面	2019-08-09	郏县餐饮业商会	面条
30	桐柏玉叶	2018-06-25	桐柏县茶叶协会	茶
30	柘城鸡爪麻花	2018-05-21	柘城县鸡爪麻花产业协会	麻花
30	范县大米	2018-11-09	范县大米协会	大米
30	新县葛根粉	2018-11-09	新县葛根研究中心	葛根粉
30	武陟大米	2018-11-19	武陟县涵香农业技术协会	米
30	原阳粉皮	2019-02-28	原阳县特色农副产品协会	粉皮
30	禹州粉皮	2019-03-12	禹州市红薯制品生产行业协会	粉皮
30	禹州粉条	2019-03-12	禹州市红薯制品生产行业协会	粉条
30	禹州焖子	2019-03-12	禹州市红薯制品生产行业协会	粉条
30	项城白芝麻	2018-01-18	项城市地方特产发展服务中心	芝麻(调味品)
30	新乡粉条	2018-02-23	新乡县万众农副产品服务中心	粉丝(条)
30	辉县红薯粉条	2018-02-09	辉县市大北农农业技术推广服务中心	粉丝(条)
30	延津火烧	2019-07-04	延津县餐饮行业协会	火烧

续表

类别	商标	申请日期	申请人	使用商品
31	淮滨弱筋小麦	2018-05-18	淮滨县弱筋小麦协会	小麦
31	栾川核桃	2018-04-03	栾川县山川特色农作物种植协会	鲜核桃
31	栾川玉米	2018-04-03	栾川县山川特色农作物种植协会	玉米
31	郭亮洞金针菇	2018-05-10	辉县市真菌产业推广中心	新鲜金针菇
31	辉县红豆杉	2019-08-16	辉县市大北农农业技术推广服务中心	红豆杉树
31	清丰仙庄辣椒	2019-08-14	清丰县辣椒协会	辣椒(植物)
31	栾川马铃薯	2018-06-08	栾川县山川特色农作物种植协会	马铃薯(新鲜土豆)
31	栾川无核柿	2018-06-08	栾川县山川特色农作物种植协会	柿子(新鲜水果)
31	睢阳土豆	2018-06-05	商丘市睢阳区郭村镇农业服务中心	新鲜土豆
31	睢阳西瓜	2018-06-05	商丘市睢阳区李口镇农业服务中心	新鲜西瓜
31	光山麻鸭	2018-07-13	光山县麻鸭产业协会	活鸭
31	清丰蘑菇	2019-11-12	清丰县蘑菇产业协会	新鲜蘑菇
31	光山麻鸭	2019-11-29	光山县麻鸭产业协会	活鸭
31	樱桃沟樱桃	2019-11-15	郑州市二七区樱桃协会	新鲜樱桃
31	延津马庄花生	2018-08-30	延津县马庄乡花生种植协会	新鲜花生
31	偃师葡萄	2018-10-10	偃师市葡萄协会	新鲜葡萄
31	淅川红石榴	2020-01-10	淅川县林业工作站	新鲜石榴
31	商城鲢鱼	2018-11-09	商城县炖菜产业发展协会	活鲢鱼
31	汝阳红薯	2018-11-09	汝阳县农业技术推广中心	新鲜红薯
31	海兴碱梨	2018-11-09	海兴农场碱梨技术推广服务中心	新鲜梨

续表

类别	商标	申请日期	申请人	使用商品
31	商城麻鸭	2018-11-09	商城县炖菜产业发展协会	活鸭
31	商城灌河滩萝卜	2018-11-09	商城县炖菜产业发展协会	新鲜萝卜
31	虞张苹果	2018-12-10	虞城县张集镇园艺技术协会	新鲜苹果
31	新新龙湖樱桃	2019-01-14	新郑市果品种植技术推广协会	新鲜樱桃
31	嵩县黑猪	2019-02-20	嵩县金泰生态养殖专业技术协会	活猪
31	荥阳河阴石榴	2018-01-08	荥阳市农产品贸易促进会	新鲜石榴
31	洛阳牡丹	2019-05-27	洛阳牡丹发展中心	牡丹（自然花）
31	卢氏核桃	2018-02-11	卢氏县林果业生产管理办公室	新鲜核桃
31	小河白菜	2018-02-05	浚县蔬菜协会	新鲜白菜
31	大碾萝卜	2018-02-05	浚县蔬菜协会	萝卜
31	开封西瓜	2018-02-05	开封市金明区汴玉西瓜协会	新鲜西瓜
31	辉县红豆杉	2018-02-09	辉县市大北农农业技术推广服务中心	红豆杉树
31	新乡葡萄	2018-02-06	新乡县万众农副产品服务中心	新鲜葡萄
31	兰考构树	2018-03-22	兰考县畜牧兽医工作站	构树
31	杞县大蒜	2018-05-27	杞县大蒜行业协会	大蒜
24	鲁山丝绸	2018-06-06	鲁山县蚕业协会	丝绸
24	光山羽绒	2018-08-27	光山县羽绒行业协会	羽绒
31	辉县山药	2018-12-20	辉县市农产品发展交流协会	山药
31	延津红花	2018-12-20	延津县果蔬专业技术协会	花卉
31	西峡香菇	2018-09-13	西峡县食用菌生产办公室	香菇
21	当阳玉胶胎瓷	2018-08-27	修武县宁城工艺美术协会	瓷器

以上数据综合显示：①河南省作为文化、农业大省，特色产品资源丰富，各地方政府对地理标志申报工作的重视程度逐年提升，但有关工作的开展仍然落后于其他省份。②在申报产品的种类方面，过度依赖农副产品，对手工制品、地方技艺文化产品有所忽视，亟待进一步开发、发掘。③所申报产品与地理标志商标没有产生一种产品重叠申报的情况，这说明出各地方政府或其他申报主体在申报路径的选择方面有所侧重，主要以成功率较高的农产品地理标志为主。④按照相关法律的规定，申报主体包括产品协会、联盟、技术推广协会、服务中心等自治性组织以及检测中心、推广站、研发中心、办公室、地方政府等事业机构与政府部门。这些主体呈现形态多样化特点，虽然能够满足制度要求和程序便利性的需要，但在协同管理、权责清晰、利益分配、市场开发等方面存在一定问题，需要进一步完善。

另外，通过对国家知识产权局以及原国家质量监督局所属地理标志网的检索、整理，2018—2019年间未有河南省的相关企业获得地理标志产品专用标志的使用核准[1]，与其他省份（如黑龙江、山东、江西、贵州、新疆等）相比有较大的差距。这一情况说明，相关政府机构和市场主体对于地理标志产品认识一定程度存在"重申报、轻利用"的问题，地理标志保护产品市场价值的开发程度有待进一步提升。地方政府管理部门应当积极搭建平台，提供各方面的支持，鼓励、辅助具有资质与能力的市场主体尽快进入地理标志产品市场化运作过程中。

（二）地理标志相关政策法规分析

2018—2019年是"十三五"规划实施的中期之年，从国家到河南省各层面都有大量的政策出台用于强化知识产权保护，促进创新发展，特别是在地理标志产品保护领域，涉及地理标志的国际条约、法律法规、地方法规、指导意见等密集颁布、实施，对其重视程度达到前所未有的高度。

在国家层面，2019年11月中共中央办公厅、国务院办公厅印发《关于强化知识产权保护的意见》，该意见是我国迄今为止涉及知识产权保护级别最高的政策性文件，其中提出："到2025年，知识产权保护社会满意度达到并保持较高水平，

---

[1] 国家知识产权局产品批准公告[EB/OL]. http://www.cnipa.gov.cn/ztzl/dlbzzl/dlbzgg/dlbzcppzgg/index.htm.

保护能力有效提升,保护体系更加完善"❶。2019年11月《中欧地理标志协定》❷签订,这是中国对外商签署的第一个全面的、高水平的地理标志保护双边协定,该协定充分彰显了中国推进全方位、全领域、高水平对外开放和加强地理标志保护的坚定决心。该协定在附录中纳入双方各275项具有各自地区特色的地理标志产品,显示出我国对地理标志产品价值推广、推动地方经济发展的良苦用心,为提升我国地理标志产品的国际化水平和认知度提供了契机。

2019年11月,国家知识产权局印发了《地理标志专用标志使用管理办法(试行)》❸,该办法基于中共中央《深化党和国家机构改革方案》中关于统一地理标志认定的要求,将原国家商标局、国家产品质量监督局所制定的涉及地理标志的相关法规予以整合,统一修订后完成。合并后的地理产品专用标志,是国家知识产权局设立的官方标志,包括地理标志商标和地理标志产品。该办法从以下几个方面规范了专用标志的使用和管理:一是明确专用标志的官方标志属性。明确统一专用标志不仅适用于地理标志保护产品,也适用于作为集体商标、证明商标注册的地理标志。地理标志专用标志为官方标志,由国家知识产权局负责统一制定发布地理标志专用标志使用管理要求。二是明确使用人。地理标志专用标志合法使用人包括:①经公告核准使用地理标志产品专用标志的生产者;②经公告地理标志已作为集体商标注册的注册人的集体成员;③经公告备案的已作为证明商标注册的地理标志的被许可人以及经国家知识产权局登记备案的其他使用人;④以及其他经国家知识产权局登记备案的使用人。三是明确使用要求。使用人应按要求规范标示地理标志专用标志,标注统一社会信用代码。国家知识产权局将依托地理标志产品保护数据管理系统,为每个合法使用人生成带有统一社会信用代码的专用标志,由省级知识产权管理部门负责当地使用人专用

---

❶ 中共中央办公厅、国务院办公厅印发《关于强化知识产权保护的意见》[EB/OL]. http://www.gov.cn/xinwen/2019-11/24/content_5455070.htm.

❷ 商务部. 中欧地理标志协定纳入双方各275项特色地理标志产品[EB/OL]. http://www.cpgi.org.cn/?c=i&a=detail&cataid=1&id=1938.

❸ 国家知识产权局. 关于发布《地理标志专用标志使用管理办法(试行)》的公告(第354号)[EB/OL]. http://www.sipo.gov.cn/zfgg/1147239.htm.

标志的下载和发放工作。[1]多年以来,我国多种地理标志产品专用标志并存使用,不仅不利于消费者对地理标志产品的识别,也增加了部分生产者的运营成本,加大了地理标志监管执法的工作难度。该办法的出台意味着地理标志商标和地理标志保护产品在授权权限、在使用标准和行政管理上的统一,有利于规范地理标志专用标志使用,有利于提高公众对地理标志的认知度,对统一地理标志监管保护具有积极作用,有助于在全社会形成保护地理标志的良好氛围。

2019年8月国家知识产权局办公室印发《地理标志运用促进工程实施方案》[2],该方案从健全地理标志运用促进工作体系、深化地理标志产业经济融合发展、全面提升地理标志品牌价值、大力加强地理标志运用促进能力建设及以深入推进地理标志助力精准扶贫五个方面出发,全方位、立体化、多层面地为我国地理标志保护、开发、利用体系的构建提供政策指引,为构建起中国特色、世界一流的地理标志运用机制,促进地理标志开发利用效率明显提升,质量效益全面凸显,产业发展规模不断扩大提供有力支持。2019年6月国家知识产权局印发《推动知识产权高质量发展年度工作指引(2019)》[3],提出:"地理标志保护水平进一步提升""完善地理标志、特殊标志和官方标志保护体系,实施地理标志保护工程,开展国家地理标志产品保护示范区建设工作,加强对地理特征明显、人文特色鲜明、质量特性突出的地理标志重点产品实施保护等系列举措。

在地方层面,2018—2019年间,响应国家知识产权强国战略的号召,河南省在知识产权保护方面成效显著,省级及各地市级政府开展有益探索,制定、颁布了一系列政策、法规、措施,部分地市制定了专门的规范性文件。统计资料显示:河南省各地方政府将地理标志保护、产业发展与食品安全、优化营商环境、强化知识产权保护、加大市场管理、乡村振兴、精准扶贫、产业升级等工作进行有效结合,特别是诸如新乡、郑州、三门峡、驻马店等市还出台了有关地理标志保护的针

---

[1] 规范专用标志管理,推进地理标志统一认定[EB/OL]. http://www.cpgi.org.cn/?c=i&a=detail&cataid=2&id=2027.

[2] 国家知识产权局办公室关于印发《地理标志运用促进工程实施方案》[EB/OL]. http://www.sipo.gov.cn/gztz/1141670.htm.

[3] 国家知识产权局. 国家知识产权局关于印发《推动知识产权高质量发展年度工作指引(2019)》的通知[EB/OL]. http://www.sipo.gov.cn/gztz/1139706.htm.

对性文件,利用制定工作方案、保护办法、通知、实施意见等形式,多方面、多角度地促进地理标志保护与开发工作的开展(见表2-14)。

表2-14 河南省各地市地理标志相关政策汇总[❶]

时间	地市	政策、地方法规	相关内容
2017年	新乡市	《新乡市工商局开展农产品商标、中国地理标志商标注册与保护2017—2018年工作方案》	明确农产品商标、中国地理标志商标注册与保护工作任务
2019年	三门峡市	《关于强化知识产权保护工作的实施办法》	加大对地理标志的保护力度
2018年	郑州市	《郑州市质量提升若干政策的通知》	成功注册地理标志商标予以50万元奖励
2019年	郑州市	《郑州市支持民营企业参与乡村振兴的若干政策》	大力推进农产品地理标志产品认证(登记)工作,促进农产品品牌化建设
2018	安阳市	《安阳市人民政府关于新形势下加快知识产权强市建设的实施意见》	大力实施商标品牌战略,注册商标、驰名商标、地理标志证明商标实现突破
2018年	新乡市	《2018年新乡市食品安全能力提升工作要点》	大力推动高农产品地理标志创品牌,加强证后监管,维护好品牌公信力
2018年	新乡市	《新乡市食品制造业转型升级行动计划(2018—2020年)》	共同打造集体商标和区域品牌。强力建设、保护、开发、利用"新乡小麦"农产品地理标志
2018年	新乡市	《新乡市绿色食品业转型升级行动方案(2018—2020年)》	把农产品地理标志品牌作为农产品区域公用品牌建设的载体,充分发挥地理标志农产品天然品牌化

---

❶ 相关信息通过北大法宝以及搜索引擎获得,可能存在一定程度的遗漏,但能大体反映相关情况。

续表

时间	地市	政策、地方法规	相关内容
2018年	焦作市	《焦作市人民政府关于加快推进商标战略发展的实施意见》	坚持把实施地理标志战略作为引领创新驱动发展
2018年	漯河市	《漯河市高效种养业转型升级行动方案(2018—2020年)》	加大地理标志农产品挖掘、培育、登记和知识产权保护力度,促进农产品地理标志品牌与产业协同发展
2019年	周口市	《关于进一步推动优化营商环境政策落实的通知》	以驰名商标、地理标志证明商标为重点,加大商标专用权的保护,严厉打击侵犯商标知识产权行为
2019年	驻马店市	《驻马店市知识产权强企培育备案管理办法(试行)》的通知	知识产权强企培育保护
2018年	驻马店市	《驻马店市人民政府关于实施商标战略的意见》	实施地理标志品牌战略工作
2019年	南阳市	《南阳市艾产业发展规划(2019—2023年)》	艾草产业发及地理标志保护
2018年	信阳市	关于印发《2018年信阳市知识产权执法维权"雷霆"专项行动工作方案》的通知	地理标志保护专项行动
2018年	济源市	《关于确定济源冬中国冬凌茶中国冬凌茶凌草地理标志产品保护范围的函》	冬凌草实施地理标志产品专项保护

二、河南省地理标志保护成效

2017年5月,河南省人民政府出台《关于新形势下加快知识产权强省建设的若干意见》[1],提出"推进地理标志申请和品牌价值评价工作,实施地理标志产业

---

[1] 河南省人民政府.河南省人民政府关于新形势下加快知识产权强省建设的若干意见[EB/OL]. https://www.henan.gov.cn/2017/05-25/239733.html.

化促进和示范工程,加快地理标志产品保护示范区建设"。明确到2020年河南省受保护的地理标志达到230件。以此为依据与目标,2018—2019年期间河南省各地市积极借助各种平台,发挥地区优势,利用相关政策,加快地理标志保护、申报与开发的进程,与往期相比,取得较大成效。

  典型案例包括,驻马店市将地理标志的保护、申报、开发与申报国家农业综合标准化示范市工作相结合[1],主导制定《夏芝麻栽培技术规程》《地理标志产品平舆白芝麻》等30余项实用性和可操作性强的涉农河南省地方标准,将《泌阳花菇》《夏南牛》两项地理标志产品从河南省级标准上升为国家标准,推动地理标志产品工作快速发展。2017年11月为做好商标富农工程,新乡市工商局针对性制订下发农产品商标、中国地理标志商标注册与保护的工作方案,充分挖掘开发新乡特色农产品资源,加大中国地理标志商标培育力度[2],为此新乡市市场监督管理局专门举办了"发现地标之美——运用地理标志商标助力精准扶贫、乡村振兴专题培训"活动,培训内容主要包括地理标志及地理标志商标相关概念、地理标志形成及其扶贫理论内涵、运用地理标志商标助力扶贫的实际意义和好处、运用地理标志商标精准扶贫典型案例、新乡市特色农产品分布情况和申请中国地理标志商标的程序和条件等内容,以提升相关单位、个人对地理标志的理解和认知[3]。除此之外,2018年11月,商丘市柘城县,借助柘城辣椒成功申报国家地理标志商标的契机,组织召开地理标志证明商标和产品保护协会成立大会[4],推动地理标志产品产业化发展。同时,在省级层面,2018—2019年间,河南省绿色食品发展中心分别在地理标志产品成效相对突出的灵宝、商丘等地市召开地理标志目录外产品专家审定和品质鉴评会,邀请专家对地方特色农产品审定、鉴评,这些品鉴会为各地方提供了宝贵的学习和提升的机会,成效显著。

---

[1] 杨会玲.河南驻马店创建国家农业综合标准化示范市纪实[EB/OL].http://www.cqnhn.com/cons.asp?id=12651.

[2] 新乡日报.河南新乡市中国地理标志商标已有4件,推动特色农业[EB/OL].(2017-11-28).http://nc.mofcom.gov.cn/article/dfxw/201711/953024.html.

[3] 新乡举办运用地理标志商标助力精准扶贫、乡村振兴专题培训班[EB/OL].http://www.cipnews.com.cn/Index_NewsContent.aspx?NewsId=1157711.

[4] 商丘日报.柘城县成立国家地理标志证明商标和产品保护协会[EB/OL].http://www.zhecheng.gov.cn/ywdt/mtgz/2018-11-15/21242.html.

在河南省知识产权局的组织下,河南省各地市多家企业携各地方地理标志保护产品企业参加了在以在长沙举办的第二届地理标志产品国家博览会为代表的有关地理标志产品的国家级会议,促使河南省地理标志产品在更高层次的平台上得到了宣传和展示,知名度得到了进一步提升,拓展了销售渠道和客户来源,取得了较好的市场效果。同期,2019年第二十届中国绿色食品博览会暨第十三届中国国际有机食品博览会在郑州国际会展中心开幕,该届博览会参展的产品中蕴含独特区域文化与品质的地理标志农产品备受关注,其中河南省分设河南综合展区、郑州展区和洛阳展区,参展地理标志农产品的产品质量、数量均为历届绿博会之最,极大地推动了河南省地理标志农产品的市场认可度和品牌价值的提升。

利用地理标志精准扶贫方面,河南省知识产权局自2018年开始以"知识产权助力精准扶贫"为主题,已面向全省27个贫困县开展巡讲活动,2019年继续针对24个拟脱贫县和2个已脱贫县开展知识产权巡讲活动。2019年河南省知识产权局印发《关于开展2019年"知识产权助力精准扶贫"巡讲活动的通知》,于2019年8月至10月期间在全省11市的26个县开展"知识产权助力精准扶贫工作",具体对象包括平顶山鲁山县、驻马店确山县、开封兰考县、濮阳台前县和范县、周口淮阳县和扶沟县等地。2019年12月25日,在国家知识产权局组织的"地理标志助力乡村产业振兴"主题交流会上,特设地理标志产品展示区,包括河南新密手工楮纸展示、河南郑州木版年画技进行了展示。此外,商丘市县利用"虞城荠菜"被国家农业农村部认定为"国家地理标志产品"的契机,发展蔬菜产业。河南省桐柏县实施"电商平台+地标农产品+农业合作社+农户"模式,坚持线上线下相结合。❶禹州市充分利用地方中药材地理标志产品优势,促进药材特色农产品发展,达到农户精准扶贫。❷其他成功案例还包括光山县、台前县充分利用"光山羽绒"国家地理标志商标,助推羽绒产业形成"精准扶贫就业基地+电商+贫困人员"模式;桐柏地标产品朱砂红桃采取众筹销售效果良好,艾叶制品借网飘香;泌阳花菇、悦生合食用油、林州和淇县的小米、西峡猕猴桃、范县莲藕成为知名网

---

❶ 卜森,魏卜堃.农村电子商务助力精准扶贫的问题与对策分析——以河南省桐柏县为例[J].产业创新研究,2018(7):34-37.

❷ 仝允正.发展中药材产业助推产业扶贫[J].河南农业,2020(1):60.

货。从杂粮、水果、山珍等农产品,到工艺品、羽绒产品等工业品,电商扶贫产品进一步丰富。❶

三、河南省地理标志发展存在的问题

(一)地理标志专业人才相对短缺

地理标志产品保护申请,需由当地县级以上人民政府指定的地理标志产品保护申请机构或人民政府认定的协会和企业提出,并需征求相关部门意见。而各地的民政部门主管事务繁杂,对于新成立的行业协会,有些工作人员是从其他政府部门调入,经验缺乏。地理标志专业人才的短缺,造成对地理标志保护的意义认识不够、商标保护意识不足的问题。特别是在机构改革后,这类问题比较突出,部分单位存在对UID(用户身份证明)标志保护、开发市场,产品推销等工作不熟悉,对民办非企业(尤其是地理商标保护协会)的重视不够,信息交流、沟通不畅等问题。这些问题导致河南省在相对有利的情况下丧失了地理标志商标注册的时机,使得随后的年度内注册数量较少,致使河南省与其他经济比较发达的农业大省相比处于落后地位,尤其是和有相似地理条件、人文条件的山东省、湖北省相比,河南省地理标志注册商标的数量虽然在增速上多有提高,但在总数上依然落后,一定程度上造成河南省地理标志商标注册保护陷入被动局面。

(二)地理标志保护产品种类较为单一

从2018—2019年河南省地理标志注册保护现状来看,无论是地理标志商标,还是地理标志保护产品或者农产品地理标志,目前均集中在水果、蔬菜、谷物和以此为基础的等初级的农副产品领域,产品品类较为单一。虽然"当前我国大多数地理标志不仅缺乏深度的产业链延伸,同时地理标志注册保护仅具有十分有限的品类覆盖面",❷但是,相对于其他省份,河南坐镇中原,作为全国农业、文化大省,地处南、北气候交会处,由于生态环境的特殊性、自然人文因素的多样

---

❶ 曹献存.河南省电商扶贫的现状及对策研究[J].河南牧业经济学院学报,2018(6):19-23.

❷ 孙智.我国地理标志注册保护:现状、问题及对策——基于贵州省的实证观察[J].贵州师范大学学报,2018(5).

性,在悠久的历史文化延续中形成了自己得天独厚优势。特别是在文化领域存在大量利用地方特有自然资源所创造的产品,而这些能够充分体现当地独特的地域文化、民族特色,但与现代时代特征相结合的地理标志却还十分稀少。事实上,特色产品并不限于传统农产品,具有地方特色的工艺品也是符合地理标志注册条件的产品,地理标志保护应该并且可以向手工业、工业品乃至服务等领域延伸。以国家级非物质文化遗产保护名录为依据,河南省列入一至五期保护名录的至少还包括浚县泥咕咕、方城石猴、镇平玉雕、滑县木版年画、登封窑陶瓷烧制技艺、当阳峪绞胎瓷烧等传统手工技艺,这些技艺所生产的产品都是宝贵的资源,在满足地理标志产品保护条件下,可以考虑将之申请注册为地理标志商标。

(三)地理标志产品市场价值转化率较低

正如本章第一部分所分析,河南省的地理标志保护产品除在种类上过度集中于农副产品外,另外一个突出的问题就是"农产品生产规模小,标准化程度低,由此造成产品质量不高,难以形成品牌效应。还有部分产品本身质量不错,但特色不够突出"[1]。地理标志作为品牌的认知度较低,市场认可度不高,进而造成地理标志产品市场价值转化率较低。一些地理标志农副产品,虽然具有良好的品质和地方特色,但即使在获得地理标志保护后,仍然仅为当地人所知、所用,甚至在本省的知名度都不高。尤其是除农副产品外的手工艺类地理标志产品等,由于没能和地方历史、文化深入结合,品牌知名度仅限于特定的行业内容或产业流程的初端,无法进入终端消费市场,产品附加值较低,与河南省历史文化大省的定位无法匹配,亟须改进。

四、完善河南省地理标志保护机制的措施和方法

(一)全方位提升地理标志产品认知度

《地理标志运用促进工程实施方案》中强调:"加强地理标志品牌建设与历史文化传承发展有机结合,进一步强化中华传统技艺和文化产品的地理标志品牌

---

[1] 降雪辉.河南省农产品电子商务精准扶贫存在的问题及对策分析[J].决策探索,2020(1):10-12.

运用推广"❶,对于在河南省地理标志种类中占绝对突出地位的农产品而言,除了在产地宣传和质量上狠下功夫外,应当充分依靠河南省作为历史文化大省的特点,以非物质文化遗产名录为依据,发掘"独特的自然、生态环境是地理标志农产品独特品质形成的客观基础,难以复制,使其具有自然垄断性、高市场溢价率。而悠久的人文历史积淀可以使地理标志农产品获得持久竞争力,提高产品档次和溢价能力"❷。在宣传渠道方面,现代社会正处于互联网经济时代,以自媒体、流媒体为代表的新型信息传播方式正在逐渐代替传统传播手段而逐步成为人们获取信息、形成决策的主要依据。消费市场更加追求个性化、智能化、简易化和多样化。而河南省地理标志产品在宣传手段的选择上必须强化与新兴媒体的深度融合,这种融合应当在一般的信息宣传、交换和查询的基础上,增加互动、体验等模式,充分利用互联网、大数据,在开发地理标志产品信息服务等平台的基础上,通过网络直播等形式(除了现在较为流行的销售类直播平台外,建议结合河南风土人情搭建能够反映地理标志产品生产、制作、种植、养殖等过程的生活类直播),使用多种营销手段,帮助全国各地的消费者了解河南省地理标志产品的生成、制作工艺、文化底蕴等方面的内在品质,"打造集微信、微视频、微博等为一体化的旅游宣传模式,全方位展示和推介地理标志农产品旅游精品路线、风土风俗、特色品牌、食住行购等信息"❸,全面提升品牌的认知度,着力提升地理标志价值内涵,探索地理标志"标志—产品—品牌—产业"发展路径。

同时,加快开拓国际市场。河南省是"一带一路"中"丝绸之路经济带"的起源地,在地理位置和交通方面具有得天独厚的优势,应当进一步借助"一带一路"的国家政策以及地域交通优势,以《中欧地理标志协定》的签署为契机,积极推荐、争取更多的河南省地理标志产品列入《中欧地理标志产品清单》,获得欧盟地

---

❶ 国家知识产权局.国家知识产权局办公室关于印发《地理标志运用促进工程实施方案》并组织推荐2019年项目申报的通知[EB/OL]. http://www.sipo.gov.cn/gztz/1141670.htm.

❷ 王文龙.中国地理标志农产品品牌竞争力提升路径研究[J].青海社会科学,2018(5):110-116.

❸ 刘法权.农旅融合背景下河南省地理标志农产品旅游潜力评价与开发研究[J].荆楚理工学院学报,2018(12):64-70.

理标志产品认证❶,提升河南省地理标志产品在国外的知名度。

(二)推动成立自治组织与统一经营企业

2017年国家工商总局在《关于深入实施商标品牌战略推进中国品牌建设的意见》中提出,大力推行"公司+商标品牌(地理标志)+农户"产业化经营模式,进一步提高农民进入市场的组织化程度。河南省作为农业和文化大省,农产品品种及总量多,文化资源丰富,尚有一大批地理标志需要挖掘、可以发掘。尽管已经拥有一批地理标志产品,但由于家庭生产、分散经营的模式,存在"多、小、散、乱"的现象,在生产和经营上也无法做到规模化、专业化和品牌化,区域特色经济的作用无法得到显现,加之一定程度上缺乏综合性技能人才,也未曾有统一的机构来协助,导致河南省的地理标志商标设立量低于其他情况相同的省份。

因此,建议向山东、陕西等具有成功经验的省份学习,成立河南省地理标志产业协会,加强与政府、机构、团体等之间的沟通,通过协会搭建各种合作服务平台,提供多种公共服务、商务服务、政策扶持服务、投资项目服务,积极协调链接各种资源,争取各级政府的支持指导,争取各行业的参与和对接,形成效益最大化。产业协会可以为会员单位提供包括商标、专利、著作权、物流、广告、科技孵化、商业运作及品牌策划等在内的多项服务,为河南全省地理标志产业搭建信息交流、合作发展和产品展示的服务平台,通过鼓励各地理标志单位的加入集中精力做好产品生产和质量把控,其余环节则由其他会员单位发挥其各自优势去完成,帮助河南省创立更多的地理标志品牌。同时,考虑成立具有法人主体资格的公司,通过国资控股,地方加盟的方式,统一品牌形象,采取政府引导、企业主体、部门参与和财政补贴的办法,统一印制地理标志证明商标产品包装物,推动证明商标与企业商标一体化发展。

(三)强化人才培养与信息化建设

我国出台的相关知识产权政策、规划中曾多次提到加快地理标志人才培养的进度。但由于地理标志产品的认定管理和推广与其他知识产权客体(如商标、

---

❶ 由于《中欧地理标志双边协定》尚未公示,故河南省正式列入《中欧地理标志产品清单》中的产品名录没有查询到。但基于多渠道信息检索、收集可以得出,相对于其他省份(如河北、贵州、江西等)的大量媒体宣传,河南省有关信息的报道较少,重视程度不足。

专利、著作等)都不尽相同,涉及特定的人文、地理、技术、标准等系列知识,并且加之之前重视程度的不足,地理标志专业人才短缺成为困扰我国地理标志管理机制完善的一个重要问题。河南省近两年借助知识产权学院建设,在知识产权人才培养方面力度较大,通过开设培训班,线上教学等多种形式,取得了较好的效果。但是,具体到地理标志专业人才则相对滞后,具有理论知识和实务技能的人才多集中于包括代理机构在内的市场主体,体制内的管理人员,尤其是地方单位的相关人员对相关知识的理解和应用则有待提升。建议通过增加开设专题辅导班等方式,联合高校、科研机构以及实务企业针对性的培养一批地理标志开发、管理人才。

知识产权信息具有时间跨度长、数据量大、专业性强等特点,实现对这些信息的科学化管理和应用一直以来都是我国知识产权强国战略的重要目标之一,相对于专利、著作和一般商标,地理标志信息化管理起步较晚、科技化程度不高,造成本应具备的社会服务功能无法完全实现。尤其是对于河南省来说,要想提高各地方地理标志的行政管理效率,打造河南品牌质量,实现地理标志产品的全程可追溯,有必要尽快通过单独创建,或者将地理标志运用促进相关信息归集、共享和查询检索等信息公共服务纳入知识产权大数据中心和信息公共服务平台的方式,加大地理标志信息公共服务力度。

(四)地方性政策法规的完善

地理标志用来区别某产地与其他地方的同类产品,普通商标则与生产者的关系紧密——同一地方的不同生产者生产的同类产品,只能用商标来加以区别。地理标志具有公权属性,普通商标属于私权。依照我国《商标法》相关规定,商标申请遵循"申请在先"的原则。依法登记注册成为普通商标,享有了商标专有权,核准注册的普通商标上可能含有相关地域的特色产品名称字样。随着我国地理标志法律保护工作的逐步开展,相关地域的相同产品如果向当地市场监督部门申请地理标志商标,则会造成普通商标权与地理标志权的冲突。为解决这一问题,2020年3月国家知识产权局出台《地理标志保护中的通用名称判定指南(征求意见稿)》(以下简称《通用名称判定指南》)❶适用于地理标志保护、行政裁决中通用名称的判定,根据《通用名称判定指南》,涉及地理标志保护的通用名称是指:"虽与某产品最初生产或销售的地点、地区或国家相关,但在我国已成为产品常用的名称。该名称在我国用以指代特定生产方法、特定规格、特定质量、特定类型或特定类别的产品。"拟申请保护的地理标志在我国不得属于通用名称,已获保护的地理标志演变为通用名称的,可依照有关程序撤销。

基于此,河南省应当提高重视程度,紧跟政策的变化,以国家《地理标志运用促进工程实施方案》《通用名称判定指南》等最新出台的政策法规为依据,结合河南省省情,设计规范性指导意见,细化河南省地理标志保护、申报规则,出台相关文件,严格规范地理标注的使用行为,联合农业、质监等部门,加强标准化建设和质量安全监管,督促企业和农户加强行业自律。尽早启动制定诸如《河南省地理标志运用促进工程实施办法》《河南省地理标志保护细则》等政策法规,一方面推动"地理标志运用促进工程"的申报准备工作,重点围绕建立和完善地理标志产品专用标志准入制度、发布和实施地理标志产品标准和技术规范、支持符合条件的生产者规范使用地理标志专用标志等确定一批地理标志产品,强化培育,为向国家、国际层面推荐做好准备,另一方面在确保国家政策落实的情况下,确保河南省地理标志保护工作有据可依。

五、总结

2020年4月,国家知识产权局印发《推动知识产权高质量发展年度工作指引(2020)》,在涉及地理标志的领域提出:"深入实施专利质量提升工程、商标品牌战略和地理标志运用促进工程""健全地理标志产品保护标准化体系""积极配合做好专利法修改,加快商标、地理标志相关规章、规范性文件制修订工作,研究推动商标与地理标志保护制度协调发展""加强地理标志和官方标志保护,推进地理标志保护示范区建设""大力实施地理标志运用促进工程,深入开展地理标志助力精准扶贫和增收致富工作。实施商标、地理标志区域品牌培育行动,推动产

---

❶《地理标志保护中的通用名称判定指南(征求意见稿)》公开征求意见[EB/OL]. http://www.cpgi.org.cn/?a=detail&c=i&cataid=1&id=2020.

业集群品牌和区域品牌建设"等多项要求和举措,地理标志在各项工作中所占比重大幅提升,为历年之最,足见国家对此的重视程度。因此,河南省应该以此为契机从品牌培育、种类发掘、产业深化几个角度深入,以培育实地理标志运用促进工程项目以及地理标志保护示范区为抓手,通过加快信息化建设和人才培养,将地理标志保护、开发工作与扶贫、富农深度结合,构建面向国际、面向未来、特点突出的新型地理标志保护模式。

第六章
河南省企业涉外知识产权保护问题研究

李尊然[*]

一、企业知识产权涉外保护基本概念和理论

(一)国际竞争条件下企业知识产权保护的产生和发展趋势

随着全球化的不断深化,在国际竞争中,企业知识产权的保护显得极其重要。这是因为知识产权制度自始便与国际经济贸易和科学技术密不可分。知识产权的国际保护也必然有着特定的国际政治、经济和科技竞争背景。19世纪中后叶,资本主义由自由资本主义进入垄断资本主义,贸易经济有了很大发展,垄断资本不仅向外输出资本和有形商品,还输出知识产品。而附着于有形商品上的诸如商标、专利等知识产权,由于其具有严格的地域性,仅受到产品输出国的保护,不为输入国所保护。这催生了世界上第一部知识产权国际保护公约,即《保护工业产权巴黎公约》的诞生。自此以后,知识产权国际保护不断发展。进入21世纪以来,特别是最近10年以来,知识产权的国际竞争和保护具有了更加激烈、更加复杂、更受各国重视的新特点。

信息技术、生物技术、新材料,尤其是互联网技术、通信技术、软件技术、人工智能技术以及基因工程技术成为对人类经济发展和社会进步影响最大的技术领域。这些高新技术的发展使得知识产权范围扩大,知识产权法域拓宽,使得国家

---
[*] 李尊然,中原工学院法学院、知识产权学院教授,法学博士。

和企业的国际竞争面临崭新的问题。一些新型的知识产权,如传统知识、遗传资源、民间文学艺术的保护也对知识产权制度带来挑战,对国家间和企业间竞争带来新问题。虽然国际社会对此在某些方面和一定程度上加强了合作,如制定了《集成电路布图设计公约》并将其纳入了具有较强执行力的WTO《与贸易有关的知识产权协议》框架之下,通过了《关于知识产权与公共健康的宣言》,推出了《世界版权条约》(WCT)、《世界知识产权组织表演与录音制品公约》(WPPT)等条约,但是各国在更大的知识产权范围内并未达成较具约束力的公约,这也导致目前国际知识产权竞争处于无序状态,如在技术转让方面就是如此。这一问题最早出现于中国入世之后的第一年——2002年。这一年,美国贸易代表开始向国会提交一年一度的《中国履行WTO承诺情况报告》,在该年度报告中,美国贸易代表开始挑战中国的外商直接投资(FDI)制度,认为该制度虽然没有正式要求,但"鼓励"技术转让。[1]到了2018年,美国贸易代表根据《美国1974年贸易法》第301条,发布了两份详细的报告,指责中国"强制"欲在中国投资的美国企业转让技术,对美国企业的投资造成了歧视性待遇。[2][3]

而对中国而言,肇始于40年前的外商投资法律制度的初衷就是获得先进技术,之后的外商投资法律制度的核心就是通过投资使得先进技术得以扩散,从而实现创新经济目标。中美之间的这种差异和矛盾却引发双方贸易战升级以及一系列国际贸易争端。

2018年美国向WTO提起"中国——知识产权案(Ⅱ)",欧盟也针对中国提起了"中国——技术转让案",前者经美国于2019年6月3日请求,已经中止了专家

---

[1] USTR, 2002 Report to Congress on China's WTO Compliance 27 (Jan. 2002), www.cfr.org/content/publications/attachments/SPRing0315.09-thru-15.13.pdf.

[2] Office of the USTR. Findings of the Investigation into China's Acts, Policies and Practices Related to Technology Transfer, Intellectual Property, and Innovation Under Section 301 of the Trade Act of 1974 (22 Mar. 2018), https://ustr.gov/sites/default/files/Section%20301%20FINAL.PDF.

[3] Office of the USTR. Update Concerning China's Acts, Policies and Practices Related to Technology Transfer, Intellectual Property, and Innovation (20 Nov. 2018), https://ustr.gov/sites/default/files/enforcement/301Investigations/301%20Report%20Update.pdf.

组程序,欧盟也未进一步推动后一案件的进展,该案现在仍在磋商阶段。❶

此外,我国企业涉及知识产权被诉案件不光存在于国际法庭、仲裁庭或其他争端解决场所,也大量存在于国内法院、仲裁庭等争端解决场所。

以上这些知识产权争端和权利获取情况都反映出企业知识产权国际竞争的激烈程度和知识产权国际保护的重要性。

(二)区域经济视野下河南省企业知识产权保护

河南省作为中国中部地区的一个区域经济体❷,其在我国西部大开发、中部崛起战略中,在沿海发达地区和西部落后地区之间居于一个承上启下的接力地位。在东部沿海地区已经发展起来较为完善的市场经济、外向经济,以及较为完善和意识较强的涉外知识产权保护制度和环境的情况下,河南省企业在涉外知识产权保护方面仍处于起步阶段,其知识产权保护意识需要大力加强,涉外知识产权保护制度需要进一步完善。

尤其是在中国经济处于向创新型、外向型经济发展方式转型的节点时期,河南省❸位于"一带一路"的交通枢纽,肩负着河南省打造对外开放高端服务平台、发展成为"一带一路"倡议核心腹地的使命。这种特有的使命和发展任务,对区域内企业涉外知识产权保护提出了更高的要求与新的挑战。这种特殊节点时期和节点位置要求既要兼顾涉外知识产权保护强度提高的积极效应和对区域内企业带来的影响,也要兼顾创新型发展方式的转变和长远利益,还要兼顾知识产权保护环境对吸引外资、优化营商环境的影响和对区域内企业向外发展的影响。

二、河南省企业知识产权涉外保护现状及问题

河南省企业的涉外知识产权纠纷具有其突出的特点。首先,区域内企业的

---

❶ WTO. China – Certain Measures Concerning the Protection of Intellectual Property Rights, Communication from the Panel, WT/DS542/10(14 June 2019); WTO. China – Certain Measures on the Transfer of Technology (DS549)(EU), www.wto.org/english/tratop_e/dispu_e/cases_e/ds549_e.htm.

❷ 本章也将(中国)河南自由贸易试验区、河南省产业集聚区以及中原经济区总体上视为河南省这一经济区域进行讨论。

❸ 尤其是在河南省设立的包括郑州、洛阳、开封三个片区的(中国)河南自由贸易试验区。

涉外知识产权纠纷和涉外知识产权获得授权和权利登记的数量在近年大幅上涨之后，在2018—2019年仍处于高位。

根据河南省高级人民法院的通报，2017年河南省共受理6467件知识产权案，审结6398件。2018年，全省法院共受理一审知识产权民事、刑事和行政案件8628件，同比增长33.4%，结案7677件，同比增长20%；二审知识产权民事、刑事和行政案件896件，同比增长238%，结案822件，同比增长254%。审结的案件中包含416件涉外知识产权案。其中，2018年新收涉外、涉港澳台地区知识产权案件181件，同比增长403%。据笔者自行进行的不完全统计，2019年河南省各级人民法院审结的涉外、涉港澳台地区知识产权案件共计只有17件，有较大幅度的减少，这似乎说明2018年涉外、涉港澳台地区知识产权案件的巨幅增长并非正常。

根据河南省专利统计报告，2017年河南省PCT专利申请数量从2016年的107件飙升到2017年的232件，2018年为206件，2019年为217件，同样维持在一个高位平台运行。从前期来看，2008年，河南省PCT专利申请量只有20件，有一个逐步增加的过程。对宇通汽车集团的调研表明，该集团2019年海外专利新申请量为5件，该年度获授权专利数量为7件。

在著作权领域，根据笔者对河南省最大的著作权企业中原传媒集团的调查，发现这家企业通过组织参加国际书展，举办两期"丝路书香"来华研修班合作出版等"走出去""引进来"方式，为豫版图书走出国门搭建了平台，有力促进了河南省涉外著作权贸易的增长。其拥有著作权的《西西》等124种图书在版权引进国公开出版发行；《花儿与歌声》等6种图书首次入选2019年"中国图书对外推广计划"。首次代表国家承办科伦坡国际书展中国展台，中原传媒斯里兰卡联合编辑部、巴基斯坦联合编辑部正式挂牌运营；全年向海外地区输出著作权322个品种，较2018年增长50%；引进图书著作权86种，较2018年增长353%。

在商标权方面，笔者调研了河南本地一家全国著名的拖拉机生产企业的情况，该企业在海外注册有商标的国家数量多年来一直保持在30多个，不过在2018—2019年期间，该企业并无海外新增注册商标。值得注意的是该企业并无在海外申请专利的历史，而且该企业海外知识产权纠纷很少。该企业商标曾在多年前在某国被抢注一次；另外，该企业产品曾被海外某公司从进口国转出口到第三国，牵涉出原产地纠纷案件。这些纠纷都通过非诉讼渠道得到解决。

不过根据河南省高级人民法院法官发布的公开信息来看，河南省近年来涉外知识产权案件的快速上升，与河南外向型经济水平不断提升有关，也与河南法院坚持平等保护中外市场主体合法民事权益密不可分，表明河南省的知识产权审判水平和司法保护环境获得了国内外业界的认可。

笔者进一步发现，在相关案件中，定牌加工、平行进口、临时过境知识产权侵权依旧存在，且占大多数。另外新型经济形势下的知识产权侵权也开始涌现，如在电子商务、网络服务等领域。例如，德国西门子股份公司、西门子(中国)有限公司与龚某军侵害商标权与不正当竞争纠纷案[1]特别引人注目。

同时，区域内涉外知识产权纠纷涉及的主体以及申请的主体都开始多样化。进出口企业、电子商务以及"互联网+"平台的发展，这些因素都使得纠纷涉及主体具有特殊性和复杂性。国际专利申请在保持原有的以郑州和洛阳企业为主的传统布局之下，其他城市的企业申请量开始明显增加，有在若干地区之间均化和分散化的趋势，如许昌、信阳、平顶山、焦作等地企业的国际专利申请量都有大幅增加。此外，区域内的涉外知识产权申请和纠纷中新的类型不断涌现，主要原因是市场主体的创新程度增强、新营利模式的采用和产业结构的调整。因此，这些申请和纠纷越来越多地涉及新技术、新产业和新业态。

这些特点对河南省的知识产权保护提出了新的要求，要在现有制度基础上制定新制度，发展新模式，实现新突破。

三、河南省企业涉外知识产权保护制度供给现状及问题

(一)河南省地方行政法规、规章及政策文件中企业涉外知识产权保护与激励措施

1. 保护措施

《中国(河南)自由贸易试验区管理试行办法》第54条和第65条规定了自由

---

[1] 参见西门子股份公司、西门子(中国)有限公司与龚某军侵害商标权与不正当竞争纠纷案，河南省周口市中级人民法院(2018)豫16民初316号民事判决书。

贸易试验区的知识产权管理体系和运行机制应是综合的,也提出了要求,要"大力发展知识产权服务业,建设知识产权公共服务平台和服务聚集区",明确了应当"重视自由贸易试验区知识产权的保护工作,实现与国际规则的对接,建立多元化的纠纷解决机制,加强部门间的合力协作"。

可见,这些规定只是提出了导向和思路。其实,自由贸易试验区内实际情况相对复杂,需要有相应的具体制度和细则。因此,在国家现行法律没有明确规定的情况下,河南省可以结合省情,通过全国人大常委会授权的方式,以地方立法的形式来完善知识产权保护的法律体系,为将来能够与国际高标准规则接轨做准备。同时细化总体方案和实施办法中的规定,使知识产权的保护更加具有操作性。

自由贸易试验区实行特殊的监管,除国家明文规定暂停实施的法律以外,应当全面实行中国现行法律,但同时又因为自由贸易试验区的特殊地位,它在金融、海关和税收方面,都在更大程度上有利于贸易的便利化和高效化。因此,这必然在一定程度上为侵权行为的泛滥提供了机会。为保证自由贸易试验区内良好的市场经营环境和知识产权保护环境,可以结合实际,在不违反上位法的规定的前提下,建立知识产权保护的法律体系,建立自由贸易试验区良好的知识产权保护环境。牺牲自由贸易试验区的知识产权保护为代价来促进贸易通关便利化并非明智之举,只有完善立法,让自由贸易试验区内的知识产权保护有法可依、执法有力、司法公平,才有利于营造自由贸易试验区知识产权司法保护的良好环境,激励创新,实现河南自由贸易试验区服务"一带一路"倡议的现代综合交通枢纽、全面改革开放试验田和内陆开放型经济示范区的定位。

2. 激励措施

在知识产权激励方面,《河南省专利保护条例》《河南省专利奖励办法》及其实施细则规定了各种专利的奖励激励措施,但并未明确规定对于申请国际专利和外国专利的相关激励措施。

比较具体的激励措施是郑州市知识产权局最早在2007年出台的《郑州市专利补助和专利技术实施专项资金管理办法(试行)》。该办法规定了对外国申请专利的优惠补贴措施。在此基础上,2014年11月又制定了《郑州市专利资金管理暂行办法》。该办法规定,发明专利申请每项资助2000元,实际支出未达上述金额,按实际支出费用资助;国内授权发明、实用新型、外观设计专利资助,每项分别为2000元、800元、500元。对于国外专利授权:发明专利每项资助20000元、其他每项10000元。同一发明专利在多个国家授权的资助不超过3个国家。同时对于规模以上企业首次提出发明专利申请,首项发明专利申请发生的国家局费用和代理费用实行全额资助。代理费最高资助金额不超过河南省规定的代理收费标准。

更进一步,2019年8月5日河南省知识产权局发布了《河南省国外申请专利资助办法》,该办法进一步加大了对申请外国专利的支持力度。根据该办法,获得美国、日本、欧洲等国家和地区授权的专利项目每项给予5万元的资助,获得其他国家或者地区授权的专利项目每项给予2万元的资助,同一专利项目最多支持向5个国家申请。可见,这项政策鼓励企业走出去申请专利,资助金额为国内申请的5~10倍。而郑州市下属各个区县也有大体类似甚至更高的资助政策。

不过笔者注意到,郑州高新区管委会创新发展局于2020年5月12日发文《郑州高新技术产业开发区管委会创新发展局关于暂停知识产权现行政策中部分条款的通知》宣布,根据国家知识产权局《推动知识产权高质量发展年度工作指引(2020)》,暂停受理以下条款的资助申请:

一、软件著作权的资助。第一条第一款,对于新获得的计算机软件著作权每件资助1000元。

二、国外专利授权的资助。第一条第一款,对获得欧盟、美国、日本专利授权的,给予5万元/件的资助;获得其他国外专利授权的,给予3万元/件的资助;同一专利在多个国家授权的,最多享受3次资助。

三、通过《企业知识产权管理规范》国家标准认证的资助。第三条第一款,对通过《企业知识产权管理规范》(GB/T29490—2013)国家标准认证的企业,资助10万元。第四条第三款,区内知识产权服务机构辅导区内企业开展《企业知识产权管理规范》(GB/T29490—2013)贯标工作的,辅导的企业每通过认证10家,奖励服务机构5万元。

这表明河南省专利申请创造方面的资助、激励政策遵循了上述工作指引所要求的专利工作重心转移到质量上来的要求,也采取了差异化的专利政策。其背后的其他原因,可能是先前的对外国专利申请的资助、激励政策在执行中偏离了初衷,可能出现为资助而申请、为指标而申请的现象。总之这种纠偏表明河南省涉外专利政策走向理性和成熟。

(二)河南省地方海关知识产权执法措施

在河南自由贸易试验区内,进出口货物的无纸化便利通关措施,以及鼓励企业参与"自主报税、自助通关、自动审放、重点稽核",其主要目的是突出河南自由贸易试验区作为"一带一路"现代综合交通枢纽的重要作用,实现内陆开放。根据《中华人民共和国知识产权海关保护条例》第2条的规定:"本条例所称知识产权海关保护,是指海关对与进出口货物有关并受中华人民共和国法律、行政法规保护的商标专用权、著作权和与著作权有关的权利、专利权(以下统称知识产权)实施的保护"。由此可见,不论是《中华人民共和国海关法》还是《中华人民共和国海关保护条例》,海关的知识产权保护主要是针对进出口的货物。而在自由贸易试验区的货物,首先在区内的流动应当是自由的,其次是在"一线"即境外与区内之间也应当是放开的,在"二线"即区内与境内区外之间的知识产权应当是严格管住,避免自由贸易试验区沦为侵权的灰色地带。因此,在自由贸易试验区内的海关知识产权保护,应当进行以下几点的尝试。

(1)自由贸易试验区内海关的知识产权保护应当在现有的法律体系内灵活执法。在自由贸易试验区内,涉及知识产权的侵权货物,有可能只是转运或临时过境,其实际的销售地并非国内市场,其经过自由贸易试验区内的生产或加工后直接出口国外。在这种情况下,海关的知识产权执法应当考虑到自由贸易试验区的功能和定位,进行灵活执法,应当在我国的知识产权保护体系之内,考虑我国知识产权相关产业发展的情况,对于执法政策进行变通。避免主动依职权采取的海关知识产权保护措施,限制我国国内企业的发展。

(2)自由贸易试验区内海关的知识产权执法情况与法院的知识产权司法保护应建立互通机制。自由贸易试验区内,法院的知识产权司法保护主要通过法院审理的方式解决争议,不能否认,海关的知识产权保护对于打击我国进出口知识产权侵权发挥了较大的能动作用。在海关与法院之间对于涉案企业、执法情况及审理情况建立长期的反馈机制,对于实现自由贸易试验区内的知识产权保护具有积极作用。

(三)河南省地方性知识产权多元纠纷解决机制与运营交易平台

1. 知识产权多元纠纷解决机制

河南省地方司法及行政机关设置了较为多元的纠纷解决机制和多样的纠纷解决形式。除了现有的各级法院和知识产权行政管理机关处理各种知识产权纠纷之外,郑州市中级人民法院专门设立了知识产权法庭,还在自由贸易试验区增设了自由贸易试验区法庭,审理自由贸易试验区内的知识产权案件。从2019年开始筹备,直到2020年4月,郑州知识产权法庭与河南省律师协会直属分会联合设立了律师调解工作室。该工作室设立在郑州知识产权法庭一楼诉讼服务中心内,由郑州知识产权法庭进行日常管理,由河南省律师协会直属分会每个工作日选派1名经验丰富、口碑良好的优秀律师,对诉至郑州知识产权法庭适宜调解的各类知识产权案件,开展线下和线上律师专业调解,通过派驻律师的依法、专业、中立、高效的调解,促进纠纷和谐解决。

2019年7月15日发布的《中国(河南)自由贸易试验区郑州片区三年行动计划(2019—2021)》中第4条规定了"充分发挥知识产权巡回法庭作用,对通过法律手段维护其知识产权的原告单位和获得胜诉的被告单位补贴中介费用,加大知识产权司法保护力度。"

在知识产权纠纷调解方面,中国(新乡)知识产权维权援助中心、河南省知识产权保护协会、洛阳市知识产权维权援助中心3家机构于2018年7月获批国家知识产权局首批能力建设知识产权仲裁调解机构。河南省知识产权研究会还于2018年8月初成立了郑州知识产权纠纷调解中心。该调解中心是一个独立的、行业性的知识产权调解组织,是河南省知识产权研究会的常设机构。目前调解中心拥有来自知识产权服务机构、律师事务所、企业、高校等多个行业的90余名调解员。

调解作为非诉讼纠纷解决手段之一,有保密性、自愿性、独立性、公正性、灵活性等特点,具有诉讼手段不可比拟的优势,且可助力行政保护,弥补行业纠纷解决之短板,特别适合知识产权纠纷的解决,以抵消知识产权地域性原则对诉讼手段造成的限制。由于国际知识产权争议多数涉及同族专利(如基于《专利合作条约》提出的国际专利申请并指定进入多个国家)、马德里国际注册商标、在多个国家可以获得保护的著作权或者商业秘密等,国际知识产权争议通常希望得到保密地、独立地、公正地处理,并在自愿基础上进一步达成协议或者仲裁裁决。以知识产权侵权和效力纠纷为例,由于主要竞争者通常都拥有专利池,需要通过交叉许可等方式才能获得完整意义上的产品设计自主权,所以在知识产权侵权和效力纠纷中可能需要考虑结果的保密性。即使是知识产权效力纠纷,如专利无效纠纷,提出效力异议者在某些情况下并不希望否定效力的结果及于其他竞争者。如果进一步考虑到知识产权许可纠纷,那么对保密性、独立性、自愿性和公正性的需求更加强烈。为此,我国已经于2019年8月与其他45个国家和地区共同签署《联合国关于调解所产生的国际和解协议公约》(即《新加坡调解公约》)。这必将大大促进河南省涉外知识产权纠纷的调解解决。

这些多元化的争端解决机制适应了河南省和河南自由贸易试验区对于争议快速解决的需求,弥补了司法审判耗时较长的问题,对于争议的快速妥善解决发挥了重要作用。

从上海自由贸易试验区的经验来看,第三方调解平台的建立、法院与调解中心的调解合作、专业法律服务平台的参与、行业协会的参与等,这些都是多元化纠纷解决机制的有益探索。除了司法保护之外的多元纠纷解决机制,不应当仅局限于合作形式的调解和仲裁,鉴于调解、仲裁与法院在法律体系内的紧密关联性,多元化纠纷解决机制应当与法院的知识产权纠纷解决机制进行全方位的衔接和配合,这些需要通过具体的制度构建来实现。多元纠纷解决机制应当从加快审理进程的角度与法院进行多角度的对接。但从目前来看,河南省地方仲裁机构尚无专门针对知识产权纠纷而设计的制度和平台,地方各种调解机构也较少与法院有更紧密的衔接配合关系。另外,各调解平台之间尚缺乏某种协作、合作、配合以及信息沟通机制。

2. 知识产权运营与交易平台

河南省获批国家知识产权局知识产权质押融资重点推广省和知识产权运营试点省;河南省知识产权局、郑州市知识产权局和郑州市高新区知识产权局等多家单位牵头于2017年成立了知识产权质押融资服务联盟,专利质押融资额连年呈几何级增长,惠及众多当地企业。

《中国(河南)自由贸易试验区郑州片区三年行动计划(2019—2021)》中第4条还规定了要构建完善的知识产权保护运营体系。其具体内容包括引进4~6家国内外知名知识产权运营机构,搭建国际化知识产权综合运营和交易平台。建设知识产权宣教中心,提升企业和社会知识产权保护意识……支持开展知识产权质押融资、知识产权保险、知识产权证券化等试点。实施知识产权信用担保、投贷联动、投保联动、投债联动等。

上述这些知识产权多元纠纷解决机制与运营交易机制两方面的举措非常务实,对于河南省企业涉外知识产权的保护具有重要的意义。不过似乎缺少两个机制之间的联动和信息交流机制。因为不论是行政部门的调解,还是第三方调解机构的居间调解,相关事实及调解时间、调解结果都需要可以通过共同的信息平台来共享信息,从而避免法院审理前的重复调解。在经过行政机关甚至于第三方专业机构调解后仍然未能解决争议的,法院可以直接进入审理程序,从客观上加快审理期限。同时知识产权运营交易平台同样也应当能够通过某种信息交流平台来从知识产权纠纷解决机构获取相关信息,以有利于知识产权运营和交易的安全、顺利进行。

四、河南省企业涉外知识产权保护相关建议与未来展望

综上所述,2018—2019年期间,河南省企业涉外知识产权保护在企业层面和公共政策供给方面都取得了一定的进展。

在企业层面,主要是企业涉外知识产权保护意识明显提高,许多企业(如中原传媒集团等)开始在内部加强知识产权部门的建设,对进出口贸易和国际投资中涉及的知识产权问题更加重视,力避跨国知识产权纠纷,使涉外知识产权纠纷有所减少;企业涉外知识产权授权水平维持一个较高位的平台,一些企业有了布局国外知识产权申请和纠纷解决的战略思考。不过总体上河南省企业涉外知识产权活动水平较低。企业的海外专利布局相对来说较为零散,未在国际上形成强大的专利族,未被纳入国际技术标准。企业的海外商标知名度仍然局限于发

展中国家和不发达国家,在发达国家未取得一席之地。企业海外著作权影响力尚在起步阶段,对我国与海外的文化交流尚未取得规模性效果。其原因主要是企业自身创新动力不足,未全面融入国际市场,其次可能与政府行政指导和引导不到位有关。

在公共政策供给层面取得的进展则较为显著。在河南省自由贸易试验区出台的知识产权保护措施中,特别重视企业涉外知识产权保护和纠纷的解决,强调要与国际接轨。海关知识产权保护直接涉及企业涉外知识产权,措施应进一步细化和优化。各种知识产权创造激励措施持续发挥作用,但针对海外申请专利的补贴力度有所减小。各种知识产权交易平台有利于企业涉外知识产权的孕育和创造。多元化的知识产权纠纷解决机制基本建立,也有利于企业涉外知识产权的保护。

据此,笔者对河南省企业涉外知识产权保护提出如下建议。进一步减少政府补贴对于知识产权的过度激励措施,避免扭曲市场,甚至导致寻租的结果。让企业在公平、自由竞争的国际市场环境下充分发挥其知识产权创造力,增强其国际竞争的主动性和能力。特别是应当注重对传统行业中涉外企业技术改造,进而提升其知识产权全球覆盖面和竞争力。出台省级地方法规、条例或其他政策性文件,从省级区域层面强调企业涉外知识产权获取和保护的重要性,并出台具体、有效的相关措施。将对企业涉外知识产权保护水平提高到国际先进水平。河南省地方性的调解、仲裁等多元化纠纷解决机制、平台与法院之间应当加强衔接和配合。建立各个纠纷解决机制之间的信息共享,特别是各个知识产权纠纷调解平台之间的合作、协作、配合以及信息联动机制或网络。强化地方政府对涉外企业的行政指导作用,引导涉外企业在涉外知识产权战略布局方面向国际高标准看齐。

(感谢田小伍、刘建芳、王海霞、李佳佳搜集提供资料)

第七章 河南省知识产权文化问题研究

陈 铮[*]

一、基本理论

(一)知识产权文化

1. 文化

"文化"一词古已有之,但其古代含义和词性与今天全然不同。据《辞源》,"文化"古义指的是"文治与教化",是一个动词,表示治理国家和教育民众的一种手段。就现代意义而言,有关文化的定义繁多,大致可分为广义、中义和狭义[❶]。广义的文化观指人类社会历史实践过程中所创造的物质财富和精神财富的总和。按照这种文化观,还可以将其分为观念文化、制度文化和器物文化三个层次,它包括了器物、法律、政策、习惯、传统、艺术、语言、道德、信仰、思想等。中义的文化观主张文化是人类在长期的历史实践过程中所创造的精神财富的总和。这种文化观注重人类创造的精神财富,认为文化是人类作为社会成员获得

---

[*] 陈铮,中原工学院法学院/知识产权学院教师,法学博士后。

[❶] 持有此观点的有吴汉东、刘华、马维野、林炳辉等。吴汉东.中国知识产权理论体系研究[M].北京:商务印书馆,2018:385.刘华.文化政策与知识产权文化发展[C].林炳辉.2007中国知识产权文化论坛论文集,北京:知识产权出版社,2008:63.马维野.论文化和知识产权文化[N].中国知识产权报,2005-09-30.林炳辉.知识产权文化与国家知识产权战略[C].林炳辉.2007中国知识产权文化论坛论文集,北京:知识产权出版社,2008:2.

的种种能力、习性在内的复合整体。狭义的文化观认为文化就是社会的意识形态或观念形态,文化本身是由知识、规范、行为习惯、价值观等人们精神或观念汇总的存在所构成❶。不同的文化观呈现了人们看待文化的不同视野,也反映出文化核心的共识,即观念是文化的核心。从文化发展的时间维度、空间维度及文化自身的结构观察,文化具有如下特征:首先,文化具有同一性与多样性的特征。文化源自社会实践和生活,不同的环境和历史发展必然有其差异的方面,但基于人类生存发展的共同需要,一些普适性的价值观会在不同的文化中获得认同,从而使异质文化具有一致性的一面。其次,文化具有传播性和继承性的特征。文化可以通过广播、电视、报刊等媒介跨越空间和地域传播,使得世界各地的文化得以融合;文化也可以跨越时间进行传播,使得前人的文化得以为后人继承,从而世代相传,乃至生生不息。再次,文化还具有渗透性和排他性的特征。渗透性是文化传播性的一种衍生,一种文化可以潜移默化地渗透到其他文化中去,不同文化间相互渗透时,由于文化具有的异质性特征,必然使其具有相互排斥的特性。最后,文化具有稳定性与时代性的特征。文化的稳定性代表了文化中不易变动的因素,是该文化的深层结构,这种结构是当下文化对传统的延续;然而,随着时代和环境的变迁,文化中的某些要素会逐渐失去其原有的特质,发生变化以适应新的时代需求。这就需要我们在文化建设中既尊重传统,又勇于创造,保持文化自身的生命力和时代感召力。

2. 知识产权文化

"知识产权文化"一词是在2003年5月世界知识产权组织召开的计划和预算委员会第七届会议上首次提出的。知识产权文化是文化的一种特殊形式,它是知识经济时代产生的一种先进文化,代表了社会公众对知识价值的认可。关于知识产权文化的内涵,不同学者都有自己独到的见解。如吴汉东认为❷,知识产权文化包括观念和制度两种形态。观念形态的知识产权文化指的是知识产权学说、意识、习惯等;制度形态的知识产权文化包括知识产权法律制度及规范、管理

---

❶ 刘作翔.从文化概念到法律文化概念——法律文化:一个新文化概念的取得及其合法性[J].法律科学,1998(2):10-19.

❷ 吴汉东.中国知识产权理论体系研究[M].北京:商务印书馆,2018:386.

制度以及组织机构、设施等方面。刘华等认为❶,知识产权文化是由知识产权观念的意识形态及有关知识产权的法律制度、组织结构、价值意识、心理结构和学术思想等构成的有机整体,是法律文化的构成要素,其本质在于制度创新。马维野认为❷,知识产权文化是文化的一种,是人类在知识产权及相关活动中产生的、影响知识产权事务的精神现象的总和,主要指人们关于知识产权及相关事务的认知、态度、信念、价值观及设计知识产权的行为方式。厉宁等认为❸,知识产权文化是指在人类历史发展进程中积累下来并不断创新的有关知识产权的法律制度、认知、态度、信念、价值体系、行为模式等的有机整体。从以上学者们的不同概念可以看出,知识产权文化是人类社会所特有的文化现象,它形成于人类的知识产权实践,是人类在与知识产权有关的活动中形成并影响知识产权相关事务的社会的意识形态或社会的观念形态,亦即人们对待知识产权法律制度、政策机制、行为方式的"态度、信仰、评价、思想和期待"。知识产权文化反映一个国家或个人的价值认同,其核心是知识产权价值观,即一定社会群体的知识产权价值观。知识产权文化是知识产权战略的重要组成部分,其基本理念是"尊重知识、崇尚创新、诚信守法"。知识产权文化的基本要素包括:平等意识,即知识产权文化以平等为要素,以相互尊重为基础;私权意识,即智力劳动成果是私有财产,应当与有形财产一样享有充分的法律保护的意识;法治意识,即知识产权是一种私权,任何人都必须尊重他人的知识产权,知识产权所有人行使其知识产权必须严格遵守法律规定,不得滥用知识产权,损害他人合法权益、集体利益和国家利益;商业意识,即知识产权文化属于竞争文化,以商业意识为基础;诚信元素,即强调人们自觉地尊重知识产权,创造知识产权,保护知识产权,管理知识产权,促进经济发展、社会进步和人民富裕。

(二)知识产权文化与知识产权的关系

知识产权文化是人们在实践过程中形成的精神财富,是知识产权制度的先导,知识产权文化的理念被社会整体认同并与社会整体价值观相一致才可以被

---

❶ 刘华,周洪涛.知识产权文化解读[J].中国版权,2004(4):34-37.

❷ 马维野.知识产权文化建设的思考[J].知识产权,2005(5):9-13.

❸ 厉宁,周笑足.论我国知识产权文化构建[N].中国知识产权报,2006-10-16.

更好地接受,知识产权制度的价值理念才能够得以实现❶。

1. 知识产权制度孕育知识产权文化

制度作为要求成员共同遵守的、规范人们行为的方法,具有强制性、工具性及时效性。知识产权制度也不例外。如果说知识产权文化是特定群体共享的、社会承传下来的知识和意义的公共符号交流体系,那么知识产权制度则是知识产权文化在社会上存在的体系结构上的体现、固化和外化。知识产权文化可以从知识产权制度上体悟出来,人们对知识产权的理解和处理知识产权事务的方式,必然受特定知识产权制度的制约和调整,久而久之形成特定的知识产权文化。同时,不同的知识产权制度孕育不同的知识产权文化,这些文化之间也必然会发生冲突,在这种冲突和碰撞中,处于强势地位的知识产权制度势必会影响弱势的知识产权制度,导致制度的变迁和趋同,进而孕育出新的知识产权文化。

2. 知识产权文化促进知识产权的制度均衡和制度变迁

知识产权制度具有地域性,这种地域性使得知识产权制度必然受到地方性知识产权文化的影响,知识产权文化可以弥补刚性的知识产权制度的不足,进而影响知识产权制度的运行。

按照制度经济学的观点,制度功能的实现需要两个条件:制度均衡与制度变迁。所谓制度均衡,就是人们对既定制度安排和制度结构的一种满意状态。这是一种理想状态,因为会有大量的因素影响均衡,其中文化就是最为重要的因素之一。一个社会对既定知识产权制度安排和制度结构是否满意,受其知识产权文化的影响。制度变迁指的是一种均衡向另一种均衡的转移。如果一种知识产权制度不能给一个国家带来利益,或者当弊大于利时,在特定的知识产权文化背景下制度变迁就成为可能。知识产权制度的急剧变迁会导致制度均衡的局面被打破;知识产权的制度均衡也会由于文化的惰性而停滞不前,落后的知识产权制度势必会拖拽经济社会的发展进步,进而造成多种社会矛盾激化。知识产权文化是知识产权制度的积淀和升华,对知识产权制度运行中各种主体的利益冲突具有潜在的协调和平衡功能,对于知识产权制度的运行具有引导作用,从而使知

---

❶ 吴汉东. 中国知识产权理论体系研究[M]. 北京:商务印书馆,2018:397.

识产权制度合理变迁并趋于制度均衡的理想状态[1]。

3. 知识产权文化促进知识产权制度的有效运行

首先,知识产权文化有利于形成产权化的智力成果是知识财产的价值观念,进而在全社会形成崇尚创新、尊重知识、创造和保护知识产权的社会风尚。知识产权文化培育对社会个体而言,可以起到潜移默化的教育作用,并影响人们对知识产权制度的认同态度和守法行为;对整个社会而言,知识产权文化具有鲜明的价值导向和精神追求,对全社会普遍认同知识产权价值理念和形成创新、尊重知识的氛围也有着积极的引导功能。只有当社会公众对知识产权制度认可之后,知识产权制度才能够得到有效的运行[2]。知识产权文化的构建有利于社会公众树立崇尚创新、尊重知识的意识,从而树立尊重他人智慧成果的价值观,主动自觉减少侵权行为,从而在一定程度上降低知识产权维权成本,有利于知识产权制度的良好运行。

其次,知识产权文化有利于构建和谐社会的知识产权秩序。知识产权文化通过技术规则和价值观念,内化为社会公众的意识和道德准则,进而凝聚社会的共识,保持社会的认同,影响人们的行为,促进良好的社会知识产权秩序的形成,进一步推动和谐社会建设。

最后,知识产权文化有利于为知识产权制度的有效运行提供社会整体观念的基础性支撑。任何一个制度的实施,关键在人。人们对知识产权制度在观念上的认同程度,是一种无形的力量,影响着人们的行为,决定了知识产权制度运行效率的高低。

(三)河南省知识产权文化发展政策规划

2008年11月,河南省政府出台《河南省知识产权战略纲要》,明确提出了河南知识产权发展战略目标:到2020年,把河南建设成知识产权制度体系完善、法制保护有力、专业人才充足、创造机制活跃、实施效果明显的知识产权强省。要让知识产权意识深入人心,知识产权文化基本形成,知识产权人才队伍初具规

---

[1] 周洪涛.论知识产权文化的概念和结构及与知识产权制度的关系[C].林炳辉.2007中国知识产权文化论坛论文集,北京:知识产权出版社,2008:137-138.

[2] 林炳辉.知识产权文化读本[M].北京:知识产权出版社,2008:85.

模。加强知识产权文化培育工作,不断提高公众的知识产权意识。树立知识产权价值观和发展观,形成以"尊重知识、崇尚创新、诚信守法"为核心理念的知识产权文化氛围。开展中小学生、大学生知识产权教育。把知识产权知识纳入义务教育内容,加强高等院校在校学生创新能力培养,在高等院校开设知识产权课程,普及知识产权知识。

2013年9月,河南省出台《关于加快实施知识产权战略的意见》,将推动知识产权与科技、文化等的深度融合视为全面建设中原经济区、加快中原崛起和河南振兴、提升中原经济区核心竞争力的重要支撑。加大建设知识产权人才队伍的力度,推进百千万知识产权人才工程;加强知识产权远程教育平台建设,培养一批影响力较大的知识产权领军人才;依托有条件的高校建设一批知识产权培训基地,开展知识产权方向的研究生学历教育;强化知识产权宣传工作,广辟宣传途径,创新宣传模式,建立政府引导、新闻媒体支撑、社会公众参与"三位一体"的知识产权宣传工作体系;开展重大典型案例和知识产权重点工作专项报道,打造知识产权宣传新平台,不断提高社会公众的知识产权意识。同时,强化知识产权普及工作,将知识产权法律、法规学习纳入公务员普法教育活动,把知识产权教育纳入党员领导干部培训活动;把知识产权普及引入企业、科研院所、中小学等各个领域。

2017年5月,河南省出台《关于新形势下加快知识产权强省建设的若干意见》,继续实施百千万知识产权人才工程,不断完善知识产权人才培养体系;加强知识产权学科建设,支持有条件的高校设立知识产权学院,探索多学科、多层次的知识产权学历教育和专业学位教育;构建集人才培养、政策研究、业务培训和国际合作为一体的高端知识产权智库;充分发挥各级知识产权培训基地和知识产权远程教育平台作用,多渠道培养知识产权人才;选拔一批知识产权领军人才和知识产权创业导师,建立知识产权职业水平评价体系,壮大知识产权专业人才队伍。在义务教育阶段实施知识产权教育普及计划,明确规定建设一批中小学知识产权普及教育基地;营造浓厚氛围,加强知识产权文化建设,构建政府主导、新闻媒体支撑、社会公众参与的知识产权文化建设体系;广泛开展知识产权宣传普及活动,强化知识产权公益宣传和咨询服务,持续举办"4·26"知识产权宣传周活动,形成全方位、多层次、宽领域、广覆盖的知识产权宣传大格局。努力提升全社会知识产权意识,积极营造知识产权强省建设良好氛围。

2017年6月,河南省出台《河南省知识产权事业发展"十三五"规划》,将"培育知识产权文化"作为八大主要任务之一。大力发展知识产权培训,培养满足社会需要的高素质实用型人才,建成素质优良、结构合理的知识产权人才队伍;营造知识产权社会环境。培育知识产权文化,积极推进知识产权宣传活动,加强对知识产权文化建设工作的系统筹划,围绕知识产权热点、焦点话题,开展不同形式的主题活动;利用知识产权典型案例,针对不同受众群体,出版一批可读性强的优质书刊;积极整合社会资源,制作播出一批观赏性强的影视作品。借助互联网等新兴媒体,搭建权威高效的知识产权传播平台,开展丰富多彩的知识产权宣传工作;同时,广泛开展知识产权普及教育,重视对中小学生科学素养、知识产权意识的培育,把知识产权知识纳入义务教育内容;推进中小学知识产权普及教育实验基地建设,积极推荐实验基地学校入选国家中小学知识产权教育普及试点,支持争创全国知识产权教育示范学校;推动在河南省高校本科生、研究生及党校各级领导干部培训中开设知识产权通识必修课;继续开办县处级领导干部知识产权培训班;重视并支持在河南省产业集聚区开设知识产权素质培训课程。

当前,随着国家知识产权局面向2035年的"知识产权强国战略纲要"初稿基本成型,河南省也在加快知识产权"十四五"规划的制订步伐,知识产权文化建设依然是河南省重要的战略任务之一。

二、发展状况

(一)国外知识产权文化发展现状

国外对知识产权文化理论的系统研究较为欠缺,但在其先进文化潜移默化的影响下,知识产权文化的实践探索自中世纪欧洲兴起以来,就备受发达国家的重视。以美国为例,美国在知识产权文化建设方面,采取教育、制度、产业等多种模式,有效营造了尊重知识产权的良好社会氛围,提升了美国全社会的知识产权意识。早在2007年,美国电影协会与美国唱片工业协会就提出了数字公民教育的建议,2008年该提议以"维护数字版权作品权益的义务"的条款被写入美国联邦政府大学财政援助法案,并通过其他方式帮助大学生树立正确的数字公民道德观;为进一步增强数字公民教育的实际效果,美国政府积极推出各种与知识产权相关的教育法案,如《创新法案》《计算机科学教育法案》等。此外,美国还通过搭建产学研协同创新载体,培育了大批高技术含量的企业和品牌,不断增强全社会的创新能力,为知识产权文化培育提供源源不断的高级智力支持和载体保证[1]。

德国自主知识产权数量众多,知识产权教育与科学研究水平位居世界前列。德国非常重视知识产权教育与科研工作,马普知识产权研究所、慕尼黑知识产权法教学中心、慕尼黑大学等都是知识产权界首屈一指的知识产权研究中心和机构;德国很多大学和科研机构也都开设知识产权相关专业和课程,将培养高水平知识产权专业人才作为人才培养的重要任务。此外,德国非常注重知识产权专业的实践性,强调实践的系统性及有用性,并对实践结果有着严格的考核体系,以提高德国知识产权专业人才的素质和从业水平,这为培育大批优秀的知识产权人才和提高德国全社会知识产权素养提供了充分的保障[2]。

作为"技术赶超型"的日本,成功发展了三主体参与教育的模式,即政府、学校、民间社团联合参与知识产权教育的运作模式。首先,政府推动知识产权教育战略的实施。2002年,日本将知识产权战略列入国家教育方针政策,并于同年7月制订了知识产权教育战略大纲,出台了《知识产权基本法》,明确将"知识产权立国"作为国家战略;建立集中小学知识产权启蒙教育,大学生及研究生知识产权普及教育和专业教育、普通国民知识产权普及教育为一体的知识产权教育体系[3]。此外为确保知识产权教育战略的顺利实施,各部门分工明确,密切配合,例如,文部省负责建立与知识产权相关的法学院和商学院等教育基地,经济产业省负责为技术员和工程师提供职业教育,特许厅从整体上培养公众的知识产权意识等。其次,日本学校特别是高等学校在知识产权教育中发挥重要作用。例如,针对小学生想象力丰富的特点,专门设计一套锻炼其创造力的课程体系和社

---

[1] 姜国峰.我国知识产权文化培育研究[D].大连:大连理工大学,2014.
[2] 胡神松.我国知识产权教育与文化战略研究[D].武汉:武汉理工大学,2012.
[3] 姚远.日本知识产权文化:制度与观念[J].学术界,2015(1):229-238.

会实践活动;针对中学生设计集"材料与加工技术""生物工程技术""信息技术"等内容于一体的课程体系;针对高中生和大学生,在其培养计划中开设知识产权法相关的课程等。目前,几乎所有日本大学的法学院和专业学校都开设了知识产权法课程,同时对自有科研人员进行再教育,通过发挥学校在知识产权教育中的积极作用,培养了大批专业人才和具有较高知识产权知识的高素质劳动者,成为日本知识产权文化培育强大的人才保障[1]。最后,日本的民间团体也积极参与知识产权文化教育和宣传的活动中。例如,发明协会与日本特许厅合作,选派专业研究人员积极参与培养青少年创造力的活动;知识产权研究会等民间组织编辑出版一系列针对不同对象的知识产权教材和辅导读物等。由此形成了日本全社会共同参与和相互配合的局面,有效促进其知识产权文化的培育和养成,进而在日本社会上营造出良好的知识产权文化氛围。

作为"技术引进型"的韩国,在知识产权文化建设的过程中,采取了因地制宜的知识产权战略布局。1987年,韩国知识产权局建立了专门的培训机构——国际知识产权培训学院,为亚太地区培养了大批的知识产权专业人才;在多年的探索中,韩国政府还针对不同行业的特点,制定了因人而异的"知识产权人才培养计划"。例如,针对女性发明家的培训、竞赛和展览,针对中小学生和大学生科技发明的各种竞赛和培训,针对大学生的知识产权人才培养计划等。2000—2001年,韩国文化产业振兴委员会和韩国文化振兴院相继成立,同时,韩国还设立了文化产业振兴基金、信息化促进基金、广播发展基金等多个专项基金;2003年,韩国政府推出旨在推动文化产业发展和创新的"创意韩国"计划。近年来,韩国不仅通过现代文化产业推动创业韩国计划的实施,还着力打造饮食文化、服饰文化、传统工艺文化及历史文化,以举办各种传统节日或展览会为契机,极大地促进韩国传统文化产业的现代化发展。2009年,韩国知识产权局启动了一项培养贫困地区青少年创新能力的"共享创新教育"计划,不仅向全国偏远地区捐赠培养创新精神、提升创新能力的图书和工具,还举办40多个创新教育活动等,有效地帮助和激励弱势群体进行发明创新活动,为提高全社会的创新热情和能力、形成尊重知识产权的氛围增添新生力量[2]。

---

[1] 姜国峰.我国知识产权文化培育研究[D].大连:大连理工大学,2014.

[2] 同[1].

作为"亚洲四小龙"之一的新加坡,是全球最具创新能力的国家之一。在知识产权文化建设方面,新加坡在政府职能的发挥、知识产权人才的培养及国家知识产权交流合作上,都有着十分宝贵的借鉴价值。首先,新加坡充分发挥政府的主导作用,将"创意产业"提高到21世纪战略产业的高度,进而上升为国家战略层面,以此来推动文化产业的发展。2000年,新加坡制定了《文艺复兴城市计划》(简称RCP),目的是在2000—2004年四年间将新加坡发展成为"有特色的全球文化城市",标志着新加坡由重视文化硬件基础建设逐渐转向重视文化软件建设。新加坡每年还举办反盗版追踪大赛,2009年,有31所学校的代表队参加了这一比赛;新加坡知识产权局每年还进行原创知识产权之旅,目的在于为公众提供多感官的知识产权学习之旅,2010年,在短短的6个月,对近47000名的受众进行了宣传;他们还举行了原创知识产权竞赛,通过食物、艺术、工作、娱乐及运动等与每个人的生活都息息相关的内容,向参与者传递知识产权与日常生活中密不可分的现实,以此加深对参与者知识产权教育的效果。其次,新加坡还推行全方位的知识产权人才培养。2003年1月成立了知识产权学院,培养知识产权保护领域的专门人才;建立知识产权资格能力框架,明确知识产权专业人员所需要的各种技能和能力;充分利用新兴媒体进行知识产权推广。最后,新加坡还积极寻求与各个国家的国际交流与合作,2009年7月,新加坡设立了世界知识产权组织仲裁与调解中心在亚太地区的第一家办事处;2010年9月举办第四届中国–新加坡知识产权会议、第八届欧亚专利和专利信息大会,2011年1月举办第三届知识产权全球论坛,极大地加强了与世界范围内知识产权合作伙伴的交流与学习。

(二)国内知识产权文化发展现状

知识产权文化培育在我国起步较晚,但自2001年我国正式加入WTO之后,知识产权作为文化软实力的重要组成部分日益受到重视。为在中国培育和发展"崇尚创新精神,尊重知识产权"的基本理念,营造良好的舆论氛围和社会环境,国家知识产权局不仅大力强调知识产权宣传工作,还将2007年定为"知识产权文化年",组织召开知识产权发展前沿探索的交流活动;2008年6月5日国务院颁布《国家知识产权战略纲要》,明确将"培育知识产权文化"作为战略重点之一,并将"推进知识产权文化建设"作为一项具体的战略措施。2018年是《国家知识产权战略纲要》颁布实施的第十年,这十年正是我国知识产权文化建设从点到面、从弱到强的十年。十年来,全社会的知识产权意识明显提高,尊重和保护知识产权的社会风尚日趋向好。越来越多的公众认为知识产权与自身生活紧密相关,统计数据显示,社会公众对知识产权战略的认知率已由2008年的3.7%提升至2017年的85.3%。知识产权意识的教育内容也已经有机融入更多的中小学课程。此后,从《深入实施国家知识产权战略行动计划(2014—2020年)》到《"十三五"国家知识产权保护和运用规划》,均明确强调了知识产权文化建设和宣传推广的重要意义。特别是2013年国家知识产权局等6部委联合制定的《关于加强知识产权文化建设的若干意见》,明确知识产权文化建设的工作目标、主要任务和具体举措,提出了不断丰富知识产权文化建设的形式,调动全社会各方面力量广泛参与,促进知识产权文化建设蓬勃开展。

1. 知识产权文化宣传方面

2017年,我国首部知识产权专题纪录片《国之利器》播出,让观众切实感受到知识产权是国家发展的战略性资源和国际竞争力的核心要素;《专利凶猛》《我也爱发明》等知识产权题材小说、知识产权海报设计大赛、知识产权公益广告大赛的推出,使知识产权文化建设更有文化味,也更容易被更广大的受众群体认识。此外,各地方开展的知识产权"进机关、进乡村、进社区、进学校、进企业、进军营、进市场"等宣传活动,让知识产权文化建设深入全国各地。2018年,全国知识产权宣传周、中国知识产权保护高层论坛、中国知识产权发展状况新闻发布会、人民网在线访谈、国家知识产权局开放日、国家知识产权局第二季度例行新闻发布会等多个活动顺利举办,在全国掀起了知识产权文化宣传的高潮,扩大了宣传周活动的传播力和影响力。

围绕《关于强化知识产权保护的意见》,举办新闻发布会,组织系列宣传报道;发布知识产权保护系列报告,如《2018年中国知识产权保护状况》《2017年中国版权产业的经济贡献调研报告》《2018年植物新品种保护年度报告》等;发布知识产权保护典型案例,评选发布2018年度商标领域典型案例、2018年度中国海关知识产权保护典型案例、2018年度专利复审无效十大案件、2018年度专利行政保护十大典型案例等。

持续巩固知识产权"一网一报两微四刊"宣传主阵地。如截至2019年,国家知识产权局政务微信公共号关注人数超20万人,同比增长62%;2019年全年推送近千条信息。国家知识产权局微博关注人数达到22.9万人,单条信息阅读量最高近10万。2019年全年各主流媒体知识产权新闻原发报道量超过1000篇次。制作《中国政府在行动》中英文双语打击侵权假冒工作宣传片。在人民网、中国新闻网、央广网等载体及海关总署官方微博、官方微信、官方网站等发布海关最新查办的侵权典型案件、执法合作情况等[1]。

2. 教育培训及队伍建设方面

制订实施培训计划,印发《知识产权人才"十三五"规划》2019年度推进计划和《2019年全国知识产权人才专业能力提升培训计划》,在2019年共举办培训近200期,培训1.5万余人次。举办专利侵权确权、商标评审业务、信用体系建设、知识产权保护能力提升等各类培训班,对地方知识产权部门行政执法人员、民族地区执法稽查人员等进行培训,共培训地方执法管理人员600多人次,指导支持地方开办各类能力提升培训班21个,培训执法人员3000余人。2019年支持黑龙江、浙江等6个省区市开展农产品地理标志核查员及品牌建设培训,共培训600余人;实施非物质文化遗产传承人群研培计划,累计举办各类培训班750余期,培训10.06万人次。

加强专业人才队伍建设。例如,指导律师做好与知识产权相关的诉讼和非诉讼法律事务;建立"全国法院技术调查人才库"及人才共享机制,包括360余名技术调查官,覆盖30多个技术领域。

加强知识产权保护教育。近年来,国家知识产权局会同教育部,广泛开展全国中小学知识产权教育试点示范工作,2019年,联合评定25所首批全国知识产权教育示范学校、53所第四批试点学校,至此,试点学校总数达到165所。全国共举办中小学知识产权教育培训班4期,培训知识产权教师近800人次。高校层面,截至2018年,全国高校已建立41家知识产权学院,60多所高校开设知识产权本科专业或设立第二学士学位,为知识产权事业奠定理论基础。

---

[1] 国家知识产权局. 2019年中国知识产权保护状况[Z]. 2020-04-24.

(三)河南省知识产权文化发展现状

近年来,河南省通过开展知识产权普及教育,提升中小学生知识产权意识,培养中小学生对发明创造的兴趣;通过开展知识产权教育实践,为中小学生发明创造、文艺创作和科学实践提供施展平台,增强学生社会责任感、创新精神和实践能力等。此外还多次举办知识产权宣传周主题日活动和国家交流合作活动,大大提升河南省知识产权文化形象。

1. 河南省知识产权文化宣传力度加大

随着国家知识产权文化事业的发展和国内外形势的不断变化,河南省也积极响应国家政策,加快推进知识产权战略实施,其中知识产权文化的构建和发展是重要的一环。例如,将"培育知识产权文化"作为河南省知识产权事业发展的主要任务之一;明确规定加快知识产权人才队伍建设、促进其能力素质的全面提升;利用网络、报纸等平台营造知识产权文化氛围,积极支持并组织开展知识产权知识的体验教育和实践活动;开展知识产权执法专项行动、知识产权维权中心进驻博览会开展专利执法维权与宣传活动;多次举办知识产权"中岳论坛""中原论坛"等学术交流活动,特别是2019年知识产权南湖论坛国际会议在河南省的召开,为社会影响力持续扩大,打造新平台、增添新动力起到推动作用,大大提升了河南省知识产权文化形象。

此外,河南省多次举办知识产权宣传周活动,积极推进以"尊重知识、崇尚创新、诚信守法"为核心的知识产权文化建设,为加快知识产权强省建设营造良好舆论氛围。现对河南省2016—2020年五年间知识产权宣传周开展状况进行说明(见表2-15)。

表2-15 河南省知识产权宣传周开展情况

时间	主题	主要活动
2016年4月20日—26日	加强知识产权保护运用,加快知识产权强省建设	举办河南省知识产权宣传周开幕式暨知识产权强省建设专题讲座
		组织开展知识产权维权援助宣传活动
		举办第四期知识产权高层次人才网络论坛

续表

时间	主题	主要活动
2016年4月20日—26日	加强知识产权保护运用,加快知识产权强省建设	组织开展中小学知识产权师资培训
2017年4月20日—26日	创新创造改变生活,知识产权竞争未来	举办海峡两岸创新驱动发展与知识产权保护论坛
		河南省2017年首场知识产权巡讲开讲
		举办知识产权专题讲座
		举办"河南省知识产权强省战略解读"专题讲座
		河南师范大学知识产权学院揭牌和知识产权培训基地挂牌仪式举行
2018年4月20日—26日	倡导创新文化,尊重知识产权	举办河南省重点产业知识产权运营基金高层论坛暨行业峰会
		举办河南财经政法大学知识产权学院共建协议签订仪式及研讨会
		举办国家知识产权局"一带一路"沿线国家培训班
		举办知识产权联络员座谈会
		组织开展知识产权维权援助宣传活动
		成立陶瓷产业知识产权联盟
		开展知识产权辩论赛活动
		召开第一届河南省专利奖励大会
2019年4月20日—26日	严格知识产权保护,营造一流营商环境	国家级中小学知识产权普及教育示范(试点)学校授牌
		签订毕业生实习基地合作协议
		举行河南省高校知识产权运营管理中心授牌仪式
		郑州市中级人民法院庭审进校园
		举办河南省第二届"中原崛起杯"大学生知识产权辩论赛
		举办知识产权人才需求及培养模式创新研讨会
		举办知识产权系列学术讲座
2020年4月20日—26日	知识产权与健康中国	展示知识产权强省建设成果
		展示知识产权助力精准扶贫巡讲活动成效

第七章 河南省知识产权文化问题研究 ◎

续表

时间	主题	主要活动
2020年4月20日—26日	知识产权与健康中国	河南省公安厅通报侵犯知识产权典型案例
		河南省人民检察院发布2019年打击知识产权犯罪典型案例
		河南省高级人民法院发布知识产权十大典型案例
		举办关于数字经济泛式下知识产权引导区域创新发展意义线上讲座
		举办知识产权在企业品牌、产品、营销方面的实操应用线上讲座等

资料来源:根据河南省知识产权局官方网站进行整理。

从河南省开展知识产权宣传周的主要活动内容来看,河南省十分注重知识产权宣传和知识产权文化形象的塑造。宣传主题与时俱进,不仅契合国家总体规划和部署,还紧跟时势,始终坚持新发展理念,按照高质量发展的要求,紧紧围绕统筹推进"五位一体"总体布局和协调推进"四个全面"战略布局,广泛宣传党和国家关于知识产权工作的决策部署,宣传知识产权法律法规和基本知识,着重宣传知识产权各领域的专业知识,广泛开展各具特色的宣传普及活动。例如,2019年河南省知识产权宣传周主题日上,筹备中的河南省知识产权博物馆首次亮相金水区国家知识产权创意产业试点园区,展示了博物馆留存的知识产权事业发展的珍贵史料,再现了河南省知识产权事业发展的历史风貌。这些活动充分展现了新时代河南省知识产权事业发展的新进展、新风貌、新经验、新成效,全面展示改革开放以来,特别是《国家知识产权战略纲要》颁布以来,知识产权事业发展历程,突出反映深化知识产权领域改革,强化知识产权创造、保护、运用对于创新驱动发展、大众创业万众创新的支撑作用,倡导创新主体自觉依法维权,切实增强全社会知识产权意识。传播并积极推进以"尊重知识、崇尚创新、诚信守法"为核心理念的知识产权文化建设,为加快知识产权强省建设营造良好舆论氛围。

2. 河南省知识产权文化教育和培训成效显著

目前,河南省拥有国家和省级知识产权高层次人才、领军人才及信息人才80

余人,培养知识产权行政管理人员和企业管理人员5000余人,具备的专利代理资格和执业专利代理人较2012年翻一番。拥有国家级知识产权培训基地1个,省级知识产权培训基地9个。2020年4月26日在河南省知识产权宣传周活动期间,举办了河南省知识产权局与河南科技大学共建知识产权学院授牌仪式,河南科技大学知识产权学院成为继中原工学院知识产权学院、郑州大学知识产权学院、河南师范大学知识产权学院、河南财经政法大学知识产权学院、河南大学知识产权学院之后的河南省第6所知识产权学院。截至2018年,这些学院共培养知识产权本科专业学生600余名,为知识产权文化人才输出提供了教育资源。

中小学知识产权培训方面。自2013年以来,河南省知识产权局通过"多项政策开路、一项活动造势、两本教材铺垫、三个基地引领、三项工作保障",联合省教育厅在全省开展中小学知识产权教育工作。截至2020年,河南省建成国家级中小学知识产权教育示范学校1所、试点学校4所,省级中小学知识产权普及教育示范基地17所(其中郑州龙门实验学校等9所中小学为2019年10月第二批省中小学知识产权普及教育示范基地),已设立6批共261所实验基地(其中49所为2019年10月获批的第六批)。部分基地学校设立了专利基金用于奖励和资助专利转化。此外,河南省还举办了全省中小学知识产权创意大赛;出版了中小学知识产权普及教育辅助教材《发明与制作》;开展"河南省首届中小学知识产权创意大赛"活动;试点学校与实验基地学生作品在世界机器人奥林匹克竞赛、全国中小学电脑制作活动等多项大赛中获奖。例如,2016年仅南阳市西峡县第一高级中学实验基地学校申请和授权专利就达800余项,河南省则有62人受到专利资助24800元,有效地激励了师生申请专利的热情。不仅如此,河南省还为中小学知识产权普及教育深入推进提供保障。连续多年联合省教育厅开展中小学知识产权师资培训,累计培训1000余人次。2019年8月在郑州市中州国际大酒店三楼会议室举行了"河南省中小学知识产权普及教育师资培训班"开班仪式。河南省全省165所知识产权普及实验基地学校和25所示范学校的辅导员及相关人员共110多人参会。河南省知识产权局还在基地学校开展知识产权巡讲活动,组织开展普及讲座、宣传培训、交流座谈、实地指导等。初步形成有政策、有平台、有师资、有激励的中小学知识产权普及教育模式。

第七章　河南省知识产权文化问题研究　◎

知识产权远程教育培训方面。河南省知识产权局高度重视远程教育工作,把远程教育工作作为"百千万知识产权人才工程"的重要抓手,依托远程教育平台加强对河南省全省知识产权实用人才的培养,拓展全社会知识产权继续教育空间,知识产权远程教育的覆盖面和影响力进一步扩大。自2007年河南省知识产权远程教育工作开展以来,截至2018年,河南省共建立班级663个,注册学员41430人,选课累计突破12万人次,完成课程学习并参加考试51328人次,为河南省培养了大批知识产权实用人才。

三、主要问题

从总体上来看,河南省知识产权文化建设取得不俗的成就,如知识产权制度日趋完善、知识产权知识日益普及、知识产权意识逐步形成、知识产权私权观念日益明晰、知识产权教育培训体系日渐完善等,但同时也存在一些问题。

(一)重实务轻文化

河南省宣传媒体,如广播、电视、报刊和网络很少刊登、报道、转载和上传知识产权文化的文章和信息。从河南省目前开展的活动和宣传方面来看,也多侧重于知识产权的管理、纠纷的解决、申请和执行等程序的启动运用等,较少涉及文化理念的宣传和知识产权素养的培育。以2018年河南省知识产权宣传周为例,共有23个市县公布了活动方案,多是对国家和省内知识产权政策的宣传和解读,郑州、平顶山、洛阳、驻马店、开封、许昌、安阳、濮阳、邓州等9个市举办培训班;郑州、开封、许昌、焦作等4个市举办讲座或研讨会,但无论培训班还是研讨会和讲座,其内容均围绕企业专利、管理等实务内容展开,没有涉及知识产权文化理念的培训和宣传。

知识产权文化内容缺失。无论中小学还是大学,知识产权教育内容主要是知识产权常识、知识产权法律知识和法律制度,知识产权文化没有专门的教材和讲义,课堂也基本不涉及知识产权文化的内容。此外,河南省学术界对知识产权文化研究不够。通过对中国知网文献的初步检索发现,截至2020年6月4日,以"河南""知识产权文化"为主题关键词搜索,仅能找到三篇相关文章,且多着眼于具体经验和当前对策。其余有关知识产权文化的研究也多从人才培养和知识产权普及教育的视角出发,鲜有对知识产权文化及其培育做整体研究的成果。各级管理部门立项研究的课题不多,以2019年度和2020年度河南省知识产权软科学项目为例,在获批立项的91项项目(其中2019年度49项,2020年度42项)中,涉及"知识产权人才培养"的有6项(其中2019年度4项,2020年度2项),涉及"知识产权文化"的仅1项(2020年度)。河南省全省范围专门针对知识产权文化的研讨会几乎没有,学术影响不大。

(二)宣传途径、内容与公众兴趣存在偏差

尽管河南省主管部门积极利用不同传播途径进行知识产权宣传,并注重与新闻媒体合作,有着大力推进知识产权文化宣传的良好意识,但目前,知识产权宣传主要通过政府和本单位门户网站、召开各种会议、进行新闻报道及报刊专栏等形式,信息的传播范围较多集中于行业内部。而主管部门对公众的知识产权专项宣传活动大多集中在每年的知识产权宣传周、开放日等固定时间段,这种方式虽然对普及全民知识产权意识发挥了积极作用,但宣传方式多为大型现场活动、召开研讨会、发布网络新闻、开设报刊专栏等传统形式,对公众的吸引力有限,活动效果往往难以达到期望值。

(三)知识产权保护意识尚未普遍养成

近年来,在国家和河南省知识产权战略引导和制度保障下,借助于知识产权教育和文化软实力提升的契机,河南省知识产权意识明显增强,但知识产权保护意识依然有待提高,盗版侵权等现象依然存在。公众对知识产权常识性知识不够重视,对知识产权侵权行为表现出一定的容忍度,甚至绝大多数人自己本身就是知识产权侵权行为人。公众一方面认识到自己的行为属于侵犯他人知识产权的行为,但一旦涉及自身利益时,又表现出较高的容忍度。这一现象从河南省法院收审知识产权案件的数量中亦可看出端倪。以2018年为例,河南省法院共收审知识产权案件8628件,比2017年增长33.4%,一方面说明人们的知识产权保护意识逐年增强,出现纠纷愿意通过法律途径加以解决,但另一方面,知识产权诉讼案件的增多也表明知识产权侵权现象的严重。

(四)知识产权教育培训体系、内容、渠道还需完善

从专业教育现状来看,河南省知识产权人才培养工作取得了部分成绩,但因为知识产权行业对从业者的知识复合性和技能实用性要求较高,各高校知识产权专业大都设置较晚(截至目前河南省共6所知识产权学院,最早的中原工学院知识产权学院设立于2014年),在人才培养条件和人才培养经验方面普遍不足,所培养的知识产权人才往往难以满足用人单位需要。出现了一方面行业急需知识产权人才,另一方面部分知识产权专业毕业生因素质和能力欠缺而无法及时找到工作的尴尬现象。此外,河南省人才培养模式落后。高校在培养知识产权人才时课程体系设置普遍偏重法学学科,培养过程中侧重法学理论教学、对知识产权实践能力培养普遍不足,人才培养模式滞后,难以满足用人单位对知识产权人才的复合性、应用性和创新型要求。此外,由于河南省知识产权本科专业普遍设置较晚,毕业生人数较少。截止到2018年5月,河南省仅有228名知识产权本科毕业生,即使到"十三五"结束的2020年,河南省最多只能培养知识产权本科毕业生1371人。而且知识产权本科生和研究生的职业认同感较低,毕业后往往淡化自身的知识产权特色,而转行从事专门的法律工作或纯管理工作,与知识产权行业渐行渐远。此外,各高校从事知识产权专业领域教学科研工作的专业教师尤其是高水平教师相对较少,现有师资多为法科出身,对培养社会需要旺盛的企业知识产权专业人员所需的知识产权战略、管理、运营、检索等知识并不精通,无法胜任这类课程的教学工作。现有知识产权教材多以法学领域的知识产权法教材为主,教材的理论体系有余而实践性不足,已经不适合高校本科以上人才培养的需求[1]。

从职业教育现状来看。职业教育的对象、内容和途径不宽泛。河南省职业教育主要面对的是市场主体、管理主体和服务主体等,培训教育内容多针对企业决策层、政府领导干部、企事业管理人员、知识产权各项代理人等,对基层人员缺乏针对性的专门培训。就培训内容来看,没有系统展开地理标志、计算机软件、商标、商号等教育和培训。同时,对产学研协同创新的关注不够,不能有效借助不同创新主体的独特资源优势开展联合培训。

---

[1] 付琛瑜.河南省高校知识产权专业本科人才培养状况调查与分析[J].河南科技,2019(15):10-16.

从知识产权普及教育现状来看,实践效果参差不齐。近年来,知识产权普及作为知识产权文化培育的基础性工作一直受到河南省的高度重视,政府在中小学知识产权普及教育方面的大量投入带来了一定的成效。然而,这种教育模式往往由政府主导,社会力量参与度较低;覆盖面虽然较为广泛,但精准度和有效性不高;注重短期的数量投入而忽视长期的效益产生。中小学开展知识产权普及教育虽然有明文规定,但在实际教学中往往不能落到实处。尽管河南省近几年多次举办"中小学知识产权师资培训班",但一方面大部分学校基本没有开设知识产权相关课程,相关教师数量较少,其自身水平和接受相关培训的专业知识较为欠缺,不能满足实际教学需要;另一方面,随着开展中小学知识产权教育基地的不断扩大和学校不断增多,缺乏统一、有效、针对性强的教材成为阻碍河南省中小学知识产权教育发展的因素之一。因此,很多学校的中小学知识产权普及实践仍然在不同程度上沦为以专题讲座为形式、以"四月情结"为特征的运动式、突击式的灌输作业。这种方式尽管让学生有一定的感官认知,但并不是系统化的教育,不具有全面性、严密性的特点。

(五)知识产权文化的投入与评价机制缺失

总体来看,河南省知识产权文化培育缺乏统一的前期工作指导和事后评估机制,导致各部门重视与配合程度不够、缺少专项资金支持、工作随意性较大、手段比较单一、公众参与度不高等现象时有发生。不少单位开展的知识产权文化相关活动只是为配合上级要求,缺乏知识产权文化建设工作的主动性和积极性,严重影响实际工作效果。一方面,上级政府主管部门在向相关部门及下级部门传达知识产权文化建设目标、工作内容及精神实质政策时,缺乏政策信息的系统规划监督,致使基层单位及各级与知识产权文化建设相关部门对政策的了解不清楚、执行不到位,而社会公众的认知就更加大打折扣;另一方面,社会公众对活动的评价与意见较少进入政府决策与执行部门的视野,而他们的兴趣、需求恰恰是有的放矢开展工作的前提。

四、对策建议

(一)加强宏观政策指导,建构知识产权文化发展的顶层框架和机制

当前,在河南省出台的相关文件中虽然将"培育知识产权文化"作为基本目标和主要任务,但这主要还停留在政策导向和对国家层面的政策话语临摹阶段。无论是总体框架还是运行机制上,都欠缺对策的提出和具体路径的规划。基于此,首先,立足于河南省知识产权文化的发展性需求,在国家知识产权战略的整体框架下,应加强对知识产权文化建设工作的系统筹划,科学编制知识产权文化发展的顶层框架,颁布省级层面的知识产权文化建设指导意见及阶段性建设规划。在制订相关政策时,一方面要对知识产权文化的核心品质、体系框架、政策目标、工作思路等给出权威精准的解读和明确具体的指导,以提升基层管理部门的政策和业务水平;另一方面要针对河南省的知识产权文化实践,使相关工作能有针对性地针对河南省文化品质的缺失进行校正或创造,提高工作成效,并体现知识产权文化建设继承与创新结合、移植与本土化结合的工作特征,持续推动知识产权文化建设的不断深入。其次,应建立灵活多样的知识产权文化建设机制,使中央、省级政府知识产权文化宏观政策的统一性与各部门、各行业及地方政策措施执行方式的多样性和地域性有机结合。鼓励并指导各级相关政府部门及行业在宏观政策指导下,开展形式多样的知识产权文化实践活动❶。

(二)推进跨部门协同建设,实现知识产权文化工作的综合效应

知识产权文化建设工作治理的理想状态是在文化领域实现公共利益最大化,其本质特征就是让国家、市场、社会在文化领域的相互关系处于最佳状态,是政府、企业与公民对文化公共事务的协同治理。因此,知识产权文化建设工作涉及部门众多。在宣传普及、教育培训、学术研究与交流、文化人力资源开发及利用、公共文化服务体系建设、国际交往与文化传播等方面,不仅涉及各级政府知识产权主管部门和相关部门,亦涉及媒体、学校、科研、公共服务等单位,这些部门的协同合作正是知识产权文化建设工作特色的体现和成效的保障。

---

❶ 姚芳,刘华.知识产权文化的中国实践:现状调查与政策建议[J].科技进步与对策,2013(11):107-112.

在具体的工作部署中,首先,政府占据主导性地位,是引导者、资源分配者,但并非是所有建设资源的供给者与生产者,政府应当引导各方主体加强对知识产权意识重要性的认识,综合运用政策工具与市场手段激活市场主体活力,引导社会力量尤其是市场主体参与,建立立足于精神激励的驱动机制,激活市场主体的内在积极性,推动不同主体在追求其各自利益目标模式中实现产业与知识产权文化的共同发展。其次,不仅要注重各级知识产权主管部门间的纵向沟通和协调,更要加强与相关部门和行业协会的横向联系与交流,围绕知识产权文化建设的目标和任务,明确自身职责,发挥各方职能,相互支持,密切配合,形成"上下联动、多方协同"的共同建设格局。决策者要充分发挥市场主体作用,实现管理部门执政思路由"管理"到"合作",知识产权文化建设理念由"进市场"到"用市场"的转变❶。

(三)拓宽教育培训渠道和内容,突出专项工程的示范辐射作用

专业教育方面。首先,针对现有知识产权人才培养模式的不足,建议采用高校与知识产权实务界合作培养知识产权人才的产教融合人才培养模式。知识产权人才培养从一开始就是与用人单位密切相关的,绝大多数毕业生未来也将从事各类知识产权实务工作。高校在知识产权实务教学方面的劣势决定了仅靠自身条件难以培养合格知识产权人才,可在知识产权人才培养中引入用人单位合作培养机制,以改变固有人才培养的弊端,培养适合创新驱动发展需求的合格知识产权人才。其次,由于创新驱动战略对知识产权人才的强烈需求,政府主管部门和相关高校应提高对知识产权学科的重视,采用政策倾斜等手段,加大在人才引进、资金支持、协同机制、学科建设等方面的支持力度。例如,对有条件的高校重点扶持其发展知识产权学科,在提高教学能力的基础上扩大知识产权人才招生培养规模;支持设立知识产权专业学位点,增加知识产权硕博士人才招生培养数量;适当加大社会需求量较大的管理类知识产权人才培养力度等。最后,多渠道优化知识产权师资队伍,采用灵活机制,一方面引进实践经验丰富的高层次知识产权师资,另一方面将现有师资通过到实务部门挂职、到国内外名校进修或访

---

❶ 刘华,黄金池.文化治理视域下我国知识产权文化政策结构性优化研究[J].华中师范大学学报(人文社会科学版),2019(2):91-96.

学、攻读博士学位等渠道提高师资数量和水平[1]。

远程教育方面。持续实施"知识产权远程教育工程"。远程教育是目前最经济、便利、高效的教育培训方式,既是拓宽知识产权培训渠道的有效途径,也是集中优秀师资、提供精良课程、示范知识产权教育的便捷手段。应依托国家和河南省知识产权培训中心,利用现有基础并持续调整完善课程系统,建立适应河南省国情的知识产权远程教育体系。

中小学知识产权普及教育方面。充分发挥河南省中小学知识产权教育示范基地和实践基地的作用。进一步完善中小学知识产权教育体系,加大对知识产权教育工作的财政投入;丰富教学手段,针对不同层次的学生科学选编教材,分段合理设置课程内容;加强知识产权教育师资力量,做好中小学知识产权普及教育师资培训班的培训工作。因地制宜,在充分利用自身优势的基础上,扩大地区之间的交流,互相交换发展经验等。

(四)丰富宣传普及创意,提升推广活动的吸引力与认同度

针对河南省目前知识产权主要传播途径和内容与公众兴趣之间存在偏差的现象,知识产权文化宣传普及在内容上应注重宣传制品内涵丰富多彩、宣传形式创意新颖独特、传递的信息贴近公众实际需求,适应社会生活的新变化和公众接受习惯的新特点。在宣传渠道方面,既要注重发挥报刊、广播、电视等传统媒体的作用,又要有效利用互联网、手机等新兴媒体的优势;不仅要重视重大主题、重大纪念日开展的专项活动,更要不断开辟更多符合基层特点、适应群众需要的常态化途径和渠道。此外,对于宣传对象,现阶段也应倡导从企业主体、创新主体、领导干部等行业内部走向基层公众层面,通过多种形式进行文化宣传普及,吸引不同领域的企业和公众参与到活动中来,达到社会公众对知识产权文化学习领会、认同融入的宣传效果。

(五)完善考评及保障机制,提高知识产权文化建设工作主动性和积极性

为充分调动各部门工作积极性,应从机制的建立和完善入手,构建政策指导、经费支持、部门协同、信息反馈、绩效评估等机制。例如,建立知识产权文化

---

[1] 付琛瑜.河南省高校知识产权专业本科人才培养状况调查与分析[J].河南科技,2019(9):10-16.

建设工作过程及目标管理机制,将知识产权文化建设工作纳入相关单位的绩效考评中,评价标准中应包含社会公众的反馈、单位的自身评价及上级部门的评估等;科学设立考核指标,建立完善的知识产权文化建设激励措施和长效机制。通过科学的指标体系、多元的评价主体、规范的评价程序,实现对知识产权文化建设工作绩效的客观反馈和实时总结、评估、完善和创新的过程管理,达到调动各部门、各单位的工作积极性,优化知识产权文化政策的目的[1]。

---

[1] 姚芳,刘华.知识产权文化的中国实践:现状调查与政策建议[J].科技进步与对策,2013(11):107-112.

第八章

河南省特色知识产权学院建设路径研究

李建伟[*] 吴瑞格[**]

引言

近年来,随着我国经济和社会事业的蓬勃发展,对知识产权人才需求量加大,国内高校先后成立了一批以知识产权人才培养为主要目标的知识产权学院。截至2019年,全国已经建成36所知识产权学院,76家学校开设了知识产权专业,近百所高校招收知识产权相关研究方向的硕士研究生,近20所高校招收知识产权相关研究方向的博士生。2014年7月9日,中原工学院成立了河南省首家知识产权学院,之后,郑州大学、河南师范大学、河南财经政法大学、河南大学等高校知识产权学院也先后成立,河南牧业经济学院等高校也开设了知识产权专业。但据对河南省知识产权专业高校毕业生就业统计和跟踪数据显示,除考研、考公务员和参加司法考试外,真正从事司法审判、企业知识产权管理、律师以及知识产权服务的毕业生不足10%。

高校知识产权学院是我国知识产权人才培养的一个重要平台,是向知识产权行业输送高层次、复合型人才的重要渠道,其依附于高校建立,具有良好的软硬设施条件,但由于国内目前没有一个完善成熟的运行模式,大多处在"摸着石

---

[*] 李建伟,河南中州知识产权文化传播中心主任,专利代理师,国家IPMS审核员(知识产权管理体系审核员)。

[**] 吴瑞格,河南中州知识产权文化传播中心副主任。

头过河"阶段。如何构建一个适合知识产权学院的高效运行机制,成为高校普遍存在的一个悬而未决的问题。

一、河南省高校知识产权学院目前存在的问题

知识产权学科具有其鲜明的跨学科、跨行业、跨职业、跨领域的突出特点,要求毕业生具有较强的实际操作能力和知识融合度。因此,知识产权学院不同于传统学科,需要在学科定位、学科融合、社会需求、人才培养模式等方面进行探索、适应和调整,才能达到学院创办的初衷和教学目标。目前,河南省高校知识产权学院大多处于初创期,在人才培养体系、学科定位、师资配备、社会需求等方面都存在一些亟待解决的问题。

(一)知识产权学院人才培养体系与社会需求存在错位

2017年6月2日,国家知识产权局发布的《知识产权人才"十三五"规划》提出,"十三五"期间,全国知识产权从业人员总数要超过100万人。其中,新培养知识产权专业人才50万余人,包括知识产权行政管理和执法人才3万余人,企业知识产权人才30万余人,知识产权服务业人才15万余人(其中执业专利代理人达到2.5万人),高等学校、科研机构等单位知识产权人才3万余人。可见,国家对高校知识产权专业人才的培养寄予厚望。

相比之下,河南知识产权人才培养起步晚、底子薄,人才产出量和人才总量都偏小。数据显示,河南省截至2017年9月有知识产权行政管理人员603人,企业知识产权管理人才队伍1180人,执业专利代理师237人,高校教学研究人员不足200人,每年5所知识产权学院专业毕业生不足300人,相对于河南省庞大的经济结构和社会需求来说,知识产权人才缺口很大。河南省107名省级以上知识产权高层次人才中,高校、科研院所占据最大比重(见图2-18)。但作为高层次人才培养"摇篮"的知识产权学院的毕业生,毕业后大多没有从事知识产权行业,并没有像社会期许和当初办学时期待的那样"热销"和"紧缺",甚至一度被教育部列为就业不畅的"亮红灯"专业。

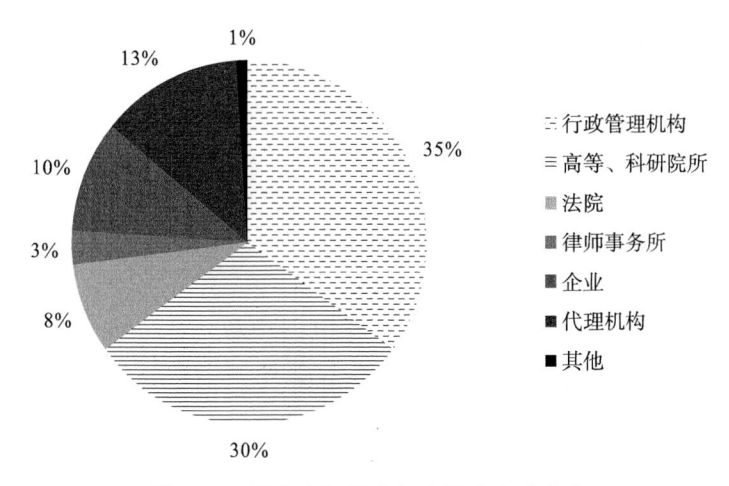

第八章　河南省特色知识产权学院建设路径研究　◎

图2-18　河南省知识产权高层次人才占比

高校知识产权学院办学之初,一般将知识产权人才培养目标局限于知识产权法学人才、知识产权管理人才和知识产权研究人才。其实,社会实践中,需求量最大的反而是知识产权代理服务人才、知识产权理工科专业人才等跨学科的复合型人才。而河南省高校知识产权学院目前培养的毕业生还是偏重于知识产权法学和管理人才,就业渠道对口律师事务所、司法机关、个别企业法务管理岗位,就业渠道较窄,企业、科研院所和知识产权服务机构最紧缺的知识产权实务人才、特别是具有理工科背景的知识产权复合型人才偏少。

据深圳智诚知识产权人才服务有限公司发布的《全国2019年5月知识产权人才需求分析报告》统计:2019年5月期间,全国发布知识产权岗位需求的企业中,累计发布了14176个知识产权相关招聘岗位需求,其中包括法务岗5282个、专利岗3626个、律师岗584个、商标岗488个、辅助岗4196个(见图2-19和表2-16)。可见,知识产权服务机构的实务人才目前是需求量最大的行业。

247

辅助岗：4196个，29.60%
法务岗：5282个，37.26%
商标岗：488个，3.44%
律师岗：584个，4.12%
专利岗：3626个，25.58%

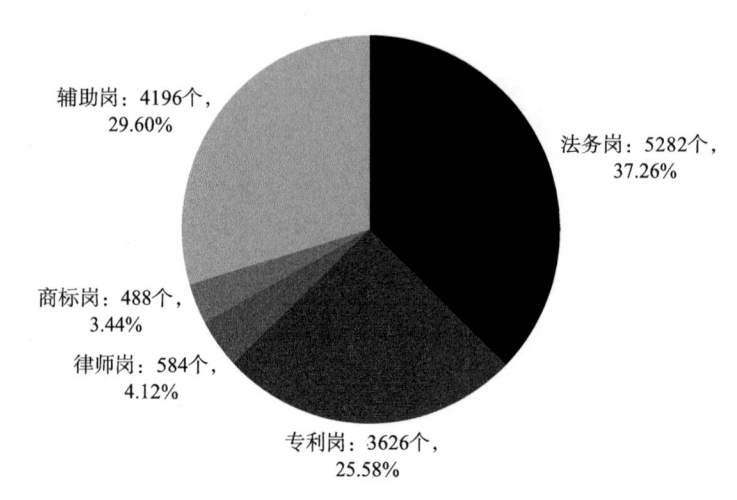

图 2-19　知识产权岗位需求占比

表 2-16　主要知识产权岗位具体分类

岗位类别	岗位名称
专利岗	知识产权总监（专利总监）
	知识产权经理（专利经理）
	知识产权主管（专利主管）
	知识产权专员（专利专员）
	知识产权助理（专利助理）
	专利工程师
	专利分析师
	专利翻译
	专利代理师
	涉外专利代理师
	专利代理师助理
	涉外专利代理师助理
商标岗	商标代理人
	商标代理人助理
	涉外商标代理人
	商标管理员
	商标维权

续表

岗位类别	岗位名称
律师岗	律师
	律师助理
	律师顾问

据对河南省高校知识产权学院在校学生抽查发现,其中80%以上对知识产权职业、类别没有明确的概念,没有明确的学习目标和就业规划。学生学习目标盲目,对知识的摄取没有针对性和充足的学习动力。多数知识产权学院没有根据市场知识产权人才需求类别,安排差异化、类型化的课程设置、师资配备和培养目标。现有的大多数高校知识产权学院人才培养目标偏重于法学和管理,体系单一,造成知识产权专业毕业生就业渠道狭窄,企业、服务机构和高校科研机构难以招聘到合适的知识产权专业毕业生。

河南省有专利代理资格的专利代理机构目前有70多家,但能够从事高质量、高附加值的专利预警分析、战略规划、专利导航、专利诉讼等业务的不到10%,能够全程从事涉外专利代理、专利诉讼纠纷的机构更是凤毛麟角。河南省郑州某知名客车企业2016年把知识产权工作从技术中心独立出来,正式组建知识产权部,他们通过"猎头"公司从青岛海尔、奇瑞汽车、沿海外资企业重金引进4名具有丰富海外知识产权实战经验的高层次人才,从事专利技术布局、维权诉讼、海外投资贸易尽职调查等高端业务。高校知识产权学院是知识产权高端人才培养的重要渠道和"摇篮",因此,河南省高校知识产权学院在人才培养的路径、模式、适应性、方向性及专业性方面都要与时俱进进行加强和调整。

(二)知识产权专业在学历学位教育中的位置亟须巩固

尽管知识产权学院如雨后春笋般出现,但国内目前能够作为与法学院等同一级别的独立二级学院,只有在重庆理工大学等少数几所高校具有独立学院的地位,有的学校将知识产权学院设在经济管理、公共管理等学科下面,开展知识产权方向的学历学位教育,毕业证书上也不显示知识产权专业字样。由于缺乏独立的学科建设、课程设置、师资引进、招生规模、就业渠道、师资培养等自主权,因此限制了知识产权学院的科学发展和壮大。

目前,河南省高校设立的知识产权学院,均为依附于法学院建立的二级学科,而非独立型学院。在课程方面涉及基础法学、知识产权基本概念、理论等,课程重理论轻实践,知识产权学院人才培养体系与社会需求存在错位,知识产权人才培养名不正、言不顺。知识产权专业缺乏相对统一的人才标准和培养体系,学校教育中多倾向于知识产权法学教育,不少知识产权专业毕业生拿到的是法学学士学位,就业渠道局限于司法机关、律师事务所、个别企业法务部等。由于没有理工科背景,知识产权服务机构、企业、科研院所等急需的专利代理师、知识产权体系内审员等岗位,只能依靠另修工科学位,才能弥补以上的缺憾和不足。

(三)高水平师资缺乏成为制约知识产权学院发展的瓶颈

知识产权是一门新兴学科,在我国起步较晚,但发展迅速、势头强劲,不同的高校在知识产权教学水平方面也是参差不齐。河南省高校成立知识产权学院较晚,知识产权师资教学队伍力量薄弱,知识结构不合理。目前,全省高校知识产权教学研究人员不足200人,大多数是从法学专业毕业的,很少有其他学科(如管理学、经济学、理工科)的知识积累,受过系统知识产权教育、具有企业、知识产权服务机构实践经验或有过海外知识产权学习经历的教师数量更少,具备社会急需的知识产权代理、专利检索、预警分析、专利评估、专利运营、专利保险、贯标认证等实操能力的师资基本为零。缺少相当的实践经验,理论与实践脱节,无论是教师的数量还是质量都很难满足知识产权人才培养的需要。

(四)实践应用与理论传授之间存在冲突

知识产权学是一门理论性与实践性极强的学科,特别强调学以致用。因此,要求高校知识产权学院在教学中既应注重理论教学,也应注重社会实践,用所学的知识产权理论知识,来解决实际生产生活中的知识产权问题。但多数高校知识产权学院的人才培养,还是停留在以理论知识教授为主,在职教师中大多是法学学习背景,很少有理工科交叉学科背景,很少拥有专利代理师、知识产权贯标审核员等资格证,没有专利撰写、信息检索、预警分析、运营维权、贯标认证等实务从业经历和经验,无法言传身教。即使不少学校积极邀请知识产权代理机构、知识产权研究机构、高新技术企业等实务部门的资深专家到校教学,甚至聘其为兼职教授,但这些老师多数是以讲座形式集中教学,时间短、内容量大,对于初涉知识产权的大学生们来说,很难一时消化这些专业性极强的内容。

二、国外知识产权学院人才培养模式

相对于美国、日本、德国等发达国家,我国知识产权教育起步较晚,知识产权学院建设、知识产权专业等都不够成熟,处于探索学习阶段。其他国家高校关于知识产权专业的教育模式、人才培养体系、课程设置等都非常值得我们参考借鉴。

(一)知识产权本科教育模式及课程设置

(1)美国高校注重知识产权学科与其他学科的结合应用。美国高校普遍开设知识产权教育课程。美国的"2061"教育创新计划中,把高校知识产权教育要作为大学生素质教育的一项重要内容,占整个学时的5%~15%,要求学生了解技术创新和知识产权法律常识。美国高校在设置知识产权应用型课程时,非常注重与学校自身优势学科相结合,突出学校自身学科特色的知识产权人才培养模式。例如,乔治·华盛顿大学开设有"化学和生物技术专利法""设计法"课程,杜克大学开设有"音乐著作权"课程。世界知名的"好莱坞"位于加利福尼亚州,同在该州的斯坦福大学则开设了"知识产权在电影中的应用"等特色课程。

(2)日本知识产权专业课程充分融合了其特色专业。日本将知识产权教育视为精英教育,在其《知识产权战略大纲》中将高校知识产权教育和知识产权人才培养列为四大核心内容之一,并将其纳入《日本知识产权法》加以贯彻实施。日本对大学生和研究生都进行知识产权普及和专业教育。早在1994年,日本秋九州大学充分融合了该校国际经济与商业特色专业,在法学院设立了日本首家知识产权方面的 LLM(法学硕士,Master of Laws)课程——国际经济与商业法学硕士课程。同时,日本大学还采用了知识产权在线教育系统(IPOES),对科学与工程专业的学生进行知识产权教育。

(二)知识产权硕士培养模式

(1)美国"1+2"模式注重实务训练。美国在高校知识产权硕士培养方面富有经验,以美国知识产权专业硕士教育排名第一位的加州大学伯克利分校2016年秋季的课程为例,该校突出知识产权和创新创业相结合,开设了"知识产权与创业"课程,将知识产权运用与商业实操结合。该课程涵盖了知识产权的创造、许可、实施、保护等内容,偏重知识产权实务训练,通过具体案例学习、经典知识产权事件剖析、与知识产权实务界专家互动等教学方式,提升硕士研究生的商业实战经验。例如,让学生参与专利申请整个过程的操练,使学生更好地理解专利战略和专利申请过程中的重要技能;每个学生配备该领域的执业律师以及加州大学伯克利分校毕业的企业家各一人来共同指导,学生通过协助律师和企业家处理实际问题,来深入了解创业期间面对的知识产权问题,为以后的实践工作打下基础。

(2)德国注重知识产权全球化教育。德国是世界知识产权组织和绝大多数主要国际知识产权保护协议的成员国。慕尼黑是德国专利与商标局、欧洲专利局、马克斯·普朗克知识产权与竞争法和税法研究所以及德国联邦专利法院的所在地,也是众多生物技术公司、网络公司等企业总部所在地。慕尼黑知识产权法中心是以德国马克斯·普朗克学会(MPG)、慕尼黑工业大学、奥格斯堡大学和美国乔治·华盛顿大学等共同组建的知识产权硕士培养点。该中心注重知识产权全球化教育。该中心还开设了专利、商标、著作权、竞争法实务等大量的实务类课程,同时还开设了知识产权与全球创业、知识产权理论与经济基础、创新政策等实践课程,为知识产权人才创业发展提供了相关专业支撑。

三、探索创建特色知识产权学院建设发展的有效途径

河南省知识产权局2016年印发的《河南省建设支撑型知识产权强省试点省实施方案》和河南省人民政府2017年印发的《河南省关于新形势下加快知识产权强省建设的若干意见》中,均提到了加强知识产权人才队伍建设,对高校知识产权学院建设寄予厚望。因此,建设具有河南区域特色的知识产权学院应该大胆打破现有的高校教学制度框架设置,走出现有法学院体系的"阴影",投身大的

经济社会发展"阳光"中,尽可能地接近和融合到实体产业、文化、社会经济和管理中,明确知识产权学院的办学定位和办学结构,加强师资队伍建设,需要在机制建设、人才培养体系、学科建设等方面多措并举,创办高水平知识产权学院,助力河南省知识产权事业发展。

(一)明确知识产权学院的办学定位

国家知识产权局颁布的《知识产权人才"十三五"规划》提出,推动知识产权相关学科专业建设,支持高等学校在管理学和经济学等学科中增设知识产权专业,支持理工类高校设置知识产权专业。2017年,河南省人民政府印发的《河南省关于新形势下加快知识产权强省建设的若干意见》中,提出"加强知识产权学科建设,支持有条件的高校设立知识产权学院,探索多学科、多层次的知识产权学历教育和专业学位教育"。同时提出要"构建集人才培养、政策研究、业务培训和国际合作为一体的高端知识产权智库"。可见,河南省明确提出要把知识产权学院作为全省复合型人才培养的教育平台,将高校知识产权学院打造成知识产权专业学历教育、学位教育、知识产权跨学科创新、高端知识产权人才智库的学术平台,使其承担起为知识产权强省建设源源不断提供人才支撑的历史使命。

(二)增设知识产权一级学科

多年的实践表明,高校知识产权教育是一个多学科教育体系,不等同于法学教育、信息学教育、管理学教育等单一的学科教育。高校知识产权教育与上述学科的教育既有交叉但又相对独立,将知识产权教育独立于上述教育之外,更能促进该学科的发展。目前河南省知识产权学院均依靠法学院而设立,课程设置、招生就业等各方面都受到不同程度的影响,抑制了知识产权专业的发展,不利于知识产权专业人才的培育。在2017年3月全国两会期间,上海大学校长金东寒、中华全国专利代理人协会会长杨梧等学者以及知识产权实务界专家,提出增设知识产权一级学科的建议,他们通过对科技创新的现实情况进行考察,深度了解科技产业发展的需求,论证了增设知识产权一级学科的必要性和可行性。

因此,有条件的河南高校今后应当尽可能地增设知识产权一级学科,支持高校在管理学、经济学等多个学科中增设知识产权专业,支持在理工类高校设置知识产权专业,建立独立的知识产权学院,争取更大的自主办学权、招生权、人才引进权和对外合作交流权限。发挥理工类专业优势,在一级知识产权学院下开设知识产权法律、专利代理、技术研发、知识产权运营、贯标审核、知识产权信息挖掘与分析等二级学科专业方向,使学科发展方向更加清晰明确,学科竞争优势更加明显。

(三)加强知识产权师资队伍建设

目前,河南省高校知识产权学院在知识产权师资方面极为薄弱,毕业于名校的知识产权"科班出身"的专业教师不足百人,有着知识产权专业从业经历或者出国留学背景的教师更是寥寥无几,大多是学习民商法学的底子,依靠后天对知识产权的兴趣和刻苦钻研,"半路出家""转行"从事知识产权教学。因此,为加强高校知识产权师资队伍建设,第一,有条件的知识产权学院可以开出优厚条件,吸引、聘请国内知名的知识产权名家、大家到学院任教,招聘名校或者海归知识产权青年人才到学院,为学院补充新鲜血液。第二,将精通经济学、法学、理工学科背景的复合型人才整合到知识产权教师队伍中来,同时定期为教师开展知识产权相关培训。第三,高校可以选送优秀中青年教师到国家知识产权局专利局、专利审查协作河南中心、国内知识产权知名企业、国家知识产权研究基地或知识产权教学水平高的高校进修、挂职和访学。第四,有条件的高校,可派遣教师到知识产权国际组织、欧洲专利局等任职和深造,或到国外知名高校深造或攻读学位等,系统学习国外的知识产权理论和知识产权司法体系,培养国际化视野和思维的高级知识产权教学人才。第五,注重在社会实践中锻炼师资队伍,如参加郑洛新国家自主创新示范区、自由贸易试验区、航空港区等知识产权综合管理改革试点的战略规划、重大专项任务、重点研究课题、重大工程项目、国际交流合作等实践,通过解决实际问题,打造出理论和实操双过硬的高校知识产权师资队伍。

(四)打造区域专业特色鲜明的知识产权学院

河南省设立知识产权学院的高校,大多是综合性大学,在理工学科方面都有自己的拳头学科和专业,如郑州大学的化工、材料、医药等专业,河南师范大学的生物制药、化工化学专业等,中原工学院的纺织服装、航空航天专业等。所在的城市或区域也都有着自己鲜明的经济支柱和产业集群。鉴于此,这些高校应根据自身特点,结合区域经济特色和本校优势学科,有针对性地培养具有特色专业优势的知识产权人才,以知识产权保护和运用能力建设为主线,促进知识产权和经济社会深度融合,全面提升河南省创新驱动发展能力和产业核心竞争力。借鉴复旦大学、重庆理工大学知识产权学院的"3+2"复合人才培养模式,即3年知识产权理论、2年理工科学习,学生毕业可拿到文理科双学位,在郑州大学的化学材料、生物医药专业,中原工学院的纺织服装新材料及高端装备、飞行器制造工程专业,河南师范大学的生物化学专业,财经政法大学会计、工商、建筑等专业中,可增设相关知识产权课程,使学科设置和建设方向与市场需要契合,学生既懂知识产权法学理论,又懂一门理工专业专利检索、专利预警甚至专利代理等,这样有鲜明专业特色的知识产权高校毕业生将是企业急需的复合型人才。久而久之,这样行业、产业特色鲜明的知识产权学院,将成为该行业企业指定、定向、预订、委培的高校合作对象,良好的就业成绩和高薪的就业岗位,反过来将会促进这些高校知识产权学院的招生录取档次和办学规模,提高这些学院在全国学校和行业内的知名度。

(五)加强高校知识产权学院学生的实践锻炼

知识产权专业是一门实践型很强的学科,理论和实践并重、教学相长、相互促进,始终是高校知识产权学院办学的主旋律。河南省高校知识产权学院在完成前两年的理论教学后,从大三开始增加大学生实训课程,充分挖掘和发挥校外辅导老师的平台和优势,邀请专利审查协作河南中心专利审查员、河南省资深知识产权律师、专利代理师、商标代理人、贯标审核员等,作为校外辅导员,以案释法,进行为期至少2个月的校内实训或用人单位实习,缩短毕业生与社会需求的距离;也可借鉴重庆理工大学知识产权学院的做法,在知识产权教学中增加专利申请、申请文件撰写、专利文献检索、商标注册、知识产权贯标认证、知识产权评估、知识产权交易运营等实务内容,鼓励学生到企业开展"诊所式教学""案例教学",在老师的指导下,帮助企业建立知识产权管理体系,解决遇到的实际问题;积极组织学生在知识产权服务机构、律师事务所、人民法院等实务部门从事社会实践和毕业实习,以缩短毕业生成为企业员工的时间和减少心理适应距离。在教学实践机制上,可效仿重庆理工大学、湘潭大学知识产权学院运行模式,和深圳华为、中兴通讯、大疆无人机等企业开展订单式教学模式,为学校计算机、通讯电子、机电控制等学科背景的毕业生"量身定做",定向委培,学习专利代理和知识产权法学知识。这样的高校知识产权学院办学模式和理念值得河南省高校学习和借鉴。

(六)发挥高校、政府和企业的三方联动作用

河南省5所知识产权学院为河南省知识产权局和高校共建,但在实际运作过程中,除河南省知识产权局提供部分资金支持外,政府宏观指导、支持、跟踪、考核、验收还不够系统、不够深入、不够全面,政府、高校和企业需求间存在着宏观指导、具体培养、和实际需求"棚架"现象,不能形成联动作用,影响了人才培养的效率和结果。因此,应发挥政府、学校、企业三者之间的联动机制和作用,探索"高校、政府和企业"多方主体参与、协同的人才培养机制,有意识、有针对性地进行特色人才培养。可以尝试发挥政府的宏观指导作用,不定期征集、汇总企业对知识产权毕业生的岗位需求信息。高校学院通过网络、供需见面会、恳谈会等形式,与有需求的企业、科研单位之间签订联合培养协议。在政府、高校和企业、科研单位之间构筑知识、技术、信息、人才交换的通道,形成全方位、多渠道、开放式的人才培养模式,实现多方联动下的教育资源共享、人才共享、信息共享的合作模式,缩短毕业上岗就业时间,打通高校知识产权学院毕业生就业"最后一公里",让更多的高效毕业生投身知识产权强省建设主战场,为河南省经济高质量发展、决胜全面小康做贡献。

第三部分

附 录

附录一

2018—2019年河南省知识产权政策与法规

《河南省人民政府关于加快建设国家生物育种产业创新中心的若干意见》

《河南省人民政府关于实施创新驱动提速增效工程的意见》

《河南省人民政府关于第一届河南省专利奖励的决定》

《河南省人民政府关于强化实施创新驱动发展战略进一步推进大众创业万众创新深入发展的实施意见》

《国家技术标准创新基地(郑洛新)建设方案》

《河南省人民政府办公厅关于郑洛新国家自主创新示范区核心区与省直部门建立直通车制度的实施意见》

《河南省扶持新型研发机构发展若干政策》

《河南省深化科技奖励制度改革方案》

《河南省智能装备产业发展行动方案》

《河南省支持智能制造和工业互联网发展若干政策》

《2018年河南省知识产权局系统专利执法维权"雷霆"专项行动工作方案》

《河南省知识产权局软科学研究工作管理办法》

《河南省专利行政执法记录仪使用管理办法》

《河南省国外申请专利资助办法》

《河南省扶贫开发工作重点县国内专利资助资金管理办法》

《河南省专利导航产业发展实验区建设工作指引》

《河南省专利导航产业发展实验区管理办法》

《河南省知识产权强县工程试点、示范县(市、区)管理办法》

《知识产权助力精准脱贫攻坚工作方案(2018—2020年)》

《落实〈专利执法行政复议指南(试行)〉〈专利执法行政应诉指引(试行)〉实施方案》

《2018年河南省知识产权执法维权"护航"专项行动工作方案》

《河南省高价值专利培育计划项目管理办法(试行)》

《河南省省级重大科技专项管理办法(试行)》

《河南省省级重大科技专项资金绩效管理办法》

《河南省国家自主创新示范区建设省级专项资金管理办法》

《2019年河南省知识产权执法维权"护航"专项行动工作方案》

《关于印发河南省技术转移体系建设实施方案的通知》

《郑州市支持科技型企业融资发展的若干政策》

《郑州市人民政府关于支持新产业新业态发展促进大众创业万众创新用地的实施意见》

《郑州市进一步加快推进创新创业载体发展的若干政策措施》

《郑州市知识产权运营服务体系建设实施细则》

《开封市关于促进科技与金融结合的实施方案》

《洛阳市人民政府关于加快知识产权强市建设的若干意见》

《洛阳市产业技术创新战略联盟构建和发展实施办法》

《洛阳市中小学知识产权普及教育实验基地建设暂行办法》

《关于加强洛阳国家自主创新示范区和国家自由贸易试验区知识产权工作的意见》

《平顶山市人民政府关于新形势下进一步加强知识产权工作的实施意见》

《舞钢市专利资助资金管理办法》

《安阳市人民政府关于新形势下加快知识产权强市建设的实施意见》

《安阳市专利奖励办法》

《滑县科技发明县长奖评审办法(试行)》

《滑县专利奖励资金管理办法(试行)》

《鹤壁市促进科技成果转移转化工作实施方案》

《鹤壁市促进科技与金融结合试点实施方案》
《鹤壁市人民政府关于加快科技服务业发展的若干意见》
《新乡市促进科技成果转移转化工作实施方案》
《焦作市人民政府关于加快推进商标战略发展的实施意见》
《濮阳市加快推进科技创新"四个一批"建设工作实施方案》
《许昌市人民政府关于支持市城乡一体化示范区国家双创示范基地建设的若干意见》
《漯河市知识产权质押融资专项奖补管理办法》
《漯河市人民政府关于新形势下加快知识产权强市建设的实施意见》
《漯河市重大科技创新专项项目和资金管理办法》
《漯河市知识产权优势企业认定和奖励管理办法》
《漯河市诚信建设联合奖惩实施细则》
《商丘市知识产权质押融资奖补项目管理办法》
《2018年周口市知识产权执法维权"护航"专项行动工作方案》
《驻马店市促进科技成果转移转化工作实施方案》
《驻马店市促进产业集聚区和开发区改革创新发展实施方案》
《驻马店市自主科技创新成果转化奖励办法及科技创新人才评选、管理办法》
《驻马店市人民政府关于强化实施创新驱动发展战略进一步推进大众创业万众创新深入发展的实施意见》
《驻马店市知识产权强企培育备案管理办法(试行)》
《2018年南阳市知识产权执法维权"护航"专项行动工作方案》
《信阳市茶叶品牌创建和市场开拓奖励办法》
《济源市科技研发专项资金管理办法》
《济源市企业技术创新引导专项资金管理办法》
《济源市科技重大专项资金管理办法》

附录二

2018—2019年河南省知识产权大事记

2018年河南省知识产权大事记

1月

1月2日,河南省知识产权局召开学习党的十九大精神研讨交流大会。

1月5日,重庆市知识产权局专利管理处处长刘文华、重庆企业知识产权保护促进会高级顾问陈纪纲一行来到河南省知识产权局就知识产权工作开展座谈交流。

1月9日,由济源市科学技术局、济源市知识产权局、中国军民融合知识产权平台主办,济源科技大市场协办的济源市首届军民融合知识产权高峰论坛开幕。

1月10日,副省长徐济超在省政府9楼会议室主持召开河南省专利奖评审委员会会议,河南省专利奖评审委员会全体成员参加了会议。

1月15日—16日,按照国家知识产权局有关工作要求,河南省知识产权局副局长韩平一行赴焦作市武陟县实地考核验收国家知识产权强县工程试点县(市、区)工作。

1月19日,2018年河南省知识产权局局长会议在郑州召开。

1月23日,2018年知识产权远程教育管理人员培训班在北京市中国知识产权培训中心举办,中国知识产权培训中心对2017年度远程教育优秀子平台、分站等进行表彰,河南省知识产权远程教育平台获评"优秀子平台"荣誉称号。这是河南省自知识产权远程教育工作开展以来,连续11年获得"优秀子平台"荣誉称号。实验区获得颁奖授牌。

2月

2月12日,河南省知识产权局党委举行2017年度总结表彰会,对河南省知识产权局2017年度先进党支部、优秀党员进行表彰。

2月27日,阿根廷工业产权局局长达马索·帕多一行到洛阳市调研。

3月

3月2日,郑州知识产权法庭揭牌成立。这是继天津、长沙、西安、杭州、宁波、济南、青岛、福州、合肥、深圳、南京、苏州、武汉和成都之后,我国成立的第15家知识产权法庭。至此,我国15家知识产权法庭全部挂牌完毕,与之前成立的北京、上海、广州等3家知识产权法院共同构成中国知识产权"15+3"新的大保护格局。

3月5日,河南省知识产权局在原知识产权软科学研究项目管理办法的基础上,新制定出台《河南省知识产权局软科学研究工作管理办法》,并印发全省实施。

3月8日,国家知识产权局知识产权交易市场试点工作专家座谈会在河南省技术产权交易所举行。

3月10日,河南省人民政府印发《关于强化实施创新驱动发展战略 进一步推进大众创业万众创新深入发展的实施意见》。

3月14日,广东省知识产权局副局长何巨峰一行分别到河南郑州高新区、国家知识产权创意产业试点园区调研知识产权工作。

3月22日,河南省专利奖励工作培训班在郑州举办。

3月23日,省直机关党校开设知识产权专题培训课,邀请省政协委员,省知识产权局党委书记、局长刘怀章为学员做了题为《知识产权与创新驱动发展》的专题报告。

3月27日,河南省知识产权局组织召开了知识产权快速维权工作座谈会,重点围绕支持中国郑州(创意产业)知识产权快速维权中心建设发展开展研讨座谈。

4月

4月10日,国家知识产权局工作组赴洛阳高新区开展示范园区复核工作。

4月12日上午,河南省知识产权局召开省中小学知识产权普及教育第一批示范基地和第五批实验基地评审会。

4月12日—13日,河南省知识产权强县培训班在郑州举办。

4月13日,河南省知识产权局制定印发《关于开展2018年全省知识产权宣传周活动的通知》。

4月20日,河南省知识产权宣传周活动正式启动。开幕式上,国家知识产权局知识产权出版社郑州原创认证保护中心授牌成立,规模3亿元的首支河南省重点产业知识产权运营基金正式启动。

4月24日,加强知识产权司法保护促进企业创新发展研讨会在新乡举行。

4月24日,河南省知识产权质押融资经验交流会在漯河举行。

4月24日,河南省专利导航实验区建设工作推进会在漯河召开。

4月25日,河南省首届"中原崛起杯"大学生知识产权辩论赛在河南师范大学举行

4月25日,第二届河南省知识产权强省试点省建设暨第三届知识产权中原论坛征文活动开幕。

4月26日,河南省知识产权局与河南财经政法大学共建知识产权学院签约仪式在郑州举行。

5月

5月2日,国家知识产权局办公室发布《国家知识产权局办公室关于公布2017年度专利行政执法、知识产权维权援助举报投诉和快速维权工作绩效考核结果的通知》,河南省知识产权局与全国10余家省(市)知识产权局执法考核分数高于90分,新乡市知识产权局与全国20余家市级知识产权局执法考核分数高于90分,充分显现了河南省知识产权执法工作及快速维权工作的全国领先地位。

5月3日,国家市场监督管理总局党组成员、国家知识产权局党组书记刘俊

臣一行来河南调研。

5月4日,河南省知识产权局副局长韩平、协调管理处工作人员及周口市知识产权局副局长张战祥赴郸城高新区调研专利导航实验区建设情况。

5月8日,河南省知识产权局下发《关于开展2018年知识产权巡讲工作的通知》,正式启动2018年知识产权巡讲工作。

5月10日,河南师范大学知识产权学院评估会在新乡召开。

5月11日,郑州大学知识产权学院建设评估会在郑州召开。

5月11日,中原工学院知识产权学院建设评估会在新郑龙湖召开。

5月10日—11日,河南省知识产权局特邀国家知识产权局、中国科学院、清华大学等单位专家组成评估组,对郑州大学、河南师范大学、中原工学院等高校共建知识产权学院开展评估,并现场提出评审意见及建议。

5月11日下午,河南省知识产权局副局长韩平、专利代办处工作人员一行赴"猪八戒网"河南总部园区考察调研,并针对知识产权相关工作进行了深入座谈。

5月16日,河南省知识产权局召开知识产权质押融资座谈会。

5月16日,全国知识产权系统政务工作会议在海南召开。

5月19日,国家科技部科技评估中心到郑州高新区调研。

5月22日,河南省知识产权局赴郑州市金水区验收国家知识产权强县工程试点县(市、区)工作。

5月28日—29日,2018年河南省高校知识产权综合能力提升培训班在郑州举办。5月29日,河南省知识产权局、河南省教育厅在郑州联合召开2018年高校知识产权工作座谈会。

6月

6月4日,河南省知识产权局在新乡市组织召开了省辖市知识产权局局长座谈会。

6月5日,河南省知识产权系统举行知识产权执法维权"雷霆"专项行动启动仪式。

6月5日,2018年河南省专利执法典型案例研讨会在新乡举行。

6月5日,郑洛新国家自主创新示范区、中国(河南)自由贸易试验区知识产权执法协作议定书签订。

6月5日,河南省知识产权局印发《2018年河南省知识产权局系统专利执法维权"雷霆"专项行动工作方案》。

6月6日,"2018中部知识产权投融资峰会"在郑州召开。

6月12日—13日,河南省知识产权局刘怀章局长带队赴濮阳市实地考核验收国家知识产权试点城市建设工作。

6月20日,国家知识产权局公布了第四批全国知识产权服务品牌培育机构名单,全国56家知识产权机构获评,河南省亿通知识产权服务有限公司新增为河南省第6家全国知识产权服务品牌培育机构。

6月22日,2018年河南省电商领域专利执法维权培训班在南阳举办。

6月25日,河南省知识产权局在郑州召开专利代理机构座谈会。

6月25日—26日,2018年河南省知识产权高端服务能力提升培训班在郑州举行。

6月26日—28日,河南省知识产权系统政务工作培训会议在郑州召开。

6月27日—28日,由国家知识产权局专利局外观审查设计部主办、河南省知识产权局承办的外观设计申请实务培训班在郑州举办。

6月22日,河南省知识产权局规划发展处荣获"国家知识产权战略实施工作先进集体",洛阳市知识产权局协调管理科科长王思远、郑州市知识产权局专利执法处科员郭杰荣获"国家知识产权战略实施工作先进个人"。

7月

7月4日,国家知识产权局办公室发布首批能力建设知识产权仲裁调解机构名单,首批共有29家机构获批。河南省中国(新乡)知识产权维权援助中心、河南省知识产权保护协会、洛阳市知识产权维权援助中心等3家机构获批首批能力建设知识产权仲裁调解机构。

7月11日,2018年河南省知识产权巡讲活动在南阳内乡县拉开帷幕。

7月11日,由中原工学院组织的《河南省专利保护条例》修订研究项目专家座谈会在郑州召开。

7月19日,河南省一案例入选全国2017年度打击专利侵权假冒十大典型案例。

附录二　2018—2019年河南省知识产权大事记

7月24日—27日,2018年河南省知识产权巡讲活动分别在洛阳市栾川、洛宁、宜阳和伊川县举行。

7月27日,河南省人民政府副省长霍金花调研河南省知识产权工作。

8月

8月初,河南省工艺美术知识产权保护中心在郑州成立。

8月初,郑州知识产权纠纷调解中心成立。

8月1日,河南省科技特派员科技扶贫(舞阳)对接暨第一批科技培训会在漯河市舞阳县举行。

8月2日,甘肃局到河南省知识产权局开展知识产权工作调研。

8月7日,河南省专利质量提升座谈会在郑州召开。

8月10日,安阳市首家中小企业知识产权保护联盟在内黄县成立。

8月10日,河南省知识产权局党委召开党委会传达学习了《河南省纪委监察委派驻机构工作规定(试行)》,并提出了贯彻落实意见。

8月14日,河南省全国专利代理人资格考试报名人数再创新高,在河南省考点报名的考生共计1598人。

8月17日,河南省新增20家国家知识产权示范企业、优势企业。

8月22日,河南日报以《知识产权助力河南经济高质量发展》为题,在头版对河南省知识产权局抓党建促经济高质量发展给予长篇报道。

8月22日—23日,2018年河南省知识产权巡讲活动先后在信阳市罗山县、光山县开展。

8月29日,河南省知识产权局首次公开遴选中小学知识产权普及教育讲师。

8月29日—30日,2018年河南省知识产权巡讲活动在周口市太康、西华两县开展。

9月

9月4日,河南省知识产权局发布《关于公布2017年度省知识产权软科学研究项目结题名单的通知》,43项2017年度河南省知识产权软科学研究项目顺利结题。

9月5日,河南省知识产权局局长刘怀章赴南阳西峡开展省级专利导航实验区建设督导工作。

9月6日,河南省知识产权局志愿服务队走进政七街社区举办讲座。

9月7日,河南省知识产权局副局长韩平赴安阳开展国家知识产权示范城市复核及河南省专利导航实验区建设督导工作。

9月8日,河南省第三届知识产权"中岳论坛"暨第一届"知豫论坛"在郑州举行。

9月11日,河南省两家代理机构入选2018年知识产权分析评议服务示范机构培育名单。

9月11日,河南省知识产权局副局长韩平赴濮阳督导省级专利导航实验区工作。

9月12日,河南省知识产权局副局长韩平赴郑州经开区督导专利导航实验区工作。

9月12日,国家知识产权局调研组深入长垣县调研企业知识产权工作。

9月10日—14日,2018河南省县处级领导干部知识产权战略研究班在北京中国知识产权培训中心举办。

9月14日上午,河南省知识产权局局长刘怀章赴荥阳督导国家专利导航实验区工作。

9月17日,99家企业被评为2018年度河南省知识产权强企。

9月12日—19日,2018年河南省知识产权巡讲活动分别在驻马店市正阳、汝南和泌阳三县开展。

9月19日,河南省知识产权局副局长韩平赴孟州开展省级专利导航实验区建设督导和知识产权强县工程示范市调研工作。

9月20日,河南省知识产权巡讲活动在平顶山叶县举行。

9月21日,河南省知识产权局副局长韩平赴漯河开展省级专利导航实验区建设督导和省知识产权强县调研工作。

9月26日,河南省知识产权局副局长韩平赴长垣县督导专利导航实验区工作。

9月27日,河南省知识产权局副局长韩平赴兰考调研知识产权工作。

附录二　2018—2019年河南省知识产权大事记　◎

9月28日,河南省知识产权局局长刘怀章主持召开洛阳省级专利导航实验区工作推进会。

9月28日,河南省知识产权局副局长韩平赴新乡督导省级专利导航实验区建设工作。9月29日,中国(新乡)知识产权保护中心成功获批开启专利审查"绿色通道"。

9月29日,河南大学法学院在河南大学建校106周年之际举办知识产权学院院长论坛,省知识产权局副局长闻相俊出席活动。

10月

10月10日,2018年河南省全国专利代理人资格考试考前培训班在郑州开班。

10月10日,河南省知识产权局局长刘怀章赴鹤壁督导国家专利导航实验区建设工作。

10月15日下午,河南省知识产权局副局长韩平到郑州市高新区督导省级专利导航实验区建设工作。

10月17日,世界知识产权组织调研河南省两家TICS项目情况。

10月17日,国家知识产权局专利局副局长徐聪赴新乡调研知识产权社会服务工作。

10月17日—19日,2018年河南省知识产权巡讲活动在商丘市的夏邑县、虞城县和宁陵县三县开展。

10月18日—19日,河南省专利执法能力提升培训班在郑州举办。

10月19日,焦作市人民政府与国家知识产权局专利局专利审查协作河南中心签署知识产权战略合作协议。

10月25日,河南省高校知识产权综合能力提升专项行动"十强十快"高校名单出炉。

10月26日,河南省启动知识产权分析评议试点工作。

10月31日,河南省知识产权局副局长吴灯展一行来到洛阳市开展专利执法维权工作调研。

10月30日—31日,2018年河南省知识产权巡讲活动先后在信阳市固始县、潢川县开展。

11月

11月9日，河南省知识产权培训基地考核工作汇报会在郑州召开。

11月13日，河南省知识产权局在郑州组织举办了中小学知识产权普及教育师资力量岗前培训班。

11月17日，河南大学与河南省知识产权局共建知识产权学院签约揭牌仪式在开封举行。

11月18日，第三届知识产权中原论坛在郑州举办。

11月20日，专利审查协作河南中心新密社会服务工作站授牌。

11月20日—23日，华中地区专利执法维权业务能力提升培训班在洛阳举办。

11月22日，国家知识产权局专利局材料工程发明审查部崔建军一行4人赴许昌调研知识产权工作。

11月下旬，由知识产权出版社出版的《河南省知识产权发展报告（2016—2017）》一书正式出版发行。

11月29日，河南省市场监督管理局正式挂牌成立。

11月30日，第十二届中国专利周河南地区活动启动仪式在新乡举行。

12月

12月4日—7日，2018年晋冀鲁豫4省15市知识产权执法协作经验交流会在河南省焦作市召开。

12月7日，商丘市人民政府与审协河南中心签署知识产权战略合作协议。

12月18日，国家知识产权运营公共服务平台交易运营（郑州）试点平台获批。

12月19日，河南省军民融合科技创新发展大会暨军民融合知识产权交易平台启动仪式在济源召开。

12月20日，2018年河南省知识产权远程教育现场会在鹤壁市召开。

12月25日，中原工学院第二届知识产权实务就业培训在该校启动。

12月27日，中国政法大学民商经济法学院知识产权法实践暨知识产权审判研究基地揭牌。

12月底,《河南"双创"发展评价指标体系研究(2015-2017)》由中国经济出版社正式出版。

2018年底,河南省知识产权远程教育平台在全国综合考评中再获佳绩,名列第六位。

2019年河南省知识产权大事记

1月

1月7日—8日,全国知识产权局局长会议在北京召开,河南省市场监督管理局党组成员刘怀章参加局长会。

1月20日,河南知识产权人才培养模式创新研讨会暨"第二届知识产权实务就业培训班"总结会在郑州召开。

1月21日,河南省知识产权局网站工作年度报表(2018年度)公布。

2月

2月27日,河南一所高校(河南科技大学)入选首批全国知识产权教育示范学校、新增两所全国知识产权教育试点学校。

3月

3月2号,河南省商标行业联盟成立新闻发布会在郑州召开。

3月7日,河南一所高校(郑州大学)入选首批高校国家知识产权信息服务中心。

3月20日,河南省知识产权局召开迎接国家知识产权局挂职干部座谈会。

3月27日,河南省知识产权局等三家单位荣获2018年全国知识产权系统人才工作先进集体。

4月

4月8日,河南对获得2018年第二十届中国专利奖的19家单位进行配套资金奖励,对获得中国专利金奖的单位给予100万元奖励。

4月13日,首届中国(河南)工艺美术与知识产权保护论坛在郑州举办。

4月12日—13日,国家知识产权局副局长贺化率调研组来河南省调研,并出席在郑州举办的2019知识产权南湖论坛——"全球化与知识产权保护"国际研讨会开幕式。

4月13日—14日,由中南财经政法大学、中原工学院、郑州市人民政府、中国政法大学主办的2019知识产权南湖论坛"全球化与知识产权保护"国际研讨会暨第四届知识产权中原论坛在郑州举办。

4月18日,2019年河南省知识产权宣传周活动方案出台。

4月20日—21日,河南省第二届"中原崛起杯"大学生知识产权辩论赛在河南师范大学举办。

4月23日,以"严格知识产权保护,营造一流营商环境"为主题的2019年河南省知识产权宣传周郑州高新区系列专题活动在郑举行。

5月

5月15日—16日,河南省市场监督管理局领导赴淮滨调研驻村对口帮扶工作。

6月

6月11日,河南省市场监管局召开"不忘初心、牢记使命"主题教育动员部署会议,河南省知识产权局局党组书记马林青出席会议并作动员讲话,河南省委第3巡回指导组组长曾昭宝对主题教育提出了要求。

6月17日,河南省市场监管局召开"不忘初心、牢记使命"主题教育党组理论学习中心组(扩大)学习会。

6月18日,河南省市场监管局"不忘初心、牢记使命"主题教育读书学习班开班。

6月21日,河南省市场监管局党组开展"不忘初心、牢记使命"主题教育集中研讨交流。

6月21日,原河南省知识产权局召开"不忘初心、牢记使命"主题教育领导小组工作会议。

6月28日,原河南省知识产权局召开"不忘初心、牢记使命"主题教育正处干部研讨交流会。

7月

7月2日,原河南省知识产权局举办"我和我的祖国"微型党课比赛活动。

7月3日,河南省市场监管局召开基层党组织抓细抓好"不忘初心、牢记使命"主题教育会议。

7月4日—5日,河南省市场监督管理局举办"不忘初心、牢记使命"主题教育精准扶贫集中学习培训班。

7月5日,河南省郑州市金水区、洛阳市二七区、洛阳市涧西区获批国家知识产权强县工程试点示范县。

7月24日,2019年专利文献服务网点业务培训班在郑州举办。

7月30日上午,原河南省知识产权局"不忘初心、牢记使命"主题教育领导小组召开工作推进会。

8月

8月13日,河南省启动2019年"知识产权助力精准扶贫"巡讲活动。

8月20日—22日,国家知识产权局专利局2019年挂职和实践锻炼管理能力培训班在郑州举办。

8月21日—22日,河南省举办中小学知识产权普及教育师资培训班。

8月22日,河南省知识产权工作座谈会在郑州召开。

8月29日,2019年河南省"知识产权助力精准扶贫"知识产权巡讲活动在兰考县拉开帷幕。

9月

9月11日,国家知识产权局副局长何志敏一行到郑州调研并召开知识产权运营服务体系建设工作座谈会。

9月19日,2019年河南省知识产权保护能力提升培训班在郑州开班。

9月19日,河南省知识产权局发布《关于2020年度河南省知识产权软科学研究项目立项的通知》,42项2020年度河南省知识产权软科学研究项目获得立项。

9月23日—24日,2019年河南省知识产权服务业高端能力提升培训班在郑州举办。

9月25日—26日,2019年河南省高校知识产权综合能力提升培训班在郑州举办。

10月

10月12日,2019年河南省全国专利代理师资格考试考前培训班在郑州开班。

10月31日,国家知识产权局一行调研河南省TISC项目筹备、建设情况。

11月

11月2日,首届全国专利代理师资格考试开考,河南有1396名考生参加考试。

11月7日,原河南省知识产权局组织召开局长办公会(扩大)会议。

11月28日,河南省市场监督管理局(知识产权局)制定印发《2019年第十三届中国专利周河南地区活动方案》,部署2019年第十三届中国专利周河南地区活动。

11月28日,2019年第十三届中国专利周河南地区活动前夕,原河南省知识产权局副局长吴灯展做客河南政府网《在线访谈》节目接受专访。

11月29日,第十三届中国专利周河南地区活动在洛阳开幕。

11月29日,河南省知识产权局与河南科技大学共建知识产权学院,签约仪式在洛阳举行。

12月

12月12日,河南省知识产权宣传及政务信息培训班在郑州举办。

12月16日—20日,2019河南省县处级领导干部知识产权战略研究班在北京举办。

12月31日,河南省公布2018年度知识产权综合能力提升"十强十快"高校名单。

12月底,第三届河南省知识产权强省试点省建设征文获奖名单揭晓。

附录三

2018—2019年河南省知识产权十大典型案例

2018—2019年,河南全省法院坚持以习近平新时代中国特色社会主义思想为指导,紧紧围绕"努力让人民群众在每一个司法案件中感受到公平正义"的工作目标,在河南省委的正确领导和最高法院的有力监督指导下,严格按照中央《关于加强知识产权审判领域改革创新的若干意见》《关于强化知识产权保护的意见》和河南省委《关于加强知识产权审判领域改革创新若干问题的实施意见》的各项要求,牢固树立"保护知识产权就是保护创新"理念,不断加大知识产权司法保护力度,致力化解困扰知识产权保护"举证难、周期长、赔偿低"的三大难题,审理了一大批具有良好法律效果和社会效果的优秀案件,实现了河南省知识产权司法保护事业的新发展。为进一步加大知识产权司法保护宣传力度,充分发挥典型案例的示范引导作用,河南省高级人民法院从全省法院2018年度和2019年度办结的知识产权刑事、民事和行政案件中评选出了年度河南省法院知识产权司法保护十件典型案例,具体如下。

一、2018年河南省知识产权十大典型案例

(一)河南金博士种业股份有限公司与北京德农种业有限公司、河南省农业科学院侵害植物新品种权纠纷案[河南省高级人民法院(2015)豫法知民终字第356号民事判决书]

案情摘要:"郑单958"玉米杂交种是由母本"郑58"与已属公有领域的父本

"昌7-2"杂交而成的植物新品种种子，十几年来一直稳居我国玉米种植量的榜首。"郑单958"和"郑58"的植物新品种权人分别为河南省农业科学院和河南金博士种业股份有限公司（以下简称"金博士公司"）。金博士公司发现北京德农种业有限公司（以下简称"北京德农公司"）未经授权，擅自使用"郑58"生产、销售"郑单958"，向法院提起诉讼。法院经调查发现，自2011年11月至2014年5月，北京德农公司在甘肃武威、张掖等地使用"郑58"生产、繁育"郑单958"玉米杂交种共计53784600公斤。法院认为，北京德农公司未经"郑58"的权利人金博士公司许可，使用"郑58"生产"郑单958"，侵犯了金博士公司对"郑58"享有的植物新品种权，判令北京德农公司赔偿金博士公司4952万元。

典型意义：民以食为天，农以种为先，种子是农业生产中特殊的、不可替代的、最基本的生产资料。该案涉及的"郑单958"玉米杂交种，系我国完全自主知识产权的玉米种子第一大品牌，其产量高、种植面积广，对抵制外来种子占据中国玉米市场和有效保护民族农业具有重要积极作用。该案是全国第一例关于在玉米杂交种生产中涉及杂交种和亲本的关系问题而诉诸法院的案件，强调、明晰了各方主体在签订杂交种生产许可时，要经过亲本权利人同意的授权规则，对完善植物新品种保护制度具有重要的参考价值，而该案4952万元的巨额赔偿也引起了法律界、农业科技界的广泛关注。

（二）洛阳杜康控股有限公司与陕西白水杜康酒业有限责任公司、洛阳市洛龙区国灿百货商行侵害商标权纠纷案[河南省洛阳市中级人民法院（2016）豫03民初169号民事判决书、河南省高级人民法院（2017）豫民终857号民事判决书]

案情摘要：伊川杜康酒祖资产管理有限公司系第152368号、第9718179号、第9718151号、第9718165号注册商标专用权人，上述商标核准使用的商品均包括白酒。伊川杜康酒祖资产管理有限公司授权洛阳杜康控股有限公司（以下简称"洛阳杜康公司"）使用上述商标并以自己名义维权。陕西白水杜康酒业有限责任公司（以下简称"白水杜康公司"）系第915685号商标专用权人，但在其生产的白酒包装上淡化"白水"、突出"杜康"，洛阳杜康公司认为构成商标侵权，诉至法院。法院经审理认为，白水杜康公司未规范使用其注册商标，淡化"白水"、突出"杜康"，易导致消费者混淆误认，造成市场混乱，构成商标侵权，判令白水杜康公司立即停止侵权,并赔偿洛阳杜康公司经济损失1500万元。

典型意义:杜康酒是我国历史文化名酒,被称为中国酒界鼻祖、白酒之源。"杜康"商标和"白水杜康"商标争议的实质,是具有千百年历史的民族传统品牌在市场经济条件下应如何确定权属边界和规范使用的问题,该案本着尊重历史、诚实信用、公平竞争、善意共存、包容发展等原则,依法妥善处理纠纷,有利于规范白酒市场公平竞争秩序,促进市场经济良性循环,充分展示了司法对加强历史文化品牌保护的决心。

(三)朱某民与河南冰熊制冷设备有限公司、浙江华美电器制造有限公司侵犯著作权纠纷案[河南省高级人民法院(2018)豫民终1547号民事判决书]

案情摘要:朱某民于2016年获得"卡通熊"作品登记证书,其发现河南冰熊制冷设备有限公司(以下简称"冰熊公司")生产、浙江华美电器制造有限公司(以下简称"华美公司")销售的"冰熊冰柜"使用了"卡通熊"图案,故诉至法院。一审法院判令冰熊公司、华美公司停止使用"卡通熊"图案。二审法院查明:虽然"冰熊冰柜"上使用的图案与朱某民"卡通熊"作品构成高度近似,但冰熊公司提供了2014年4月26日中央电视台新闻联播视频、《2015年度冰熊产品展销合同》等证据,证明冰熊公司、华美公司在朱某民取得"卡通熊"作品登记证书之前已经在先使用了"卡通熊"图案。河南省高级人民法院二审改判驳回朱某民的诉讼请求。

典型意义:著作权登记应当遵循诚实信用原则。我国法律规定著作权取得方式是自动取得,即著作权自作品创作完成之日起产生,不以行政管理部门登记为要件。著作权登记采取"自愿登记,形式审查"原则,如果权利发生冲突,人民法院应当在实质审查后对著作权归属做出认定,不能仅以著作权登记证书作为判断依据。作品登记权人抢先将他人作品进行著作权登记,并向人民法院主张权利以谋取利益的恶意诉讼行为,违反了诚实信用原则,其相关权利主张不应得到法律支持。该案在规范公平竞争市场秩序、遏制恶意诉讼等方面具有典型意义。

（四）河南鑫苑置业有限公司、鑫苑科技服务股份有限公司与商丘市鑫苑置业有限公司侵害商标权及不正当竞争纠纷案[河南省高级人民法院(2018)豫民终708号民事判决书]

案情摘要：河南鑫苑置业有限公司(以下简称"河南鑫苑公司")是较早专业从事房地产开发经营的企业之一，其第5341133号、第4655601号"鑫苑"商标经过长期持续使用，在河南省房地产领域具有较高的知名度。商丘市鑫苑置业有限公司(以下简称"商丘鑫苑公司")成立于2010年6月10日，并在其开发的商丘鑫苑名家商品房项目上突出使用"鑫苑"文字。法院经审理认为，商丘鑫苑公司在经营中突出使用"鑫苑"字样的行为，容易使相关消费者误认为商丘鑫苑名家商品房项目与河南鑫苑公司有特定的联系，侵犯了河南鑫苑公司的注册商标专用权；商丘鑫苑公司将"鑫苑"文字作为企业字号，在商品房建造、销售时使用"鑫苑"文字，具有攀附河南鑫苑公司的注册商标及企业名称知名度的故意，构成不正当竞争，判令商丘鑫苑公司停止商标侵权行为，变更企业字号并赔偿经济损失25万元。

典型意义：知名企业在遇到"搭便车"和"傍名牌"行为时，可以通过商标侵权、不正当竞争诉讼等方式，保护自己的合法权益。而新设企业在选择字号时应当谨慎，应当在本地域、本行业内充分尽到注意义务，对知名企业名称和注册商标进行合理避让。该案作为认定使用与他人注册商标近似的楼盘名称构成侵权的典型案件，突破了以消费者在购买高价值商品时不易产生混淆为由认定侵权不成立的固有审理思路，对遏制房地产市场的"搭便车"现象起到了示范引导作用。

（五）刘某炎、郑州市顺意科技有限公司与郑州格锐特机械有限公司、河南天致药业有限公司侵害实用新型专利权纠纷案[河南省郑州市中级人民法院(2018)豫01民初1755号民事判决书、河南省高级人民法院(2018)豫民终1996号民事判决书]

案情摘要：刘某炎享有"自动分托机"实用新型专利权，2010年许可郑州市顺意科技有限公司在中国大陆及港澳台地区制造、销售专利产品。2011年，刘某炎发现郑州格锐特机械有限公司(以下简称"格锐特公司")制造、销售的SD-20自动分托机涉嫌侵犯其专利权,诉至郑州市中级人民法院,该院判令格锐特公司停止侵权、赔偿20万元,二审调解结案。2018年,刘某炎再次发现河南天致药业有限公司(以下简称"天致公司")使用的由格锐特公司生产的WYFHA1-2-A型分托印字机侵犯其专利权,再次提起诉讼。法院经审理认为,被诉侵权产品侵犯了涉案实用新型专利权,遂判令格锐特公司和天致公司立即停止侵权,格锐特公司赔偿刘某炎、郑州市顺意科技有限公司80万元,天致公司在20万元内承担共同赔偿责任。

典型意义:我国实行严格的知识产权保护制度,人民法院在认定专利侵权、确定赔偿数额时,综合考虑知识产权市场价值的客观性和不确定性的双重特点,结合涉案专利权的类别、涉案专利在被诉侵权产品中的作用、被诉侵权产品的单价、侵权行为持续时间、重复侵权、恶意侵权等一系列因素,判决侵权人承担较高的赔偿数额,严厉制裁重复侵权行为,体现了严格保护知识产权的司法理念。

(六)西门子股份公司、西门子(中国)有限公司与龚某军侵害商标权与不正当竞争纠纷案[河南省周口市中级人民法院(2018)豫16民初316号民事判决书]

案情摘要:西门子股份公司自1872年开始在中国经营业务,并于1994年成立全资子公司西门子(中国)有限公司管理中国区域内业务,经营范围包含电气、电子和机械产品等。"西门子""SIEMENS"商标及其企业名称在国际和中国境内具有较高的知名度。龚某军在"拼多多"电商平台上的"展翼商城"店铺中销售产品名称为"燃气灶德国西门子一级能效全国联保10年质保2年免费换新双灶嵌入式家用天然气煤气灶台式液化气炉具"的燃气灶,其在该"展翼商城"店铺中即商品详情中使用"德国西门子"字样,在其产品的包装、实物、说明书上使用"德国西门子国际控股有限公司"字样,宣传照片上使用有"SIEMENS"标识。法院经审理认为,龚某军在其销售的燃气灶中突出使用"西门子"和"SIEIMENS"字样,足以使相关公众对商品来源产生混淆与误认;擅自将"西门子"作为企业名称使用,足以使相关公众产生混淆,误将其产品及服务与西门子股份公司、西门子(中国)有限公司相联系,构成商标侵权及不正当竞争。法院判令龚某军停止侵权并赔偿31.65万元。一审判决后,各方当事人均未上诉,已经发生法律效力。

典型意义：伴随着互联网经济的繁荣和发展，一些价低质次的商品采取"傍名牌"的方式借助网络平台进行销售，不仅侵犯了知名品牌的知识产权，而且给消费者带来了一定的安全隐患。该案的公正审理，有力保护了德国西门子股份公司、西门子（中国）有限公司的良好商誉，规范了网络商户的销售行为，平等保护了中外当事人的合法权益，增强了外商在中国投资的信心。

（七）商丘市汉唐网络工程有限公司与邓州市范仲淹公学侵害商标权及不正当竞争纠纷案[河南省南阳市中级人民法院(2017)豫13民初53号民事判决书、河南省高级人民法院(2018)豫民终398号民事判决书]

案情摘要：2012年12月27日，商丘市汉唐网络工程有限公司（以下简称"汉唐公司"）申请注册"范仲淹"文字商标，2014年6月获得核准，核定使用范围包括教育、教学、学校（教育）等。汉唐公司将其"范仲淹"商标用于机动车驾驶培训部。2013年7月25日，邓州市范仲淹公学获准筹设。汉唐公司认为邓州市范仲淹公学将"范仲淹"登记为字号名称，并简称为"范仲淹公学"，侵害汉唐公司"范仲淹"注册商标权。法院经审理认为，范仲淹系历史文化名人，"范仲淹"三字与我国传统文化中的人文思想相连，邓州市范仲淹公学简化使用"范仲淹公学"属于善意使用，不具有攀附权利人商誉的故意，不构成商标侵权和不正当竞争。

典型意义：历史文化名人是一个民族的宝贵财富，是重要的文化遗产和资源，具有文化传承、教化民众等多重价值功能。范仲淹是我国历史上著名的思想家、政治家、文学家，其倡导的"先天下之忧而忧、后天下之乐而乐"思想和仁人志士节操对后世产生深远影响。其任邓州知州期间创办花洲书院，成为当地最高学府。邓州市范仲淹公学以范仲淹名字命名，对于发扬中华传统文化、传承范仲淹的"忧乐"思想、培养忧国精神有着积极意义，属于对范仲淹名字的善意、合理使用。该案对厘清历史文化名人商标的权利保护范围、正确认定善意合理使用行为具有一定参考价值。

（八）景某某等11人销售假冒注册商标的商品罪案[河南省高级人民法院(2018)豫刑终335号刑事裁定书]

案情摘要："雷士""三雄极光"分别是惠州雷士光电科技有限公司和广东三

雄极光照明股份有限公司的注册商标。2015年5月至2017年4月,被告人景某某明知其从被告人刘某、王某某处购买的"雷士""三雄极光"灯具系假冒产品,仍雇佣人员通过实体店铺、淘宝网店对外销售,销售金额5710993.25元。另公安机关在景某某租赁的地下室内查获大量未售出的假冒"雷士""三雄极光"灯具及标识,货值金额665260.18元。法院认为,景某某等被告人明知是假冒注册商标的商品而仍予销售,且销售数额巨大,其行为均构成销售假冒注册商标的商品罪,均应予以惩处。法院判处景某某有期徒刑5年6个月,并处罚金500万元。法院对其他被告人根据其销售金额大小和在共同犯罪中所起作用分别判处了相应的刑罚。

典型意义:"雷士""三雄极光"系灯具市场知名度较高的品牌,各被告人明知其购进的系假冒产品仍大量对外销售,严重扰乱了社会主义市场经济秩序,侵害了注册商标专有权人和消费者合法利益。该案被告人人数众多,销售假冒涉案注册商标的商品金额巨大,法院依法加大惩处力度,在依法判处实体刑的同时,对犯罪故意明显、起组织领导作用的主犯依法处以高额罚金,既充分发挥了法律的威慑作用,又从经济上剥夺了其再犯罪的能力和条件,彰显了人民法院对侵犯社会主义市场经济秩序的知识产权犯罪行为的"零容忍"态度。

(九)辉县市新兴印刷有限公司、郭某某侵犯著作权罪案[河南省洛阳市中级人民法院(2017)豫03刑初20号刑事判决书、河南省高级人民法院(2018)豫刑终68号刑事裁定书]

案情摘要:2016年5月份,被告单位辉县市新兴印刷有限公司及被告人郭某某在未取得权利人授权的情况下,非法印刷中国时代经济出版社出版的《2016审计专业技术资格考试辅导教材(上册)审计专业相关知识》10080册、《2016审计专业技术资格考试辅导教材(下册)审计理论与务实》3693册、中国建筑工业出版社出版的《建筑工程与实务》3000册以及陕西人民教育出版社出版的《小学教材全解六年级语文(上)》17540册,共计34313册。2016年5月15日,辉县市文化局文化市场综合执法大队对辉县市新兴印刷有限公司进行查处,当场扣押了上述非法出版物,并依法将郭某某移交公安机关。经鉴定,上述出版物为侵犯他人著作权的非法出版物,涉案价值总计为1200516元。法院认定被告单位辉县市新兴印刷有限公司犯侵犯著作权罪,判处罚金人民币70万元;被告人郭某某犯侵犯著作权罪,判处有期徒刑3年,并处罚金人民币60万元。

典型意义:教辅图书市场是著作权侵权的高发区,教辅图书盗版侵权行为阻碍了原创作品的出版发行,侵害了著作人和出版人利益,极大影响了创新的积极性,阻碍了图书市场和文化产业的健康有序发展。该案被告印制侵权出版物数量多,犯罪数额大,影响十分恶劣。人民法院通过对被告人处以刑罚,加大对被告人及被告单位在罚金刑方面的惩处力度,增强了法律威慑力,彰显了法院严厉打击知识产权犯罪行为的决心和力度。

(十)郑州和其正生物科技有限公司与孟州市工商行政管理局、农夫山泉股份有限公司工商行政处罚案[河南省洛阳市中级人民法院(2017)豫03行初304号行政判决书、河南省高级人民法院(2018)豫行终809号行政判决书]

案情摘要:孟州市工商行政管理局(以下简称"孟州工商局")发现由郑州和其正生物科技有限公司授权焦作市优贝饮品有限公司生产的"茶π"系列饮品的包装装潢与农夫山泉股份有限公司的"茶π"系列饮品包装装潢相近似,以违反《反不正当竞争法》第5条规定,对焦作市优贝饮品有限公司作出行政处罚。郑州和其正生物科技有限公司不服该行政处罚决定向洛阳市中级人民法院提起行政诉讼,请求撤销该处罚决定。法院认为焦作市优贝饮品有限公司生产"茶π"系列饮料与农夫山泉公司的"茶π"系列饮料的商品名称、包装、装潢,无论从整体构造、颜色搭配、瓶子形状、还是细节部分的处理、瓶贴上的人体造型等元素,在隔离的状态下,公众施以一般的注意力,足以产生混淆。孟州工商局的行政处罚证据确实充分,于法有据,程序正当,驳回了郑州和其正生物科技有限公司的诉讼请求。

典型意义:我国对知识产权实行行政保护和司法保护的双轨制,在认定是否成立侵权上,行政机关和司法机关都有法定职权,但司法保护知识产权具有主导作用。当事人不服行政机关处罚决定,可向人民法院提起知识产权行政诉讼。人民法院通过对知识产权行政执法的司法审查,强化对行政部门的知识产权行政执法行为的规范和监督,既强化对行政行为程序正当性的审查,又强化对实体标准合法性的审查,对于进一步明确行政执法的原则和标准,促进知识产权行政执法水平的提升,具有重要意义。

二、2019年河南省知识产权十大典型案例

(一)洛阳中冶建材设备有限公司与福建某复合材料科技股份有限公司、驻马店某公司侵害发明专利权纠纷一案[郑州市中级人民法院(2018)豫01民初字第3679号民事判决书]

案情摘要:洛阳中冶重工集团有限公司是河南省一家承担多项国家科技课题并拥有200多项核心专利技术的高新技术民营企业,该公司研制的首台"中国制造"的利用机器人码垛的全自动蒸压砖生产装备曾多次荣获"国家重点新产品"等奖项。洛阳中冶建材设备有限公司(以下简称"洛阳中冶公司")系洛阳中冶重工集团有限公司的全资子公司,连续多年在国内蒸压墙材装备领域市场占有率第一,其生产的新型墙材装备远销全国30个省区市。2018年8月洛阳中冶公司发现驻马店某公司使用的砖机和码垛设备涉嫌侵犯其"一种码垛机械手"发明专利权并进行了证据保全,驻马店某公司使用的涉案设备是从福建某复合材料科技股份有限公司(以下简称"福建某科技公司")采购,洛阳中冶公司对福建某科技公司在网络宣传中有明确的该涉案产品的销售信息进行了证据公证后,向郑州市中级人民法院提起了诉讼。请求判令福建某科技公司停止侵权、赔偿损失20万元,郑州市中级人民法院审理后认定福建某科技公司的行为侵犯了洛阳中冶公司对涉案专利享有的发明权,判决福建某科技公司立即停止侵权并赔偿洛阳中冶公司经济损失15万元。

典型意义:创新是引领发展的第一动力,知识产权的保护是激励创新的基本手段,是创新原动力的基本保障,是国际竞争的核心要素。河南作为新兴的经济大省和工业大省,技术创新是发展的重要内容。"一种码垛机械手"发明专利大大提高了墙材生产的效率,解决了困扰行业的难题,提高了产品质量,快速推动了行业"机器换人"的步伐。如不遏制市场上出现的侵权行为,将会给企业带来难以估量的损失。保护知识产权就是保护创新,法院对该案件的依法判决,保护了专利权人的合法权益,挽回了企业经济损失,提升了对技术创新的司法保护力

度,为优化科技创新法治环境、激励创新创造都有着重要意义。

(二)河南四季春园林艺术工程有限公司与河南某园林绿化工程有限公司侵害植物新品种权纠纷案[郑州市中级人民法院(2019)豫01民初2644号民事判决书]

案情摘要:河南四季春园林艺术工程有限公司(以下简称"四季春园林")成立于1997年,2014年6月27日国家林业局于授予其自主研发的"四季春1号"植物新品种权。"四季春1号"获得过"最具商业价值品种奖""最具发展潜力苗木品种奖"等多个苗木类大奖,具有较高的市场知名度。2018年四季春园林以河南某园林绿化工程有限公司为被告向郑州市中级人民法院提起了诉讼,请求判令河南某园林绿化工程有限公司停止侵权行为、销毁全部侵权"四季春1号"巨紫荆并赔偿经济损失600万元。案件审理过程中,根据案件情况及当事人申请,法院先后进行了现场勘验、证据保全、鉴定等程序,并多次组织当事人现场分析案情,向当事人讲解有关法律法规,经多次释法析理、组织双方调解,最终河南某园林绿化工程有限公司自愿停止侵权并赔偿四季春园林损失55万元,该案调解结案。

典型意义:该案件为河南省首例涉及园艺林木植物新品种权的诉讼案件,通过该案的审理,明晰了关于园艺林木品种侵权行为的认定标准,对于提高园艺林木品种的司法保护力度,强化园艺林木行业的权利保护意识,营造良好的植物新品种权保护氛围,促进林木行业的健康发展具有重要意义。

(三)洛阳瑞昌环境工程有限公司与洛阳某石化公司、山东某装备制造公司及第三人程某某等发明专利权权属纠纷案[郑州市中级人民法院(2019)豫01民初127号民事判决书]

案情摘要:洛阳瑞昌环境工程有限公司(以下简称"洛阳瑞昌公司")成立于1994年1月,经营范围主要为设计、开发、生产、销售并安装石油化工、节能环保设备等。该公司先后研发并申报了多项涉及"换热器"领域的实用新型或发明专利,其中包括名为"一种弧形板式换热器"实用新型专利,该专利技术主要应用于石油化工行业,促进冷、热流体的热量交换。2016年5月11日,洛阳某石化公司向国家知识产权局申请了名为"一种U形流道板式换热器"发明专利,该公司为专利权人,发明人为程某某。该专利于2017年12月1日获得授权公告。该专利证书记载,该专利解决了"一种弧形板式换热器"实用新型专利存在的问题。2018年6月6日,该专利权利人变更为山东某装备制造公司。洛阳瑞昌公司诉至法院,请求确认该发明专利权归洛阳瑞昌公司所有。一审法院认为,涉案专利证书中所记载的发明人程某某及第三人程某锋、王某,均曾就职于洛阳瑞昌公司,后就职于洛阳某石化公司,其中,程某某在洛阳瑞昌公司工作期间,主要从事销售工作;程某锋、王某等人在洛阳瑞昌公司工作期间,主要从事研发工作,并参与了与涉案诉争专利相关联的研发项目。程某某没有参与过与诉争专利相关的研发工作,不具备涉案诉争专利研发的经验积累,不具备在现有技术基础之上进行创新的能力。王某在从洛阳瑞昌公司离职未满1年内,参与了涉案诉争专利的研发;程某锋系从洛阳瑞昌公司离职2年内参与了涉案诉争专利研发,但其曾做出有"离职两年内,取得的专利应归属于洛阳瑞昌公司所有"的承诺,因此,涉案诉争专利应系王某执行洛阳瑞昌公司的任务所完成的职务发明创造以及程某锋离职两年内但承诺应归洛阳瑞昌公司所有的发明创造。一审法院判令涉案"一种U形流道板式换热器"的发明专利权归洛阳瑞昌公司所有。一审宣判后,当事人服判息诉,均未提起上诉。

典型意义:发明创造是复杂的智力劳动,常常不是一朝一夕就能够完成的,要经历从提出构思、进行研究开发到实验验证的整个过程。一个承担单位研发项目的员工在离开原单位后的一段时间内,其做出的发明创造往往与其在原单位承担的工作有密切的联系。近年来,"老东家"状告原员工的事件频发,原员工在离职后,利用在"老东家"处所掌握的技术做出发明创造,自己申请专利。根据我国专利法相关规定,工作人员离职后,退休、调离原单位后或者劳动、人事关系终止后1年内做出的发明创造,该发明创造与其在原单位承担的本职工作或者原单位分配的任务有关,属于职务发明创造,专利权应属于原单位。该案程某锋、王某作为洛阳瑞昌公司的前工作人员,在原单位从事了与涉案诉争专利具有一定关联的技术研发工作,在离开原单位不满1年或在承诺的保密期内,做出的与在原单位所从事的研发工作具有关联性的发明创造应归属原单位。该案判决,依法保护了原研发单位的知识产权,充分体现了知识产权保护创新的理念。

(四)陈某山、山西某出版社与中州某出版社、某地方史志办公室著作权侵权纠纷案[郑州市中级人民法院(2017)豫01民初4501号民事判决书、河南省高级人民法院(2018)豫民终1959号民事判决书]

案情摘要:1933年,开封开明印刷局出版《陈氏太极拳图说》,作品载明陈鑫著,陈雪元、陈春元编辑,陈淑贞、陈金鳌、陈绍栋参订。陈某栋卒于1995年,陈某山、陈某海系陈某栋之子。2016年,某地方史志办公室与中州某出版社签订协作类图书出版合同,约定由中州某出版社协助某地方史志办公室出版《陈氏太极拳图说》一书,某地方史志办公室保证书稿达到出版要求,并且无侵犯他人著作权之情形及有关纠纷。2016年6月1日,中州某出版社出版了《陈氏太极拳图说》一书。经对比,该书系1933年开封开明印刷局出版《陈氏太极拳图说》的完整复刻版,注明了著者、编辑者等信息。陈某山要求中州某出版社、某地方史志办公室停止侵权无果,遂向法院提起诉讼。一审法院判决中州某出版社停止出版1933年版《陈氏太极拳图说》作品,某地方史志办公室赔偿陈某山、山西某出版社经济损失50000元。某地方史志办公室提起上诉,二审法院经审理维持一审判决。

典型意义:陈氏太极拳作为我国传统文化的瑰宝,在海内外具有较大影响。《陈氏太极拳图说》一书于1933年由开明书局首次出版,对弘扬、传承太极拳文化具有重大意义。某地方史志办公室未经权利人许可,对该作品进行完整复刻,侵犯了该作品著作权人的合法权利。该案明确了对作品进行修订属于著作权法意义上的整理,参订人应成为修订作品的著作权人,合作作品的部分著作权人行使权利时不得损害其他著作权人的合法权利。

(五)广东骆驼服饰有限公司与某户外用品有限公司、泉州某商贸有限公司、中山某科技集团有限公司、郑州某商贸有限公司侵害商标权及不正当竞争纠纷案[郑州市中级人民法院(2018)豫01民初1213号民事判决书、河南省高级人民法院(2019)豫知民终110号民事判决书]

案情摘要:广东骆驼服饰有限公司拥有多个注册商标,其生产的"骆驼"品牌系列产品在国内市场具有较高的知名度。某户外用品有限公司、泉州某商贸有限公司、中山某科技集团有限公司在生产的被控侵权产品上使用与广东骆驼服饰有限公司注册商标相同或近似的商标,郑州某商贸有限公司对被控侵权产品进行了销售。某户外用品有限公司、泉州某商贸有限公司还将其公司字号中的"骆驼"二字作为企业名称使用。广东骆驼服饰有限公司为由将上述四公司诉至法院。郑州市中级人民法院一审判决认定某户外用品有限公司、泉州某商贸有限公司、中山某科技集团有限公司构成侵犯注册商标专用权的侵权行为,郑州某商贸有限公司构成销售侵犯注册商标专用权的商品的侵权行为。某户外用品有限公司、泉州某商贸有限公司将广东骆驼服饰有限公司字号中的"骆驼"二字作为企业名称使用构成不正当竞争。判令某户外用品有限公司、泉州某商贸有限公司、中山某科技集团有限公司、郑州某商贸有限公司停止生产、销售侵害广东骆驼服饰有限公司商标权的商品,某户外用品有限公司、泉州某商贸有限公司变更企业名称并赔偿300万元。二审法院维持了该判决。

典型意义:企业在遇到"傍名牌""搭便车"行为时,可以通过商标侵权、不正当竞争诉讼等方式,保护自己的合法权益。该案作为涉及具有较高市场知名度的商标和企业字号的法律保护的典型案件,在侵权人侵犯商标权情节严重并在明知他人企业字号具有较高知名度却仍将他人企业字号中的文字内容登记为字号的不正当竞争行为的情况下加大法定赔偿数额,对于建立公平竞争的秩序,促进市场经济良性循环,遏制"傍名牌""搭便车"现象起到了示范引导作用。

(六)卢克伊尔石油公开合股公司与厦门某公司、某润滑油公司、郑州某公司不正当竞争纠纷和著作权权属、侵权纠纷案[郑州市中级人民法院(2016)豫01民初50号、51号民事判决书、河南省高级人民法院(2019)豫民终574号、575号民事判决书]

案情摘要:卢克伊尔石油公开合股公司(以下简称"卢克伊尔公司")系在俄罗斯注册成立的公司,连续多年蝉联财富世界500强企业前100名,是世界十大润滑油企业之一,卢克伊尔公司的润滑油产品具有较高知名度和影响力。因厦门某公司、某润滑油公司、郑州某公司生产、销售的润滑油商品包装图案、油桶形状与卢克伊尔公司润滑油商品近似,上述公司宣传其润滑油商品是欧盟原装进口、全球十大品牌等,在对外宣传、商品包装均使用了卢克伊尔公司的"лукойл"俄文企业名称标识、"LUKOIL"英文企业名称标识和美术作品图案,以及某润滑油公司以卢克伊尔公司在实际经营过程中被中国相关消费者知悉的"鲁克"名称作为企业字号等行为,卢克伊尔公司以不正当竞争纠纷和著作权权属、侵权纠纷两案诉至郑州市中级人民法院。郑州市中级人民法院认为厦门某公司、某润滑油公司、郑州某公司的行为构成擅自使用知名商品特有包装、装潢的不正当竞争、虚假宣传的不正当竞争、侵害他人企业名称的不正当竞争和著作权侵权,分别判决厦门某公司、某润滑油公司、郑州某公司立即停止不正当竞争行为,某润滑油公司变更企业名称,厦门某公司、某润滑油公司共同赔偿卢克伊尔公司80万元,郑州某公司对上述赔偿数额在2万元内承担连带赔偿责任;厦门某公司、某润滑油公司、郑州某公司立即停止侵犯卢克伊尔公司著作权的行为,厦门某公司、某润滑油公司共同赔偿卢克伊尔公司50万元,郑州某公司对上述赔偿数额在2万元内承担连带赔偿责任。厦门某公司、某润滑油公司对两案均不服,向河南省高级人民法院提起上诉。两案经河南省高级人民法院审理,均判决驳回上诉,维持原判。

典型意义:该案是案情较为复杂的涉外"傍名牌"案件,包含擅自使用外国企业知名商品特有包装、装潢的不正当竞争、虚假宣传的不正当竞争、侵害他人企业名称的不正当竞争等多种不正当竞争行为以及侵害著作权行为。经营者在产品包装、产品宣传、选择字号时,应当在本行业内充分尽到注意义务,对国际知名企业的外文企业名称、中文企业名称以及知名商品特有包装、装潢均要合理避让,不得对商品来源作虚假宣传或者引人误解的宣传,不得通过投机取巧、搭便车、擅自利用他人的品牌效应等行为损害他人合法权益,不得擅自在产品包装、经营场所、广告宣传中使用、复制、发行他人作品,否则将构成不正当竞争或者著作权侵权,必须承担相应的法律责任。该案对外国企业知识产权的依法保护,彰显了河南法院加强知识产权保护,平等维护中外权利人合法权益,营造法制化、国际化营商环境的决心。

(七)上海境业环保能源科技股份有限公司与河南某化肥有限公司发明专利和技术秘密纠纷案[郑州市中级人民法院(2019)豫01知民初670号、671号民事调解书]

案情摘要:2017年7月上海境业环保能源科技股份有限公司(以下简称"上海境业环保公司")与河南某化肥有限公司(以下简称"某化肥公司")签订合作研发除尘设备协议,约定研发除尘设备方法的专利归双方共有,除尘设备的专利归上海境业环保公司所有。协议还约定了任何一方不得擅自泄露技术秘密,否则违约方将丧失方法专利的共有权。河南某化肥公司未经上海境业环保公司允许,2018年5月单方申请了名称为"一种塔式造粒尾气除尘装置及其除尘方法"的发明专利。上海境业环保公司以某化肥公司侵犯技术秘密和侵犯发明专利权为由,向郑州市中级人民法院提起诉讼,请求判令专利申请权归其所有、某化肥公司停止侵犯技术秘密,并赔偿损失1000万元。庭审过程中,双方达成调解:第一,涉案专利归双方共有,某化肥公司支付上海境业环保公司设备采购款405万元和260万元补偿费。第二,双方进行战略合作,上海境业环保公司签订的除尘项目,设备原则上从某化肥公司采购。

典型意义:上海境业环保公司是拥有30多项专利,具有丰富尾气治理成功经验的高新技术企业。某化肥公司是业内知名的化肥生产企业,拥有雄厚的石化装备生产安装能力。随着我国的经济社会发展,雾霾等生态环境问题日益凸显,环保市场需求日益加大,该案的成功调解弥合了双方合作中的裂痕,实现案结事了,对于充分发挥双方各自在环保领域和石化领域的优势,做到强强联合,减少废气排放和煤炭等资源的消耗,实现资源的回收再利用,促进经济效益和社会效益的统一具有积极意义。

(八)河南嘉德林业园艺规划设计有限公司与林州某公司、江苏某公司技术咨询合同纠纷案[安阳市中级人民法院(2018)豫05民初153号民事判决书、河南省高级人民法院(2019)豫民终4号民事判决书]

案情摘要:2016年8月16日,林州某公司与河南嘉德林业园艺规划设计有限公司(以下简称"嘉德公司")签订了《技术合同书》,约定嘉德公司就顺河镇

110MV光伏发电项目出具《使用林地可行性报告》、提供相关林地(木)资源的详细数据、提供林业主管部门工作及技术方面的人力资源协调和支持,并约定了项目咨询服务费为60万元及违约金条款。合同签订后,嘉德公司编制完成了《使用林地可行性报告》,林州某公司向河南省财政厅缴纳了森林植被恢复费。因林州某公司向嘉德公司支付了15万元咨询服务费后,剩余45万元不再支付,嘉德公司将林州某公司诉至安阳市中级人民法院。安阳市中级人民法院认为嘉德公司与林州某公司签订的《技术合同书》系双方的真实意思表示,内容不违反法律法规的强制性规定,合同有效。嘉德公司已经履行了合同义务,林州某公司在支付15万元咨询服务费后拒绝支付剩余款项,构成违约。江苏某公司作为林州某公司的独资股东,不能证明林州某公司财产独立于股东自己的财产,应当对林州某公司的债务承担连带责任。安阳市中级人民法院判决林州某公司向嘉德公司支付咨询服务费45万元,并支付违约金;江苏某公司对林州某公司的债务承担连带责任。江苏某公司不服,上诉至河南省高级人民法院。河南省高级人民法院经审理后,驳回上诉,维持原判。

典型意义:光伏发电技术是指利用太阳能辐射直接转变成电能的技术,光伏发电是最优质的绿色能源之一,对保护环境、减少温室气体排放、节约能源起到重要的作用。在"光明工程"项目、"送电到乡"工程等国家项目及世界光伏市场的有力拉动下,中国光伏发电产业正在迅猛发展,开发和保护光伏发电技术是保证我国能源供应安全和可持续发展的必然选择。该案是涉及光伏发电技术的技术咨询合同纠纷案件,查明新能源领域技术问题的违约事实是重点和难点。人民法院依法判决在技术咨询合同纠纷中违约的公司承担责任、不能证明公司财产独立于股东自己财产的该公司股东承担连带责任,加强对光伏发电技术的保护,对于利用新技术优化生态环境,助推创新驱动发展战略实施具有重要意义。

(九)李某、朱某华、郑某等犯假冒注册商标罪案和杨某汀等犯销售假冒注册商标的商品罪案[郑州市中级人民法院(2018)豫01刑初135号、173号刑事判决书;河南省高级人民法院(2019)豫刑终125号、143号刑事裁定书]

案情摘要:被告人李某伙同郑州某贸易有限公司法定代表人朱某华,雇用被告人郑某等未经注册商标所有人许可,在郑州市南阳寨工业园区8号院仓库,生产假冒"penfolds""RAWSON'SRETREAT"注册商标的红酒对外销售。2018年3月16日,公安机关在郑州市南阳寨工业园区8号院仓库、"玛丁堡酒庄"等处当场查获假冒上述商标红酒49894瓶,以及大量注册商标标识、封帽机等造假设备。经鉴定,上述假冒红酒非法经营数额共计12006362元。河南省醇诺商贸有限公司法定代表人杨某汀,从朱某华处购进假冒"penfolds""RAWSON'SRETREAT"注册商标的红酒对外销售,销售金额达3817745.23元。公安机关从杨某汀的仓库内,当场查获尚未销售的红酒共计1291瓶。经鉴定均系假冒,非法经营数额为317479元。郑州市中级人民法院认定被告人李某犯假冒注册商标罪,判处有期徒刑5年,并处罚金人民币620万元;郑某犯假冒注册商标罪,判处有期徒刑3年零9个月,并处罚金人民币15万元;认定杨某汀犯销售假冒注册商标的商品罪,判处有期徒刑4年6个月,并处罚金人民币200万元。被告人不服提出上诉,省法院均裁定驳回上诉,维持一审判决。

典型意义:酒类产品是商标侵权案件的高发区,制售"假酒"的行为既破坏了酒类产品市场经营秩序,也严重威胁消费者生命健康安全。该案制售假冒涉案注册商标的商品金额巨大,法院依法加大惩处力度,在依法判处实体刑的同时对犯罪分子处以高额罚金,既充分发挥了法律威慑作用,又从经济上剥夺了其再犯罪的能力和条件,彰显了法院严厉打击知识产权犯罪行为的决心和对侵犯市场经济秩序的知识产权犯罪行为的"零容忍"态度。

(十)偃师市某鞋厂诉偃师市市场监督管理局、洛阳市市场监督管理局工商行政处罚案[洛阳市中级人民法院(2019)豫03知行初1号行政判决书]

案情摘要:北京孝夕阳科技发展有限公司(以下简称"孝夕阳公司")对"足力健"文字商标享有注册商标专用权,核定使用商品类别为第25类"服装鞋帽"。该公司发现偃师市某鞋厂未经许可在生产制造的鞋类商品上使用与其注册商标近似的"仟凤祥足力健"商标,侵犯其注册商标专用权,于2018年8月27日向偃师市市场监督管理局投诉。偃师市市场监督管理局查明事实后做出偃工商处(2018)137号行政处罚决定,认定偃师市某鞋厂生产销售的鞋类商品上带有"仟凤祥足力健"商标与孝夕阳公司的"足力健"注册商标近似,构成侵权。责令偃师市某鞋厂停止侵权行为,没收侵权商品150箱并处以8万元罚款。偃师市某鞋厂向洛阳市市场监督管理局申请行政复议,洛阳市市场监督管理局做出洛市监工商复字(2019)2号行政复议决定,维持了该处罚决定。偃师市某鞋厂不服行政处罚和行政复议决定诉至法院,洛阳市中级人民法院一审判决驳回偃师市某鞋厂的诉讼请求,该判决目前已生效。

典型意义:我国对知识产权实行行政保护和司法保护的双轨制,在认定是否成立侵权上,行政机关和司法机关都有法定职权,但司法保护知识产权具有主导作用。当事人不服行政机关处罚决定,可向人民法院提起知识产权行政诉讼。人民法院通过对知识产权行政执法的司法审查,强化对行政部门的知识产权行政执法行为的规范和监督,既强化对行政行为程序正当性的审查,又强化对实体标准合法性的审查,对于进一步明确行政执法的原则和标准,促进知识产权行政执法水平的提升,具有重要意义。